À Madeleine et Patrick Ferrant

L'AFFAIRE FAREWELL

VUE DE L'INTÉRIEUR

Dans la collection Poche Histoire

Frédéric Abadie/Jean-Pierre Corcelette, *Georges Pompidou*
David Alvarez, *Les Espions du Vatican*
David Bankier (dir.), *Les services secrets et la Shoah*
Jean-Marc Berlière/René Lévy, *Histoire des polices en France*
Éric Branca/Arnaud Folch, *Histoire secrète de la droite*
Édouard Calic, *Himmler*
Édouard Calic, *Heydrich*
Jean-Jacques Cécile, *Histoire secrète des SAS*
Jacques Delarue, *Histoire de la Gestapo*
Éric Denécé, *Histoire secrète des forces spéciales*
Yvonnick Denoël, *Histoire secrète du XXe siècle*
Albert Desbiens, *Histoire des États-Unis*
Jean Deuve, *Stratagèmes de la Seconde Guerre mondiale*
Roger Faligot, *Les Services secrets chinois de Mao à nos jours*
Hussein Gaafar, *Condor, l'espion égyptien de Rommel*
Paul-Marie de la Gorce, *De Gaulle, tome I (1890-1945)*
Paul-Marie de la Gorce, *De Gaulle, tome II (1945-1970)*
Sébastien Laurent, dir., *Les espions français parlent*
Georges Lefebvre, *Napoléon*
Thierry Lentz, *L'Assassinat de John F. Kennedy*
Jean-Marc Le Page, *Les services secrets en Indochine*
Wolfgang Lotz, *Mémoires d'un maître-espion du Mossad – L'espion au champagne*
Constantin Melnik, *De Gaulle, les services secrets et l'Algérie*
Raymond Nart, Jacky Debain, *L'affaire Farewell vue de l'Intérieur*
Paul Paillole, *Notre Espion chez Hitler*
George S. Patton, *Carnets secrets*
Friedrich Paulus, *La Bataille de Stalingrad*
Erwin Rommel, *La Guerre sans haine – Carnets*
Monique Sauvage/Isabelle Veyrat-Masson, *Histoire de la télévision française*
Gordon Thomas/Max Morgan-Witts, *Les dernières heures de Guernica*
Philippe Valode, *Hitler et les sociétés secrètes*
Philippe Valode, *Les Hommes de Pétain*
Paul Villatoux (préface et appareil critique), *Hitler parle à ses généraux*
Thaddeus Wittlin, *Beria*
Collectif, *Dien Bien Phu vu d'en face – Paroles de Bo Doi*

21, square St Charles – 75012 Paris
ISBN : 978-2-36942-168-9
Dépôt légal : mars 2015
Imprimé en Italie par Rotolito

Raymond NART
et Jacky DEBAIN
avec la collaboration d'Yvonnick Denoël

L'AFFAIRE FAREWELL

VUE DE L'INTÉRIEUR

nouveau monde éditions

« Ce qui est simple est rarement facile. Au fond, les hommes d'État ne compliquent les réalités que pour trouver de bonnes raisons à leurs échecs. »

Jean Monnet
(*Mémoires*, Fayard, 1976)

Avant-propos

La légende veut que les espions détestent les situations simples. Ainsi, les maîtres espions seraient dotés d'un esprit pervers, et multiplieraient les péripéties propres à surprendre le commun des mortels. Leur comportement correspondrait rarement à leur pensée profonde. Ils prendraient un malin plaisir à brouiller les cartes, voire à les biseauter, en experts dans l'art du double ou du triple jeu. Leur univers serait celui du mensonge et de la duperie.

Et pourtant, on ne tombera jamais, au cours de cette histoire, dans la comédie ni l'imbroglio chers à certains auteurs. C'est même, le plus souvent, la tragédie qui s'imposera. Pour ne pas se perdre dans le labyrinthe de ce qui est désormais connu comme « l'affaire Farewell », le fil d'Ariane des narrateurs sera le bon sens, la logique, et le culte des faits. Les faits, rien que les faits, parlent souvent d'eux-mêmes. Napoléon disait de la guerre que « c'est un art simple, tout d'exécution ». Il y a de cela dans l'espionnage et heureusement tout finit par se savoir : question de temps… Dans cette affaire, le héros n'a d'autre objectif que de faire exploser le système soviétique dont l'épicentre est le KGB (PGU), son employeur. Ce faisant, il s'enferme dans une situation kafkaïenne, insoutenable, et précipite sa perte. Il comparaît pour trahison aux premiers jours de l'année 1985, la tête haute devant ses juges, revendiquant son geste solitaire et provoquant ses bourreaux.

La guerre froide entre l'Est et l'Ouest a pris fin dans la nuit brumeuse du 9 au 10 novembre 1989 avec la chute du mur de Berlin, sans la moindre effusion de sang. Peu de gens savent que, pendant la décennie précédant cet événement planétaire, s'est déroulé un âpre et sourd combat entre les services occidentaux et soviétiques. Ce combat s'est pourtant terminé dans le sang, pour ceux qui, en première ligne, ont probablement le plus contribué à l'effondrement du système communiste. La majorité d'entre eux, une quinzaine, officiers du GRU ou du KGB, étaient contrôlés par les Américains et les Britanniques[1], mais le premier de la liste, Vladimir Ippolitovitch Vetrov, était un agent de la DST. C'est le cas Farewell.

1. Dimitri Poliakov, Guennadi Smetanine du GRU, exécutés. Valery Martynov, Sergueï Motorine, Vladimir Pigouzov, Léonid Poleshuk, Guennadi Varennik, Sergueï Vorontsov du KGB ainsi que « Avenger », pseudo, et un autre agent non publiquement dévoilés. Exécutés. Cas particuliers de Viktor Orekhov, capitaine du KGB, qui protégeait les dissidents et de Boris Yuzhin condamné à quinze ans, en a fait six, amnistié par Eltsine (liste non limitative).

Une nuit à Berlin

Le soir du 9 novembre 1989, le chef de poste de la DGSE à Berlin recevait à dîner, au cercle des officiers de la caserne Napoléon, une équipe de la DST conduite par Raymond Nart pour ce qui devait être la dernière enquête de contre-espionnage diligentée en territoire allemand sous drapeau français. Une enquête sur un membre du gouvernement militaire français à Berlin qui devait finalement tourner court…

Il y avait bien un poste de Surveillance du territoire en secteur français de Berlin, mais, pour une obscure raison de discrétion, on avait cru bon d'y dépêcher à l'improviste, pendant une semaine, quatre fonctionnaires parisiens[1]. Le dîner était le bienvenu après quatre-cinq jours d'investigations, de perquisitions, de gardes à vue, de sandwichs jambon-beurre et de bières. Dès l'apéritif, le colonel, l'hôte des lieux, parut nerveux, s'absenta, revint et s'absenta à nouveau. Avant de se mettre à table, il prit à part Raymond Nart et, énigmatique, lui dit : « Il faudra aller vite, il se passe des choses. » Étrange paradoxe, Berlin allait être ce soir-là le théâtre de l'événement du siècle. Le nez dans ses procédures, l'homme de la DST n'avait pas suivi le rythme d'une actualité galopante et les derniers développements de la situation en RDA et en Hongrie. Il ne lui semblait pas, non plus, de bon ton de

1. Denis Blancher, Ange Giudicelli, Jacky Lozach et Raymond Nart.

questionner un colonel de la DGSE manifestement très occupé avec son chef de cabinet, qui donnait l'impression, avec élégance d'ailleurs, d'être à la fois au four et au moulin.

Les hors-d'œuvre à peine servis, intervint une fois encore le chef de cabinet. Nouvel aparté. Chacun avait déjà compris qu'un événement grave se déroulait quelque part, peut-être à Berlin. Raymond Nart se préparait à libérer le colonel de ses mondanités importunes, quand celui-ci annonça alors avec gravité que « la population de l'Est force les points de passage et est en train de déferler à l'Ouest ». D'un commun accord, il fut décidé de quitter une table sans doute de qualité et d'aller voir ensemble ce qui se passait dans les différents secteurs de la ville. Répartis entre les équipes de la DGSE, les policiers parisiens évoluèrent toute la nuit au milieu d'une véritable marée humaine, en un long périple – du « checkpoint Charlie » à l'immanquable « pont des espions » de Glienicke, qui sur la Havel relie Berlin à Potsdam. À chaque point de passage, la foule avançait, compacte, silencieuse, déterminée sous les yeux des « Grepo[1] » goguenards, tétanisés. Les Berlinois de l'Ouest étaient les plus bruyants, les plus agités. Ils distribuaient de la monnaie près des cabines téléphoniques aux « Ossi » qui voulaient appeler famille ou amis restés à l'Est. Certains couraient au-devant d'eux une bouteille de vin blanc et un verre à la main. D'autres s'organisaient et, au fur et à mesure que le matin approchait, offraient sur des éventaires de fortune du café et des viennoiseries. C'était une immense kermesse.

Dépassées par l'événement, DGSE et DST finirent ainsi, à 6 heures du matin, dans une taverne bondée, assourdissante, en tentant vainement d'interpréter l'avenir. Personne ne savait traduire politiquement ce que ces hommes vivaient, on avait le sen-

1. Grenz Polizei : « Grepo » = Police des Frontières.

timent que, tel un couple, le peuple allemand se retrouvait après une longue séparation imposée par les circonstances. Ou bien qu'il s'agissait de deux belligérants échappant au contrôle des chefs et se rejoignant pour arrêter un combat fratricide. On craignait cependant le pire. Certains évoquaient un symbole de la guerre froide, le rideau de fer qui se lève et se referme.

Témoins privilégiés de cet instant, espions et contre-espions ne mesuraient pas réellement la portée de l'événement. Même le café, arraché de haute lutte au milieu de l'affluence, ne les réveillait pas. Dans la journée du 10, le mouvement s'amplifia. Il devenait clair qu'il ne serait pas sans lendemain. Devant la porte de Brandebourg, on vit le mur physiquement assailli par les manifestants. Ils grimpaient dessus sans la moindre crainte. Qui parmi les gens de la DGSE ou de la DST aurait osé rêver vivre en direct pareil moment de l'Histoire ? Qui parmi eux eut alors une pensée pour Vladimir Vetrov ?

1re Partie

PREMIER FAUX PAS

I

Un espion à l'avant-garde de l'histoire

Les historiens s'accordent pour situer l'apogée du système communiste en URSS à peu près autour de l'année 1975. L'URSS est alors une puissance sur le plan militaire, avec un empire : les démocraties populaires, et une idéologie, de moins en moins conquérante. On se souvient qu'au début de la décennie, Léonid Brejnev, devant de hauts dirigeants du Parti, avait fixé le cap en déclarant : « Comme communistes, nous devons nous accommoder des capitalistes durant quelque temps. Nous avons besoin de leurs crédits, de leur agriculture, de leur technologie. Mais nous poursuivons nos programmes militaires massifs et, d'ici le milieu des années 1980, nous serons en mesure de revenir à une politique extérieure bien plus agressive, conçue pour être en position de force dans nos relations avec l'Occident[1]. » Ces propos devaient retentir au-delà de l'enceinte où ils étaient tenus. Ils seront largement repris par les kremlinologues. Le contexte est celui de la « coexistence pacifique », slogan auquel les politiciens du PCUS substitueront au fil des ans ceux de « détente », d'« entente » puis de « coopération ». Ce sont des mots puisés dans l'arsenal tactique du communisme. La forme est censée faire oublier le fond, l'idéologie. Sous couvert de la paix

1. Cité par Thomas Reed, dans *At the Abyss: An Insider's History of the Cold War*, Ballantine Books, 2004, chapitre 17.

et de l'amitié entre les peuples, le régime soviétique vise l'hégémonie mondiale. Le secrétaire général du PCUS n'a fait que reprendre et paraphraser en la mettant au goût du jour la fameuse boutade de Lénine : « Les capitalistes sont tellement cupides qu'il nous vendront la corde pour les pendre. »

À compter des toutes dernières années de la décennie 1970, l'URSS entre néanmoins lentement dans une période que les Soviétiques eux-mêmes qualifieront de « stagnation ». Se manifestent alors des signes avant-coureurs de régression économique, sociale et culturelle. En Occident, l'erreur consiste, d'abord, à considérer le monde communiste comme un bloc. On parle du « bloc de l'Est ». Or, ce n'est pas un bloc. Pendant que l'idéologie dépérit en URSS, personne n'adhérant plus à ce qui était devenu une société de mensonge, les démocraties populaires se transforment en sociétés nationales industrielles. Évanouissement de l'idéologie communiste, délitement de l'État dans tous les domaines et notamment obsolescence de l'outil militaire[1].

Changement de ton, en effet, le mercredi 27 octobre 1982. Léonid Brejnev s'alarme de « l'aggravation de la situation internationale » devant les responsables des forces armées. « Les États-Unis, dit-il, ont porté à un niveau sans précédent l'intensité de leurs préparatifs militaires »... « Nous traversons une période où le niveau de préparation au combat de l'armée, de la flotte doit être encore plus élevé »... « Il faut savoir agir compte tenu des progrès de la science et de l'art militaire »... « L'armée soviétique doit être à la hauteur dans tous les domaines : équipements, structures et méthodes de préparation »... « La lutte sur le plan de la technique militaire s'est sensiblement intensifiée et elle acquiert souvent un caractère fondamentalement nouveau. Un retard dans ce combat est inadmissible. Nous comptons que nos savants, nos

1. Jacques Sapir, *Le système militaire soviétique*, La Découverte, 1988.

constructeurs, nos ingénieurs et techniciens feront tout leur possible pour mener à bien les tâches qui en découlent »[1].

À un moment où l'armée soviétique s'enlise en Afghanistan, il y a là une prise de conscience tardive de la situation critique dans laquelle se trouve l'appareil militaire qui requiert une importante mise à niveau, avec les conséquences induites que l'on sait sur l'économie. C'est le dernier discours de Léonid Brejnev qui décédera le 10 novembre 1982.

Un fin connaisseur de la Russie comme Michel Garder avait pressenti la crise. Il écrivait dès 1965, ce qui est tout à fait étonnant, *L'agonie du régime en Russie soviétique*[2]. Il prévoyait « le dépérissement du Parti et une révolution par le haut » [*sic*]. Il n'avait naturellement pas été pris au sérieux. En 1976, Emmanuel Todd, en sociologue averti, analyse la décomposition de la sphère soviétique dans son essai fameux *La chute finale*[3]. On le découvrira *a posteriori*. L'un est plutôt un visionnaire, l'autre le « cryptanalyste » d'une sphère opaque. Tous les deux sont des observateurs extérieurs pertinents, à la différence d'Hélène Carrère d'Encausse[4] et Constantin Melnik[5] qui ont fait fausse route. Avec Vladimir Vetrov, le héros de cette histoire, on est aussi en présence d'un avant-gardiste évidemment non déclaré. Lui est de l'intérieur et, qui plus est, il vit au cœur du KGB. C'est un vrai Russe, avec un côté jusqu'au-boutiste, mais un officier du KGB qui a perdu ses illusions idéologiques, qui a perdu sa foi. Le destin l'a placé au bon endroit au bon moment.

1. Cité par Henri Régnard, *Revue de la Défense nationale*, décembre 1983.
2. Michel Garder, *L'Agonie du régime en Russie soviétique*, La Table Ronde, p. 202.
3. Emmanuel Todd, *La chute finale. Essai sur la décomposition de la sphère soviétique*, Robert Laffont, 1976.
4. *L'empire éclaté*, Flammarion, 1978. La chute de l'URSS viendrait selon l'auteur des républiques d'Asie centrale.
5. Constantin Melnik, *La 3e Rome. Expansion ou déclin de l'empire communiste*, Grasset, 1986. L'URSS a fondé, soutient l'auteur, une nouvelle religion universelle, temporelle, et païenne.

II

Le renouveau du contre-espionnage

Les années 1960-1970 ont bouleversé l'orientation des services de renseignement et de contre-espionnage français, en premier lieu la fin de la guerre puis l'indépendance de l'Algérie. Tant sur le territoire algérien qu'en France métropolitaine, la DST avait vu pendant la période précédente toutes ses ressources accaparées par la lutte contre le terrorisme du FLN et, à compter de 1962 pour partie, par la lutte contre les séquelles OAS du problème algérien. La lutte antiterroriste phagocytait le contre-espionnage qui n'était plus une priorité de l'État. Il fallait parer au plus pressé !

En pleine guerre froide, l'activité des services de renseignement des pays de l'Est sur le territoire français n'était pas vraiment contrôlée. La mission de lutte contre les ingérences du KGB, du GRU et autres services satellites sur le sol national était, faute de moyens, laissée quasiment à l'abandon. Pour le principe, on avait maintenu quelques cellules, réduites à la portion congrue, à telle enseigne que des équipes américaines surveillaient les Soviétiques à Paris en lieu et place des Français ! En 1966, la France quitta l'OTAN. Personnel et installations déménagèrent à Bruxelles. Obsession des Soviétiques, cette organisation internationale avait focalisé longtemps l'attention de leurs services. Les effectifs pléthoriques de l'ambassade de l'URSS demeurèrent pourtant à Paris

La DST ne commença réellement à travailler sur les services des pays de l'Est avec des moyens dignes de ce nom qu'en 1963-

1964. La division de contre-espionnage « A4 » connut alors un véritable essor sous l'impulsion d'un chef charismatique, André Guérin, enregistrant ses premiers résultats. Le commissaire divisionnaire Guérin, dit « Toto », était un personnage étonnant, une légende vivante, dont la réputation devait largement franchir les frontières. C'était un grand spécialiste du contre-espionnage. Fils de gendarme, il avait commencé sa carrière comme inspecteur aux Courses et Jeux, puis, avant la guerre, avait fait partie du Contrôle général de surveillance du territoire. Au moment de la débâcle en juin 1940, il avait regagné Bordeaux à bicyclette. On disait – ce qu'il trouvait d'ailleurs ridicule – qu'il avait été capable de reconstituer les archives de la ST de mémoire. En réalité, sa mémoire tenait du prodige.

Guérin était de la promotion de commissaires de 1943. L'École nationale supérieure de police (ENSP) de Saint-Cyr-au-Mont-d'Or était alors dirigée par l'amiral Ven. Il avait en tout cas joué un rôle de premier plan après la Libération dans les affaires dites « Liqui[1] » de collaboration. Lorsque Raymond Nart se présenta à lui pour la première fois, à la fin de l'été 1965, il était en grande conversation avec quelques-uns de ses inspecteurs, manifestement des anciens de la Marine. Parmi eux figurait Pierre Bonnety, un ancien quartier-maître sous-marinier qui avait participé à l'épopée du *Casabianca*[2]. De petite taille, vif, « Toto » avait le teint plutôt basané, les yeux bridés et perçants, on aurait dit, derrière son bureau, un amiral japonais. C'était un entraîneur d'hommes. De temps à autre, il participait avec son personnel à des « dégagements ». Certains ont fait date. Il était capable de danser sur les tables dans un cabaret de

1. « Liqui », comme liquidation !

2. Lors du sabordage de la flotte le 27 novembre 1942, le sous-marin *Casabianca* s'évade de la rade de Toulon pour continuer le combat avec les Alliés.

Montmartre jusqu'à l'aube, et d'être néanmoins à 8 heures à son bureau. Bourreau de travail, il était très organisé, il tenait des carnets, prenant des notes à partir des renseignements qui lui remontaient du réseau d'agents, mais c'était avant tout et surtout un maître de l'interrogatoire et il valait mieux ne pas « passer entre ses pattes ». Lorsqu'il était chef de la division A4, il ne pratiquait plus lui-même cet exercice où il avait jadis excellé. En revanche, pour les cas importants, il suivait en temps réel les interrogatoires pratiqués par ses inspecteurs. Ceux-ci étaient convoqués à midi et à 18 heures dans son bureau avec le PV. S'ensuivait généralement une explication de texte musclée, ligne après ligne, crayon en main, un interrogatoire de l'interrogateur. « Pourquoi ? Comment ? C'est incomplet ! Il vous mène en pirogue ! Il minimise ! » Dans ces circonstances-là, « Toto » était terrible, l'empoignade se terminait en général par son leitmotiv : « Je veux tout, tout dans le détail[1] ! »

Au demeurant, en privé, il méritait d'être connu pour ses qualités humaines, il lui arrivait de payer des frais sur ses deniers, avec cela c'était un bon vivant, rigolard, d'excellente compagnie. Le hasard des affectations avait fait qu'à une époque, lui qui était de petite taille, avait comme chauffeur-garde du corps un sous-brigadier de 1,90 m. Attelage improbable qui hantait la place des Saussaies où était garée leur 403 Peugeot bleu marine.

Le grand mérite d'André Guérin a été de renouveler en quelque sorte le contre-espionnage qui est le cœur de métier de la DST et de mettre en place les équipes et les procédures de contrôle des services des pays de l'Est à Paris. Attachés militaires, diplomates et assimilés étaient soumis à un contrôle strict dans leurs déplacements et relations. Ce qui signifiait notamment que des équipes compétentes repéraient, identifiaient et

1. L'absence de détails dans les réponses cache souvent le mensonge. Principe policier.

enquêtaient sur tout citoyen français ou tout étranger, en relation, de quelque nature qu'elle soit, avec un Soviétique. Ce n'était pas a priori un suspect, mais il se retrouvait pour finir rue des Saussaies où il subissait un « examen de situation » en général des plus courtois à la surprise des intéressés. Il faut dire que la rue des Saussaies[1] n'avait rien de sympathique pour le citoyen ordinaire. La Gestapo y avait eu son siège, nombre de résistants y avaient été torturés, certains y sont morts[2]. Pour toute une génération, il en restait quelque chose dans la mémoire collective. Le passage rue des Saussaies n'avait cependant rien d'obligatoire. Le fin du fin consistait à faire la démarche inverse et à se déplacer chez « le client », en général haut placé ou qu'il était souhaitable dès le départ de ne pas indisposer par une impertinente convocation bleue[3].

Le jeune homme d'une trentaine d'années qui fut affecté au service de Guérin en 1966 était loin de se douter qu'il deviendrait un jour son successeur à la tête de la division A4. Né en 1937 à Gaudonville, un petit village du Gers, ancienne place forte médiévale d'une centaine d'habitants, Raymond Nart présentait le profil classique de la méritocratie républicaine : arrière-petit fils d'immigré espagnol par son père (lui-même cadre à la SNCF) et petit-fils d'agriculteur par sa mère, il a suivi un parcours classique au gré des affectations familiales : école primaire à Béziers, collège de Jésuites à Mautauban (rugby et foot à volonté) et enfin bachot au lycée Pierre de Fermat à Toulouse… section A' : latin-grec et langues vivantes anglais et… russe, déjà ! Après une préparation militaire à Toulouse, le jeune Nart débute son service à l'École militaire supérieure interarmes de Cherchell,

1. Au 11 rue des Saussaies : Direction générale de la police nationale ; au 13 rue des Saussaies : siège de la Direction de la surveillance du territoire.
2. Comme Pierre Brossolette.
3. Formulaire de convocation commun à l'ensemble des services de police.

dont il sort aspirant. En 1960, il est envoyé, comme beaucoup de jeunes de sa génération, en Algérie. Il connaît le pays : il a effectué en 1958 un stage dans les sections administratives spéciales en Kabylie, avec un contingent d'étudiants. Parmi eux se trouvait le futur général Philippe Rondot. Évidemment, le service dans un régiment d'infanterie n'a pas grand-chose à voir avec un stage administratif: d'abord affecté au 51e RI dans le Constantinois, où se trouve déjà son frère cadet, Nart rejoint ensuite le commando de chasse L125 puis la 117e unité de force locale. Il est le seul officier du contingent dans cette unité de force nord-africaine. Celle-ci assure notamment l'ordre dans Alger lors de l'Indépendance. Resté sur place, Nart est affecté à l'état-major de Philippeville, au 2e bureau. En clair, il fait du renseignement.

Rentré en France en avril 1963, libéré de ses obligations, il passe dès le mois de mai le concours de commissaire. Reçu, il rejoint l'École de Saint-Cyr-au-Mont-d'Or. Sa première affectation sera un stage à la Sûreté à Bordeaux, en 1965. À la fin du stage, il demande une affectation à la DST. Et il s'inscrit aux cours du soir de Langues O, pour reprendre ses études de russe. Son affectation auprès de Guérin n'a donc rien de vraiment surprenant. Mais il ne se doute pas encore qu'il va y consacrer la plus belle part de sa carrière… Et ce grâce à une des toutes premières sources qu'il ait recrutées.

III

Le dossier DORAT

Responsable de l'URSS à la direction des affaires internationales de Thomson-CSF, Jacques Prévost était pour la DST une source potentielle. Lorsqu'en 1966, Raymond Nart prit contact avec lui, le siège du groupe se trouvait à Rocquencourt dans l'immense et somptueux bâtiment aujourd'hui occupé par Mercedes. Prévost était un homme charmant, élégant et qui, au premier coup de fil, situa parfaitement son interlocuteur. « Ah oui, je vois ! » Pour le mettre à l'aise, il l'invita à déjeuner la semaine suivante. La première rencontre eut donc lieu, non loin de son bureau, dans une auberge rustique, au décor provincial quelque peu compassé, poutres vernissées apparentes, cuivres, nappes à petits carreaux rouges. En bon commercial, Prévost présenta sa carte de visite, Nart fit de même. Il n'agissait pas sous pseudo en pareil cas. La conversation fut d'autant plus facile que Jacques Prévost expliqua avoir l'habitude de ce type de rencontres… Il avait été « un honorable correspondant » du SDECE[1] ! Il ne s'était pas entendu avec son OT (officier traitant), trop offensif. Faire du commerce, vendre de la haute technologie française en URSS et en parallèle y pratiquer l'espionnage sont deux activités incompatibles, sans parler des périls d'un tel mélange des genres. Prévost avait compris que pour travailler dans une ambiance de « guerre froide », qui ne disait plus

1. Service de documentation extérieure et de contre-espionnage.

son nom, la prudence restait de mise. Il fut facile à son interlocuteur d'abonder dans son sens. La DST, à l'inverse du SDECE, était un service défensif. Pourquoi ne pas faire un bout de chemin ensemble ? Prévost avait besoin de garantir, côté français, ses arrières à cause des fameuses listes COCOM[1] – restrictions à l'exportation des technologies dites sensibles –, tout en cherchant directement des appuis efficaces à Moscou auprès des centrales d'achat et des ministères sans pour autant froisser les « apparatchiks » de la mission commerciale de l'URSS à Paris. Un lobbying long, complexe, formel mais indispensable.

Ancien du ministère de l'Industrie radioélectrique, un certain Vladimir Vetrov deviendrait rapidement, à Paris, l'interlocuteur naturel puis privilégié de Thomson-CSF. De son côté, la DST, certes, disposait de quelques agents ou correspondants dans l'environnement professionnel de Vladimir Vetrov, commerciaux ou ingénieurs, mais ils n'avaient pas, on le verra par la suite, la qualité, la valeur de Jacques Prévost. Ce dernier se révéla un merveilleux « agent d'accès ». La fréquence de leurs rencontres, leur régularité, leur proximité, l'amitié qui s'installa entre eux, allaient permettre de préciser et compléter le profil de l'officier du KGB. En langage conventionnel, le Soviétique était une « cible », ce qui veut dire que l'attention de la DST serait focalisée sur lui de manière permanente avec la mise en œuvre de la panoplie complète des mesures de contre-espionnage. Un pseudo fut choisi pour le dossier : DORAT.

Les premiers éléments disponibles sur Vetrov étaient maigres. Né en 1932 à Moscou d'un père contremaître et d'une mère

1. *Coordinating Committee for East-West Trade Policy*, dit Cocom. Il comprend dix-sept États-membres tels que les pays de l'OTAN, sauf l'Islande, le Japon et l'Australie. Contrôle des importations de marchandises et de matériel technologique de nature militaire ou stratégique. Le siège de l'organisation se trouvait à Paris. Elle fut dissoute en 1994.

chef d'équipe, le jeune Vladimir a marqué très tôt des prédispositions pour l'athlétisme, remportant même le titre de champion d'URSS de course en catégorie juniors. Il fut admis à la prestigieuse École technique supérieure Baumann, signe de valeur quand on n'est pas membre de la nomenklatura. Diplômé ingénieur mécanicien en 1957, il rencontra sa future femme Svetlana, une belle et grande blonde sportive, qu'il ne tarda pas à épouser. Vladimir travailla dans une usine au montage des premiers ordinateurs, mais il s'ennuyait. Il fut alors repéré et recruté par le KGB, comme on le saurait plus tard. Il devint officier de renseignement, une caste à part qui jouissait de nombreux privilèges dans le système soviétique. Ingénieur, il se spécialisa dans le renseignement scientifique et technique. Il fut nommé en 1962 ingénieur du département des relations extérieures du GKET (Comité d'État du Conseil des ministres de l'URSS pour la technique électronique) : cet emploi de couverture lui permettrait d'opérer à l'étranger. À l'été 1965, on décida de l'affecter en France, une destination de choix au sein du KGB.

Une série d'observations à Paris et en province, faites en particulier par la division de surveillance, vinrent s'ajouter aux renseignements qui remontaient du réseau des agents fréquentant les Soviétiques dans le milieu industriel. Et puis, il y avait à l'époque les incontournables des relations franco-soviétiques : un pied dans la politique, un pied dans les affaires. Quatre ou cinq affairistes suivis par la DST qu'il suffisait d'écouter pour connaître les mœurs et coutumes de la colonie diplomatique soviétique qu'ils traitaient somptueusement. Franz Saar-Demichel, Albert Gobert, Max Heilbronn, étaient de ceux-là.

Ce ne fut pas une révélation fracassante pour Jacques Prévost, lorsque, au détour d'une conversation, Raymond Nart lui fit part de ses certitudes quant à l'appartenance au KGB de son correspondant au 79 rue de la Faisanderie[1]. Il n'avait pas besoin de lui. « On s'en doutait, ils le sont tous », répliqua-t-il. Tout juste une confirmation autorisée. Il avait pris note de la liberté de manœuvre et du comportement plein de suffisance de Vladimir Vetrov vis-à-vis de ses collègues. Derrière cette observation de bon sens, il y avait l'instinct, la perspicacité du commercial à la recherche d'un support, d'un concours pour faire avancer ses dossiers. En réalité, Jacques Prévost savait déjà depuis les premiers contacts à quoi s'en tenir. Il ne doutait pas que cette appartenance était même susceptible, peut-être, de faciliter ses affaires. Pourquoi pas ?

La DST, en effet, n'était pas là pour empêcher le commerce, c'était même le contraire, la suite le prouverait amplement. Raymond Nart retint que Jacques Prévost, sous un aspect sympathique, convivial, derrière ses lunettes et la fumée de ses cigarettes grillées quasiment en continu, était un spécialiste du commerce international de haute volée. Il y avait chez cet ingénieur en téléphonie – il venait des PTT –, de la malice et de la puissance de conviction. Avec lui on était à la fois sur un champ de foire en Normandie et dans un palais du Kremlin. Il connaissait bien la Russie et parlait couramment le russe. Il avait besoin de toutes ses qualités, de son intelligence, de son instinct : les Russes sont des roublards, c'est bien connu… Sa religion, c'était les affaires. Il conviendrait donc de s'adresser à lui comme à un commercial, sans faire appel à de grands sentiments. Il aiderait le service s'il estimait que cela ne gênait pas ses affaires. On en revenait à l'échec de sa collaboration avec le SDECE. À bon entendeur salut ! Après quelques rencontres, Raymond Nart comprit qu'il fallait prendre Jacques Prévost comme il était. La DST ne saurait sans doute pas tout, Nart tablait sur une collaboration *a minima*. Et pourtant… cette relation qui, au fil des rencontres

1. Siège de la mission commerciale soviétique.

réserverait quelques surprises, serait une des plus cordiales et des plus fructueuses de sa carrière, bien au-delà des espérances.

Même s'il n'était pas le seul agent dans l'environnement de Vladimir Vetrov, Jacques Prévost occupait cependant un rôle central dans le dispositif mis en place autour du Soviétique par la DST. En homme d'affaires avisé, il avait perçu depuis longtemps, et il le répète à l'envi, tout l'intérêt que pouvait présenter à long terme ce Soviétique atypique, homme ouvert qui aimait parler aux gens, et avec qui il était facile d'aborder tous les sujets. Il le rencontrait presque quotidiennement durant son séjour en France et le reçut fréquemment chez lui. Autrement dit, ils avaient fini par sympathiser sur un plan personnel. C'était d'autant plus simple que Vladimir Vetrov, « Volodia » comme l'appelait familièrement Jacques Prévost, parlait un excellent français, « appris, disait-il comme autrefois les enfants des nobles en Russie, dans la famille ». Grand, fort, ancien athlète de bon niveau, fier et hautain, il prétendait, en effet, « être descendant de boyards[1] », affectant parfois un air supérieur et condescendant à l'égard de ses collègues de la mission commerciale ou de ses concitoyens des délégations techniques en visite en France qu'il pilotait. Dans ses conversations privées, il laissait paraître de temps à autre des opinions pas toujours conformes à l'idéologie soviétique. Il y avait chez lui « poussé à l'extrême, un rejet de l'arbitraire, le désir d'une société plus humaine, plus juste, même si elle devait, disait-il, rester soviétique ». Sur ce thème, son raisonnement pouvait paraître à l'époque quelque peu alambiqué, mais il y mettait de la conviction. D'une manière générale, il n'en était pas à une contradiction près. Son imagination était plutôt débordante : il avait des dons de comédien et on pouvait se demander, tant il était souvent maladroit, s'il ne

1. Ancien noble des pays slaves.

le faisait pas exprès. Jacques Prévost fut frappé en particulier par son comportement cyclothymique « tantôt exalté, mais parfois profondément abattu et triste ». En outre, il y avait chez lui un fort désir de paraître, il se vantait, comme on vient de le voir, d'une ascendance noble, sa femme était soi-disant la fille d'un amiral… mensonges gratuits destinés à se faire valoir en société. Jacques Prévost marcha, la DST aussi. Le commercial se risquait à comparer son ami russe à un héros de roman, et prenait comme modèle Pierre Bezoukhov (le héros de *Guerre et Paix* de Léon Tolstoï), auquel, dit-il, il ressemblait étrangement, y compris au physique, et avec lequel il partageait la recherche d'un idéal supérieur et sans doute inaccessible.

Vetrov était souvent en représentation. Il lui arrivait plus qu'à son tour d'être l'« œil de Moscou » de service à une époque où les délégations soviétiques défilaient à Paris. À compter de 1962 le général de Gaulle, en effet, avait commencé à prendre ses distances avec les États-Unis. Sur le plan international, c'était la période faste de « la détente ». De nombreux accords culturels et commerciaux venaient d'être passés. Entre Moscou et Paris, le flux des délégations était incessant. Le circuit de notoriété comportait la plupart du temps un passage obligé au *Lido*, au *Moulin-Rouge*, à *L'Olympia*, ou dans des cabarets à *L'Étoile de Moscou*, *Kalinka*… En réalité, lors de ces sorties nocturnes, ou lors de dîners dans les meilleurs restaurants, son objectif était tout naturellement la recherche du contact avec les hôtes français. Vladimir Vetrov était là pour travailler mais il aimait aussi la belle vie. Il se glorifiait d'avoir pu approcher et se lier d'amitié avec le couple Coquatrix qui lui avait ouvert les portes des nuits parisiennes.

Le début de l'année 1970 ne fut cependant pas une période faste pour Vladimir Vetrov. Il manifesta de temps à autre quelques états d'âme, un « coup de blues » comme disait Jacques

Prévost qui ne manqua de relever en outre au fil des rencontres quelques confidences, spontanées ou calculées, du genre « avec Svetlana nous rêvons tous les jours de vivre à Paris »... « Si nous étions seuls nous ne reviendrions pas à Moscou ». Paroles en l'air, rêveries ? Tout ceci fut consigné dans le dossier DORAT, l'ordre donné étant que Jacques Prévost par principe « ne l'incite d'aucune façon à franchir le pas... le laisser faire, en étant à la limite dissuasif », afin d'établir, le cas échéant, s'il insistait, un acte clairement volontaire de la part du Soviétique. Il est probable qu'après coup, le couple Vetrov ait beaucoup fantasmé, et d'autres avec eux, sur cette période d'incertitude et d'attitude velléitaire. La DST, selon la déontologie en vigueur en pareil cas, attendait les événements. Quant à Jacques Prévost, malgré son amitié sincère, il n'avait pas du tout envie de voir ses affaires et celles de Thomson-CSF saccagées par une quelconque complicité dans une éventuelle décision radicale des époux Vetrov « choisissant la liberté », comme on disait à l'époque, de surcroît à Paris. La suite le démontrera.

Vladimir et Svetlana Vetrov formaient un couple sympathique et attachant. Jacques Prévost et son épouse sont peut-être d'abord entrés dans leur jeu sans être tout à fait dupes, mais ont fini par se laisser séduire et sincèrement les apprécier. De son côté, Vladimir Vetrov savait que son ami français était lié à la DST : dans la mentalité soviétique, cela allait d'ailleurs sans dire, mais il en avait acquis la certitude. « Il le savait depuis longtemps. Ses patrons aussi... et ce n'est pas moi qui le leur ait dit », précise Jacques Prévost. Ainsi, chacun était affranchi, situation tout de même insolite qui plongeait Raymond Nart et son chef, André Guérin, dans des abîmes de perplexité. En définitive les notes et compte rendus qui ont nourri pendant quelques années le dossier DORAT relataient le comportement hors normes d'un officier du KGB qui pouvait s'analyser ni plus ni moins comme s'inscrivant dans l'histoire d'une franche amitié construite sur une sympathie, une confiance réciproque agrémentée probablement de quelques renvois d'ascenseur professionnels dans un sens comme dans l'autre. « À l'époque se jouait l'avenir du standard français de télévision SECAM[1] qui n'aurait jamais vu le jour sur un plan commercial sans l'appui de l'URSS. Vladimir Vetrov a beaucoup contribué à convaincre ses propres autorités d'adopter le système français », explique Prévost…

Les Russes ne boivent pas, on le sait, comme les Polonais. Lorsque Vetrov commet un excès de vitesse et qu'au bout de la nuit, un peu plus que de la tôle froissée, sa nationalité importe moins que son métier. Rien de plus fâcheux que cet accident avec une 404 Peugeot, empruntée à l'ambassade à quelques jours du départ, évidemment sans autorisation de quiconque. Cette ultime virée dans les boîtes parisiennes, c'est le coup de trop. Vladimir Vetrov à peine dégrisé se précipite à 9 heures à l'accueil du nouveau siège de Thomson-CSF au 23 rue de Courcelles. Jacques Prévost n'est pas encore arrivé. On fait patienter le visiteur qui n'a cependant pas trop à attendre. Dans son bureau du premier étage, Jacques Prévost est face à un Volodia méconnaissable au bord des larmes qui a beaucoup de mal à expliquer sa mésaventure. Il n'est pas blessé mais fortement choqué. Il parle de ne pas retourner dans son pays. Il ne sait que faire. Devant un café, cigarette sur cigarette, l'ami sûr va écouter puis s'efforcer de prendre la mesure de la situation. Il n'y a pas de tiers en cause, c'est le plus important. Des dégâts matériels, rien de plus ! « On va arranger ça ! » Avec son efficacité habituelle, son sens pratique pour débrouiller les affaires compliquées, Jacques Prévost va aussitôt, par un garagiste de ses

1. Séquentiel couleur à mémoire, standard de codage vidéo analogique en couleurs inventé par Henri de France.

relations, faire enlever au plus vite le véhicule immobilisé sur un trottoir et commander sa réparation dans les meilleurs délais. L'affaire est promptement réglée.

Raymond Nart n'apprendra cet accident qu'en temps différé. Jacques Prévost ignore là un principe policier simple, « tout finit par se savoir ». Sur ce point, il expliquera sa rétention d'une information sinon capitale, du moins importante, de manière assez peu convaincante. « Un dérapage, la 404 autour d'un lampadaire… » Raymond Nart n'en saura pas plus et n'insistera pas, le Soviétique est déjà à Moscou depuis un certain temps. C'était une rare opportunité de tenter un recrutement en le maintenant dans le dispositif, ce qui d'ailleurs n'eût pas été chose facile : comment le traiter à Moscou ? En première analyse, ce n'était pas le métier de la DST que de faire de l'espionnage, et *a fortiori* celui de Jacques Prévost. Chacun a compris que ce dernier ne voulait pas que la DST utilise l'accident comme un moyen de pression sur Vladimir Vetrov afin de le contraindre, d'une manière ou d'une autre. Compte tenu de son état d'esprit, d'un retour au pays qu'il vivait mal, l'autre hypothèse, la solution de facilité eût été, en effet, de l'inciter, à « choisir la liberté ». Ce n'était pas plus raisonnable après l'accident qu'avant. Jacques Prévost conduisait de longues et âpres négociations avec le ministère de l'Industrie radioélectrique. Faire basculer Vetrov, c'était aussi ruiner toutes les chances de Thomson-CSF pour plusieurs années. Les affaires sont les affaires, bien sûr ! On comprend cela, même à la DST, et Prévost se trompait en pensant que le service se serait livré dans de telles circonstances à ce type de débauchage. En général, le chantage ne marche pas. Dans ce métier comme dans d'autres, on ne fait rien de bon sous la contrainte, mieux vaut habileté et patience. Chacun a bien fait de laisser mûrir le dossier DORAT.

À la réflexion, il n'y a aucune commune mesure entre l'attaché commercial à Paris de 1970 et le lieutenant-colonel du directorat T[1] que Vetrov allait devenir dix ans plus tard. Toute intervention parisienne eût été à l'évidence intempestive, fautive. Et comme effectivement « tout finit par se savoir », même dans le détail, on saura aussi que la voiture juste bonne pour la casse fut donc réparée pour une somme équivalente au prix d'achat d'une très bonne occasion. M. Saint-Denis, le financier de Thomson-CSF, régla sans sourciller l'addition de « la chère voiture diplomatique » de… Jacques Prévost. Reste que son geste, disons, désintéressé, était habile à tous égards, même et surtout au plan professionnel. Dans les affaires rien n'est totalement gratuit. Vladimir Vetrov, en effet, pouvait toujours servir à Moscou. Merci l'artiste !

Il faut dire, aussi curieux que cela puisse paraître, les velléités du couple Vetrov de rester en France n'ont pas captivé l'attention des hautes sphères de la DST. Marcel Chalet à l'époque commissaire divisionnaire, en attente d'une importante promotion, était accaparé par les révélations d'Anatoli Golitsyne, alias Martel, alias Viru[2]. C'était la grande époque de ses relations avec James Angleton, le contre-espion en chef de la CIA. Quant au directeur, le préfet Jean Rochet qui ne fut pas plus au courant, sa préoccupation majeure était la pénétration par les services de l'Est de l'appareil de l'État. L'affaire dite « Caraman » illustrait le rôle de la Securitate au sein de l'ambassade de Roumanie à Paris. Elle éclata suite à la défection d'un officier de la résidence, Jacubescu, qui « choisit la liberté » en passant chez les Américains. Quelques jours plus tard, la DST recevait la production livrée par ce défecteur. D'importantes arrestations furent opérées, dans l'administration, Quai d'Orsay, Finances, à l'OTAN et à

1. Direction du renseignement scientifique, technique et technologique du KGB.

2. Transfuge important du KGB qui choisit la liberté en Finlande en 1961. Martel, pseudo SDECE, Viru, pseudo DST.

l'OCDE. Autant dire que la prétendue valse-hésitation de Vladimir Vetrov n'a pas été connue au-delà du chef de la division A4, André Guérin. En dehors de trois ou quatre personnes, y compris Jacques Prévost, elle est totalement passée inaperçue.

Le dernier dîner entre les couples Prévost et Vetrov avant l'accident eut lieu le 6 mars 1970 au restaurant-club *Le Franc Pinot*, 1 quai de Bourbon, face au pont Marie. Les Vetrov dédicacèrent aux Prévost une carte à l'enseigne de l'établissement « À vous de tout cœur ! Svetlana et Volodia ». Ils promirent de se revoir. La séquence parisienne se terminerait avec la conviction que tôt ou tard on entendrait reparler de Vladimir Vetrov. Ce n'était pas le moment, voilà tout ! Sûr de son fait, Raymond Nart apposa lui-même, au stylo-bille rouge, sur la fiche signalétique de Vetrov la mention « en cas de renseignement nouveau, prière de ne rien entreprendre sans consulter R23 ». Il s'agissait de son pseudo rédactionnel.

Le temps passa. Pendant trois ans, Jacques Prévost se rendit à Moscou au gré des négociations, des affaires. Il sera reçu chez Vladimir et Svetlana Vetrov à chacun de ses voyages – et ils furent nombreux – entre 1971 et 1973. Ces retrouvailles donnèrent lieu à des dîners somptueux dans une atmosphère chaleureuse. Jacques Prévost aimait les beaux meubles, il était impressionné par la qualité de ceux que possédaient ses hôtes, il y avait du Louis XV, certains étaient paraît-il signés. Cette passion pour les antiquités, souvenir d'une époque parisienne, se retournerait un jour contre Vladimir. Il y avait aussi dans la salle à manger une fontaine à vodka, ce qui était plutôt rare. « Volodia roule en Volga (noire, blanche ou grise), le véhicule est adapté à sa taille, à sa corpulence, et à son standing… », raconta Prévost. Quant à savoir ce qu'il faisait exactement… « il est dans un ministère scientifique et technique ». La DST n'en saurait pas davantage. Il n'était plus au commerce extérieur et on se contentait de nourrir une simple relation d'amitié, cependant tout à fait sous le contrôle du KGB. À chacun de ses voyages, de son côté, fidèlement, Jacques Prévost faisait un compte rendu.

L'optique a désormais quelque peu changé. Pour un Soviétique, « entretenir des rapports non formels avec un étranger n'est pas autorisé par les procédures » ! Telle était la loi d'airain à Moscou pendant « la guerre froide ». Si cela se pratiquait, il y avait une autorisation, et nécessairement un objectif. Quel était donc l'objectif des employeurs de Vetrov ? Raymond Nart se posa la question, elle resta sans réponse jusqu'au jour où, de retour de Moscou, Jacques Prévost expliqua qu'il avait vécu une singulière aventure. Difficile, en effet, de ne pas concevoir comme une incongruité la scène alors relatée dans son contexte. À l'occasion d'une soirée qui ne serait pas moins arrosée que d'autres, dans sa Volga, sur un parking, à l'écart du *Rossia* où séjournait Jacques Prévost, Volodia sortit de son portefeuille sa carte de lieutenant-colonel du KGB et la présenta à son hôte quelque peu goguenard, mais au fond pas tellement surpris. D'après la relation qui en fut faite les jours suivants, la conversation prit un ton plutôt misérabiliste. Le Soviétique n'était pas heureux et se plaignait. « Je suis lieutenant-colonel du KGB et je gagne à peine 600 roubles par mois ! » Il ne s'agissait pas à proprement parler d'apitoyer un ami dont on savait qu'il rapportait à la DST, mais il y avait de cela. Et cette question insolite relative à son appartenance au KGB, cette fois ostensiblement manifestée ! « Le fait que j'en fasse partie est-il susceptible de contrarier notre amitié ? » Comme s'il était honteux de faire partie de cette institution redoutable. Telle était au fond la véritable interrogation de Vladimir Vetrov. « Non, bien sûr ! » répliqua Jacques Prévost qui ne comprenait pas bien ce besoin subit de mettre de la sorte les points sur les « i ».

On s'interrogea beaucoup non pas sur la signification de ce geste, pas du tout menaçant ou provocateur, mais davantage éclairant sur l'état d'esprit de Vladimir Vetrov en 1973. Il était à l'évidence déçu de sa situation professionnelle, du régime, un peu tout à la fois. On ne put s'empêcher de faire un rapprochement avec ses hésitations au moment de quitter Paris. Indication prise avec réserve à l'époque, son témoignage semblait refléter un malaise au sein du KGB : il n'était pas, disait-il, le seul à ronger son frein. Il faut rendre hommage à Jacques Prévost d'avoir relevé cet élément aberrant par rapport à une organisation qui à l'époque paraissait sans faille. En marge du compte rendu relatant cet épisode, le chef de la division A4 émettra le commentaire suivant : « C'est du jamais vu ! S'agit-il d'un nouvel appel du pied ? » Dans l'état d'esprit qui était le sien, en 1973-1974, il paraissait à peu près certain que Vladimir Vetrov regrettait d'avoir quitté la France et d'avoir ainsi laissé passer une occasion.

Contrairement à ce qui a été écrit, la DST n'a jamais été informée d'une demande de visa spécifique relative à Vladimir Vetrov qui aurait postulé peu après à un poste de consul adjoint à Marseille. Si tel avait été le cas, un avis favorable eût probablement été accordé. Il faut rappeler que le Quai d'Orsay a un pouvoir de décision sur les visas, la DST n'est consultée que pour avis. Ses avis sont suivis ou non, ils donnent exceptionnellement lieu à concertation. Il est arrivé parfois, compte tenu des effectifs pléthoriques de la représentation diplomatique soviétique en France, que le Quai d'Orsay bloque, ou refuse pendant plusieurs mois toute prise de poste nouvelle. En fait, c'est ce qui s'est passé au moment de l'ouverture d'un consulat à Marseille et quelque temps plus tard à Strasbourg. Le Quai d'Orsay s'est opposé à toute nouvelle affectation supplémentaire, préconisant un redéploiement à partir des effectifs parisiens déjà redondants. Cette « guerre des visas » a duré plus d'une année. La DST n'avait pas à connaître la politique globale des visas diplomatiques ou consulaires qui est une arme redoutable dans le cadre des relations bilatérales. Vladimir Vetrov a-t-il été victime de la « guerre des visas » ? C'est possible! Quoi qu'il en soit, le temps passait et Jacques Prévost finit par perdre de vue son ami du KGB à partir de 1974 et, d'après ce que la DST a établi et contrairement à ce qui a été dit, il ne l'a plus jamais revu.

IV

« Mes amis à Moscou »

Brillant commercial, Jacques Prévost n'aurait pas eu le succès professionnel qu'il a connu sans de solides amitiés parmi les vrais décideurs dans les différents ministères techniques concernés par l'activité de Thomson-CSF. Volodia n'était pas le seul et, d'un point de vue strictement commercial, ce n'était pas le mieux placé. Depuis 1975, Jacques Prévost avait su se faire apprécier et s'était aussi lié avec Vladislav Malkevitch qui allait devenir quelque temps plus tard vice-ministre du Commerce extérieur. C'était un personnage autrement important qu'un officier du KGB, et il valait mieux lui aussi le cultiver. En fait, il avait un poids tel dans la complexe chaîne exécutive soviétique qu'il était admis que c'était lui le vrai décideur pour la signature des grands contrats. Cette relation de haut niveau allait permettre à Jacques Prévost de jouer un rôle clé dans la négociation et de remporter le marché de l'équipement informatique du terminal de contrôle du gazoduc d'Ourengoï, affaire considérée à l'époque comme tout à fait exceptionnelle. Le 31 septembre 1981, en effet, fut signé à Moscou par Philippe Giscard d'Estaing, directeur des affaires internationales, le très important et dernier contrat entre la société française Thomson-CSF (en qualité de vendeur) et la centrale russe Electronortechnica (en qualité d'acheteur). Ce contrat, dit « GOFO », concernait la gestion du terminal de contrôle du gazoduc Ourengoï-Oujgorod dont le projet était mis en œuvre par le ministère soviétique de l'industrie du gaz. Il comportait la vente par Thomson-CSF :

- des systèmes de gestion informatisés ;
- de logiciels d'application spécifiques ;
- des services associés à l'ensemble de l'opération ;
- des télécommunications.

Le montant total était de 2 milliards de francs. Ce qui surprit les milieux industriels, c'est que le marché avait été remporté face à une concurrence internationale redoutable, qui comptait notamment Allemands, Japonais, Suédois, et Italiens. Le soir de la signature du contrat, parmi les membres de la délégation Thomson-CSF, Jacques Prévost fut seul invité à dîner chez Vladislav Malkevitch, vice-ministre du Commerce extérieur. Ce n'était pas dans les habitudes des dirigeants soviétiques de recevoir chez soi. Malkevitch le fit remarquer. « Je n'ai pas le droit d'inviter un étranger chez moi. » Au cours de ce tête-à-tête, le Soviétique déclara que, dans le climat de tension internationale régnant depuis l'élection de Reagan, il avait fait tout ce qui était en son pouvoir pour attribuer le marché à Thomson-CSF. Depuis qu'il le fréquentait, Jacques Prévost savait que Malkevitch aimait beaucoup la France, et avait noté qu'à l'occasion il lui était arrivé de donner à voir une attitude nuancée vis-à-vis du système soviétique. Ce soir-là, le vice-ministre se laissa aller à des commentaires franchement critiques sur le régime. « Les dirigeants, des vieillards psychorigides, dépourvus de toute imagination, collectivement arc-boutés sur une base idéologique qui s'effrite, une population désabusée, des services publics aux multiples carences, le tout sur un fond de crise économique, avec de surcroît une armée en difficulté en Afghanistan… » Propos rares de la part d'un membre de la nomenklatura. Pour compléter ce sombre tableau intérieur,

Vladislav Malkevitch se mit à déplorer l'inversion du rapport de force technologique en faveur des États-Unis. Il était, disait-il, bien placé pour constater que l'URSS était en perte de vitesse dans une course aux armements qu'il déplorait. Vladimir Vetrov n'était donc pas seul sur la voie de la dissidence, sinon politique du moins intellectuelle. Jacques Prévost vivait là ce qui devait être le couronnement de sa carrière. La crise politique et économique s'aggravant, Thomson-CSF ne réaliserait plus aucune affaire d'importance en URSS. Mais on réentendrait parler de ce contrat quelques années plus tard…

V

L'impromptu de Montréal

Pour des diplomates soviétiques en poste au Canada, l'hiver fût-il rigoureux, n'est pas un problème : ils connaissent et sont d'autant moins dépaysés que chacun reste la plupart du temps chez soi, et que la tendance est de vivre entre soi, faute de pouvoir rallier les grands espaces et se livrer à des embardées en autoneige. Le climat raréfie les sorties et les fréquentations en dehors de la colonie toujours très contrôlée par les amis et les ennemis. On s'ennuie alors peut-être plus à Ottawa ou Montréal qu'à Moscou. Pour vaincre les frimas, le Russe, dit-on, a recours à l'alcool qui revigore et réchauffe.

En 1973, après le refus des Français d'accueillir Vetrov à Marseille, les Canadiens lui ont accordé un visa, malgré le signalement transmis par la DST à la Gendarmerie royale du Canada (GRC). Vladimir et Svetlana ont passé paisiblement un hiver canadien 1973-1974 semblable aux autres. Il n'est pas exact que Volodia fut, comme il a été prétendu, en état d'« hibernation éthylique » et qu'il ne dessaoulait pas. Le printemps en revanche vint troubler leur quiétude. Une surprise de taille les attendait : un rappel imprévu à Moscou, la hantise du diplomate soviétique à l'étranger. Leur sort sans que personne ne le sache, ni eux, ni le KGB, pas plus d'ailleurs que la DST à l'époque, s'était pourtant déjà joué à Paris dans les arcanes administratives de la DST.

Avant de suivre le fil de cette épisode compliqué, comme toujours, et tenter d'en démonter les mécanismes internes, rappelons encore qu'il est nécessaire de raisonner sur des bases solides et des renseignements incontestables, sans oublier que la vérité est parfois simple. Bon sens et logique permettent de débrouiller une réalité canadienne au départ complexe, parfois complexifiée à dessein. On a beaucoup parlé de la « ténébreuse affaire » à laquelle le couple Vetrov a été mêlé à Montréal.

Chacun sait que depuis la création de l'OTAN, il existe une collaboration entre les services de renseignement et de contre-espionnage des pays membres. Cette collaboration se traduit par des échanges soit bilatéraux, soit au cours de réunions bisannuelles dans le cadre du Comité spécial de l'OTAN à Bruxelles. Le Canada est représenté alors par la GRC, la France a toujours été représentée par la DST, même après la décision du général de Gaulle de quitter l'organisation militaire intégrée en 1966. Avant sa prise de poste à la mission commerciale de Montréal, Vetrov a donc fait l'objet d'une demande de « criblages » à la DST courant 1974, comme d'ailleurs auprès de l'ensemble des autres services alliés. Ce « criblage » est automatique. La réponse a été, comme toujours en l'espèce, succincte, du genre « identifié comme officier du KGB ; ligne X[1] », suivi de quelques mots pour indiquer évidemment « son goût prononcé pour le mode de vie occidental et ses états d'âme au moment de revenir à Moscou, son départ à contre-cœur ». Si des renseignements complémentaires avaient été sollicités par les Canadiens, la règle aurait voulu qu'une réunion soit alors organisée par l'intermédiaire de l'officier GRC de l'ambassade à Paris. Ce ne fut pas le cas.

La mention manuscrite portée à l'encre rouge sur la fiche Vetrov à la DST au moment où il quittait Paris pour Moscou, « en cas de renseignement nouveau sur Vladimir Vetrov prière de ne rien entreprendre sans consulter R23 », était à l'évidence

1. Ligne scientifique et technique.

à usage interne, destinée en particulier aux analystes et documentalistes de la division A4 qui traitaient, comme il va de soi, tout ce qui était relatif à l'URSS. S'agissant d'une simple prise de poste dans un pays géographiquement éloigné, l'analyste rédacteur de la réponse aux Canadiens n'a pas cru devoir aviser R23. La mention est donc restée lettre morte, et Raymond Nart n'a rien su de cette affectation canadienne. Quant aux Canadiens, ils sont restés silencieux, ce qui se comprend.

Reste que la GRC était en possession de l'élément essentiel, le « goût prononcé [de Vetrov] pour le mode de vie occidental » et son coup de déprime à la perspective de quitter Paris. C'était bien suffisant pour tenter une « approche » du Soviétique et proposer habilement, à l'occasion, une offre de collaboration. Le prétexte a été procuré par une affaire de droit commun, en fait une attaque à main armée chez un bijoutier, par des malfaiteurs, qui se sont emparés courant janvier 1975 d'un stock de bijoux parmi lesquels certains figuraient précisément en dépôt-vente et appartenaient à Svetlana Vetrov.

Lorsque l'affaire Farewell fut connue des services alliés fin 1983-1984, on saura par des conversations « entre professionnels » avec plusieurs officiers de l'ancienne GRC devenue entretemps SCRS[1] que Vladimir Vetrov avait bel et bien été « tamponné[2] » à Montréal. Conversations amusantes avec le recul. Les Canadiens, sportivement, reconnaissant et regrettant leur échec, mais voulant cependant nous montrer que, malgré tout, « ils étaient sur le coup avant nous ! ». Ce dont ils ne se vantaient pas en revanche et qui finira aussi par se savoir, c'est qu'une « taupe » au sein de la GRC avait averti le KGB, qua-

1. Loi du 16 juillet 1984 créant le Service canadien du renseignement de sécurité.
2. « Tamponné », c'est-à-dire « approché » et contacté en vue d'une proposition de collaboration.

siment en temps réel, de l'opération dirigée contre Vladimir Vetrov en vue de le recruter, à partir de l'affaire des bijoux volés. Ce qui a été confirmé de différentes sources et encore récemment par un retraité de la GRC.

L'idée de manœuvre de la GRC en contactant Vetrov après l'attaque de la bijouterie tournait autour d'un argument simple auquel il ne pouvait rester insensible : l'indemnisation. Pour prolonger les discussions, le bijoutier et la GRC ont naturellement fait d'abord une offre financière a minima, laissant espérer un dédommagement plus conséquent s'il y avait de sa part, pour faire court, un « petit effort de compréhension ». Vetrov, quoi qu'il en soit, prit de l'argent. Combien ? Svetlana tenue à l'écart des premières discussions trouva la somme insuffisante et Vladimir espérait lui aussi davantage, mais il n'eut même pas le temps de donner suite. On sait donc par les Canadiens « qu'il prit de l'argent, mais ne donna finalement aucun renseignement ou document ».

L'aurait-il voulu qu'il eût été pris de court. L'opération de la GRC fut, en fait, bel et bien éventée. La réaction soviétique ne se fit pas attendre. Elle fut savamment calculée. Au mois de mars 1975, une escouade d'une dizaine d'officiers du KGB embarqua Vladimir Vetrov, sans violence mais avec fermeté, dans un vol Aeroflot à destination de Moscou. On était là dans la procédure normale en pareil cas. Il ne restait plus au KGB qu'à faire en sorte qu'on ne puisse établir aucun lien de cause à effet, trop direct, trop visible entre la tentative d'approche-recrutement par la GRC et le départ précipité. Technique habituelle des poupées russes. Une affaire qui en cache une autre. Le KGB s'est, comme à son habitude, alors efforcé de faire diversion en faisant courir le bruit que Vladimir Vetrov était un alcoolique, un corrompu, et surtout un trafiquant en mettant en exergue une vente frauduleuse de bijoux. Il a surtout maintenu son épouse seule à Montréal jusqu'au début mai, comme si son mari était susceptible de revenir.

On saura plus tard par un de ses anciens collègues du directorat T, Viktor Otchenko, que « si Vladimir Vetrov avait été bien considéré par ses supérieurs durant son séjour en France, il avait en revanche éveillé des soupçons durant son affectation au Canada… La ligne KR[1] du KGB avait intercepté une lettre adressée à Vladimir Vetrov par un joaillier laissant à penser qu'il avait vendu des bijoux frauduleusement ». Cette lettre précédait de quelques jours l'approche de la GRC et *a posteriori* donnait corps aux yeux des Soviétiques à la « visée opérationnelle » des Canadiens, dont ils venaient d'être informés par une trahison dans les rangs de la GRC.

Fait remarquable, Vladimir Vetrov est resté étrangement silencieux vis-à-vis de la DST sur l'épisode canadien dont il n'a jamais parlé. Avec le recul, on doit répondre à une question : pourquoi, une fois rapatrié à Moscou, un silence complet, la mise entre parenthèses pendant cinq années de sa relation amicale avec Jacques Prévost ? On peut avancer l'hypothèse que l'incident de parcours de Montréal a complètement inhibé Vladimir Vetrov. À son retour, il est nécessairement placé sous surveillance et ne peut donc plus se permettre, dès lors, de fréquenter un étranger dont la hiérarchie du KGB sait depuis longtemps qu'il a été en rapport avec la DST.

1. Ligne contre-espionnage et sécurité.

VI

La chasse aux « taupes »

La fin de la décennie 1970 a été marquée notamment au sein de la CIA par la difficile déconstruction de l'édifice tentaculaire que James Angleton, chef de la division contre-espionnage, le fameux « chasseur de taupes », avait patiemment mis en place en trente années à Langley. C'était un homme d'une rare intelligence, il avait parcouru le monde, et avait eu son heure de gloire dans la communauté occidentale du renseignement. Figure charismatique, c'était un mythe vivant. Marcel Chalet lui vouait notoirement une amitié fidèle. Ils se rencontraient périodiquement en grand secret à Washington ou à Paris. Leurs discussions étaient interminables et se prolongeaient, chaque fois, tard dans la nuit, whisky aidant, ce que Marcel Chalet avait fini par trouver pénible, lui qui ne buvait pas. À l'époque, lorsque à la DST, au cours d'une réunion de travail avec ses collaborateurs, il quittait le quotidien des enquêtes pour aborder de grandes idées géostratégiques, on pouvait être sûr que Marcel Chalet venait de rencontrer James Angleton.

En fait, le responsable du contre-espionnage de la CIA avait vécu comme une offense personnelle la trahison de son collègue et non moins ami du Special Intelligence Service (SIS) britannique, Kim Philby, qui en 1963 avait fui à Moscou après avoir longtemps œuvré, au profit du KGB, au sein même de l'état-major des services de Sa Majesté. Un autre contre-espion, venu de l'Est celui-là, devait aussi marquer durablement le parcours professionnel de James Angleton au point de constituer avec lui, aux yeux de certains, « un tandem infernal ». Fin 1961 Anatoli Golitsyne, officier du KGB du contre-espionnage extérieur, choisissait la liberté en Finlande. Ce transfuge d'une grande qualité intellectuelle avait, ce qui n'était pas rien, réussi à subjuguer jusqu'à un certain point James Angleton. À la DST, les responsables de la division A4 traitèrent avec succès les quelque soixante-dix cas d'importance très diverse signalés par Golitsyne (pseudo Viru). Marcel Chalet en particulier confondit la « taupe » soviétique au sein du pouvoir français, Georges Pâques.

Ayant vidé son sac, Golitsyne, pour se rendre sans doute plus intéressant, se mit à extrapoler sinon à inventer, de sorte qu'au bout d'un certain temps personne ne voulut plus croire à « l'évangile selon saint Viru », comme le disait le commissaire divisionnaire Désiré Parent. Il s'ensuivit un incident qui provoqua l'annulation d'une conférence à la Martinique entre une équipe de la DST et Golitsyne. Ce dernier refusa de voir Marcel Chalet. Tout ceci pour dire que les relations James Angleton-Marcel Chalet furent parfois délicates. L'Américain, homme de pouvoir, était d'un caractère difficile, susceptible, et irascible. Il ne fallait pas trop le contrarier quand il se lançait dans ses spéculations intellectuelles.

James Angleton vivait depuis l'affaire Philby dans l'obsession permanente de la pénétration systémique par le KGB des services occidentaux, ce qui en pleine « guerre froide » n'avait rien d'étrange. Ses ennemis politiques, notamment aux États-Unis, lui reprochaient en outre de cultiver la théorie du complot communiste, un vaste complot mondial au cœur même des États occidentaux, mettant en cause un certain nombre de personnalités, ce qui confinait à la paranoïa. Tout ceci était exagéré, et ne fut pas étranger à sa perte. Si la DST avait su garder ses distances, la doctrine Viru avait contaminé certains services, en particulier anglo-saxons. Mais elle fit aussi des ravages notoires au SDECE. On racontait dans les services que James Angleton avait exercé des pressions telles sur les Canadiens, par exemple, que ceux-ci, jaloux de leurs prérogatives, provoquèrent eux aussi un incident en priant la CIA de s'occuper de ses affaires.

Séquelle de la période, sans doute, la DST considérait les services canadiens comme peu coopératifs, plus intéressés par le « criblage » des immigrants potentiels que par le contre-espionnage et de surcroît dépourvus d'une législation efficace dans ce domaine. Une seule affaire les réunit pendant la « guerre froide », c'était l'affaire Hugh Hambleton, du nom d'un espion du KGB à l'OTAN, en poste à Paris jusqu'en 1966. Il devint ensuite professeur à l'université Laval à Québec. Après une dispute, en 1980, son épouse italienne alla le dénoncer à la GRC. Curiosité, son père était lui-même agent soviétique. Une vraie dynastie d'espions. C'était encore une suite des déclarations imprécises de Golitsyne en 1962 qui avaient tellement mobilisé James Angleton et Marcel Chalet. Le transfuge s'était montré si vague sur ce cas que, malgré les enquêtes, il fallut attendre dix-huit ans et la dénonciation de l'épouse pour identifier et confondre la taupe. Hambleton ne put être poursuivi par la juridiction canadienne. Il n'en fut pas de même en Angleterre où il commit l'erreur de se rendre pour des vacances. Il y fut condamné à dix ans de détention en 1982.

Quant à la CIA, il faut bien le dire, les querelles de chapelles y faisaient régner de manière durable une ambiance délétère de suspicion. James Angleton s'était fâché avec le directeur du FBI Edgar Hoover. Son étoile commença à pâlir sérieusement dès lors que ses appuis politiques disparurent avec la « détente » qu'Américains et Soviétiques tentaient d'instaurer dans leurs relations (en 1972 Nixon signa les accords de désarmement

SALT). Le contre-espion fut contraint de démissionner par William Colby, le directeur de l'agence, dans les derniers jours de 1973. Désavoué et lâché par sa propre maison, malmené par les commissions d'enquêtes notamment du Sénat, il avait conservé cependant ses partisans. Son départ fut compliqué. Il écrivit plus d'un an après à Marcel Chalet pour dire son amertume. « Les semaines passées ont été un cauchemar, pas différemment que si je m'étais promené dans une allée sombre et avais pris un coup presque fatal sur la tête dans un voisinage prétendument amical[1]... » Cette situation n'est pas si rare en définitive. Il y a bien des moments où la machine s'emballe, tourne à l'envers et où ceux censés vous protéger vous tirent dessus. On est là dans un exercice politico-administratif classique. James Angleton se retira complètement de la vie active pour ne se livrer qu'à des activités universitaires. Il devait décéder en 1987.

Sur la fin de la guerre froide, on a pu parler, comme d'un maléfice, du syndrome Angleton, on peut aussi, avec le recul, ajouter le paradoxe Angleton. Il réside, en effet, dans la constatation que ce théoricien, particulièrement suspicieux, de la pénétration par le KGB des services occidentaux n'a jamais, en fait, découvert la moindre véritable « taupe » dans la communauté américaine du renseignement. Sans doute a-t-il brisé la carrière de plusieurs officiers, mais sans preuve de trahison manifeste à l'appui. Ce fut le cas en revanche, début des années 1980, de ses successeurs à la CIA d'abord, puis au FBI et à la NSA. Les Canadiens eux-mêmes, non sans avoir pas mal cafouillé sous pression américaine et accusé à tort James Bennett de la GRC, ont fini après deux ans d'enquête par mettre au jour, en 1985, l'activité au profit du KGB d'un autre ancien haut gradé de la GRC.

1. Gérald Arboit, *James Angleton. Le contre-espion de la CIA*, Nouveau Monde éditions, 2007, p. 149.

Il s'agit de Gilles Brunet qui avait proposé ses services à l'ambassade soviétique à Ottawa au milieu des années 1960. Il avait travaillé pour eux plus de quinze ans et avait touché des sommes considérables, on parle de 700 000 dollars. Lorsque les officiers du SCRS se sont présentés à son domicile pour l'arrêter, Gilles Brunet s'est suicidé. Le général Oleg Kalouguine, contrôleur du contre-espionnage extérieur, transfuge du KGB en 2000 à New York (et qui parallèlement a été qualifié de « vil traître » par Vladimir Poutine puis condamné à quinze ans d'enfermement à Moscou pour trahison et avoir révélé dans un de ses ouvrages des détails sur un certain nombre d'opérations anciennes aux États-Unis, au Canada et dans le monde occidental) cite Gilles Brunet comme ayant été recruté dans les années 1960-1970. Ce qui confirmerait côté KGB qu'il serait donc « la taupe » de l'affaire Vetrov au premier trimestre de l'année 1975[1].

1. Fabrice de Pierrebourg, « Pour quelles raisons devient-on une taupe? », *La Presse*, livraison du 21 janvier 2012 et enquête. Voir aussi Oleg Kalouguine, *Spymaster: My Thirty-Two Years in Intelligence and Espionage Against the West*, Basics Books, 2009.

VII

Le cimetière des éléphants

Lorsqu'il revient du Canada en mars 1975 après un séjour de seulement neuf mois à la mission commerciale de Montréal, – ce qui est exceptionnellement court et, vu de l'extérieur, sujet à interprétations diverses –, Vladimir Vetrov n'est pas aussitôt réaffecté. Ce qui se comprend. Il le sera au bout de plusieurs mois, à la section « aviation et espace » du département n° 4 au directorat T, science, technique et technologie de la 1re Direction principale du KGB. En effet, un retour plutôt problématique et qui finira par susciter quelque surprise à la Centrale. Chacun se garde bien de commenter. Vladimir Vetrov n'est pas, comme on a coutume de le dire au Quai d'Orsay, et par extension à la DGSE, « sur l'étagère », c'est-à-dire en attente d'une nouvelle affectation, généralement pour laisser le temps, la mission terminée, de régler des affaires personnelles et de se préparer à la suivante. Après un rappel disciplinaire, il y a au retour un comité d'accueil pour récupérer le mis en cause. Il est sous enquête entre les mains de ses collègues du directorat K, de la sécurité et du contre-espionnage. Une mission ainsi interrompue ne peut l'être qu'à la suite d'une faute lourde avec sanction en perspective. Au KGB on est impitoyable avec la discipline. On demande des comptes avec insistance, beaucoup d'insistance. Il n'est pas facile de se sortir des griffes de la version soviétique des « bœufs carottes[1] ».

1. La police des polices.

Vladimir Vetrov finit cependant par y parvenir. Comment ? Il prétendra avoir été le protégé de l'ancien ministre de l'Industrie radioélectrique Valéri Kalmykov, mais celui-ci est décédé en juin 1974. Dans ce même ministère qui lui fournissait sa couverture à l'étranger, il a eu comme supérieur hiérarchique le second gendre d'Aleksei Kossyguine[1] qui s'appelait Kossitchkine, responsable des relations extérieures. Ces prétendues protections alléguées par Vladimir Vetrov, du temps où il était à Paris, s'apparentent à de la vantardise, ou du moins sont destinées à lui donner de l'importance auprès de Jacques Prévost. On ne voit pas, en effet, un personnage extérieur intervenir d'une manière ou d'une autre au sein du KGB. Qui se serait risqué à intervenir pour sortir d'un mauvais pas un officier du KGB ? Un général du KGB peut-être ?

Vetrov sait dès le départ de Montréal qu'il a été trahi et au fur et à mesure des interrogatoires, il acquerra la certitude qu'il n'y a aucune preuve contre lui, seulement des soupçons. Le KGB est beaucoup plus légaliste qu'on ne l'imagine. Il lui faut des preuves ou des aveux. Or, cette « approche-recrutement » n'est que préliminaire, une simple conversation en somme. L'affaire des bijoux servira encore d'alibi, en défense cette fois. Il certifiera sur l'honneur, avec Svetlana, ignorer le caractère frauduleux du dépôt-vente de quelques bijoux personnels. Pour Vladimir Vetrov, aucun mystère, rien d'illicite, mais « il se sent maltraité » sans raison. Les faits établis sont anodins, la sanction disproportionnée. Il est victime d'un mauvais procès. Il sait cependant ce que tout ceci cache : des soupçons, rien d'autre. Mais cela laissera nécessairement des traces. C'est une perte de chance. Désormais son parcours professionnel est fléché, mais dans le mauvais sens.

---

1. Le premier gendre de Kossyguine était le bien connu German Gvichiani, président du GKNT (Comité d'État pour la science et la technologie).

En tant que lieutenant-colonel, le poste imposé n'est pas de nature à assurer l'évolution de carrière qu'il souhaite. Il ne correspond en rien à ses ambitions. Paris, Montréal sont des paradis perdus. L'étranger, c'est fini! Il lui faut cependant tenter de rebondir. Le travail en centrale n'est jamais très prisé par les officiers du KGB : on y fait le tour de service strictement obligatoire pour prendre du galon et repartir aussitôt. La nouvelle affectation, surtout au directorat T, signifie d'abord que Vladimir a pu au bout du compte se justifier ou, ce qui n'est peut-être pas tout à fait impossible, qu'il avait, en outre, un puissant protecteur. On ne sait. Le directorat T est l'un des rouages tout à fait essentiels du KGB et de l'État. On est là, rien de moins, que dans le cœur du système militaro-industriel de l'Union soviétique. Il consiste d'abord à orienter les réseaux du KGB, du GRU et autres organismes ministériels pour capter par les moyens d'espionnage les innovations, les inventions, les avancées scientifiques, techniques et technologiques des pays occidentaux. Ce n'est pas tout : il faut aussi collationner, mettre en forme, synthétiser les fournitures brutes provenant donc de l'étranger afin de les redistribuer pour exploitation et développement aux agences, entreprises, centres de recherche et laboratoires civils et militaires soviétiques. C'est le point d'aboutissement du pillage réalisé par les Soviétiques en Occident. De quoi remotiver Vladimir Vetrov passablement secoué par de longs mois d'interrogatoires suivis de pauses, tout aussi longues, le temps de « mijoter ».

Le directorat T est en réalité une effroyable machine bureaucratique. Les procédures ne laissent place à aucune initiative, et il va sans dire que, notamment, pour des raisons de sécurité, elles sont redondantes, lourdes et archaïques. La circulation du courrier est étroitement contrôlée à l'aide de bordereaux signés et contresignés. On saura néanmoins assez vite que cet appareil en apparence rigoureux cache un laxisme de fait résultant de la démoralisation du personnel, de l'absence de perspectives, de la perte de crédibilité du régime, du mirage de l'Occident, le tout sur fond de beuveries comme remède à l'implacable tristesse du quotidien.

À l'époque, la mécanographie vient à peine au secours des nombreuses petites mains qui établissent les bilans mensuels, annuels, collationnant les renseignements reçus, les classant par origine, par catégorie, par destinataire, en regard des besoins exprimés dans le domaine militaire, scientifique et industriel. Ainsi répertoriés, ces fameux bilans sont acheminés vers les apparatchiks de la VPK, l'importante Commission pour l'industrie militaire. Le tout sous le contrôle des plus hautes autorités du Comité central. Autant dire que pour un officier axé sur le renseignement humain, formé pour opérer à l'étranger et traiter des agents, l'affectation au département n° 4, section « aviation et espace » n'est pas des plus enviées. Département de documentation, il est ainsi peuplé de femmes. En général, tout le monde veut être opérationnel et personne documentaliste. Un classique du genre dans les services. Il y a bien quelques rares officiers plus ou moins en pénitence. Personne ne sait exactement pourquoi ils sont là. En 1981, le département n° 4 est dirigé par Vladimir Dementiev, un cadre du Parti, autrement dit une pièce rapportée ! C'est « un cimetière d'éléphants ».

Depuis le début des années 1970, la 1re Direction principale du KGB et donc le directorat T ont quitté le quartier général historique de la place Félix-Djerzinski pour s'installer non loin du grand périphérique dans une forêt de bouleaux. En fait, il y a là un immense complexe situé exactement dans le district de Yassenovo. Les bâtiments, à l'époque, ont de loin un aspect moderne mais sans imagination architecturale, ils ont l'air plutôt fonctionnels et confortables. L'entrée du bloc de réception des visiteurs est particulièrement soignée. Insolite, un énorme crocodile naturalisé agrémente un décor qui n'a, à proprement parler, rien de très russe. Marbre blanc froid, table en verre, fauteuils profonds de cuir blanc. Le seul problème de Yassenovo est sa situation à 30 kilomètres du centre de Moscou. On ne peut y accéder qu'en bus ou en voiture. L'atmosphère y est toutefois moins oppressante qu'au siège historique de sinistre mémoire dont l'entrée de service est située rue de la Loubianka, à l'arrière de la façade bien connue.

Depuis la Tcheka[1], tous les services soviétiques ont eu leur siège dans un ancien immeuble d'une compagnie d'assurances place Félix-Dzerjinski (Félix de fer) aujourd'hui rebaptisée place de la Loubianka. Il y a bien une entrée principale sur la place, une entrée pour les visiteurs, et certains personnels, en fait la majorité, entrent par l'arrière rue de la Loubianka. Devant l'imposante grille d'accès, un milicien fait la circulation avec, depuis des années, le même chien jaune couché à ses pieds et l'hiver à ses bottes, dans la neige. À l'intérieur, le KGB, c'est d'abord une odeur. Une odeur de renfermé, de vieille tabagie et de choux, pourquoi ? Mais ce qui frappe le plus en parcourant les longs couloirs, ce sont les portes des bureaux de part et d'autre, maculées par la cire des scellés apposés quotidiennement, ou maltraitées par les travaux de serrurerie effectués à la diable, sans pitié pour les boiseries. De temps à autre apparaît une porte capitonnée. Des allées et venues. L'atmosphère qui règne à l'époque n'a rien de particulièrement feutré, les discussions de couloir sont fréquentes. Apparemment le personnel est nombreux. D'une manière générale, il fait preuve d'un minimum de conscience professionnelle, mais la routine administrative et la sclérose de la pensée communiste ont installé un

1. Sigle russe de la Commission extraordinaire pan-russe pour la répression de la contre-révolution et du sabotage, créée le 20/12/1917. Première police politique.

manque d'ardeur contagieux. Des habitudes ont été prises, comme celle d'aller faire soit le marché soit des courses pendant les heures de service. La vie n'a jamais été facile à Moscou. Personne ne dit rien.

Vladimir Vetrov ne perd cependant pas au change : le bois de bouleaux est préférable à la Loubianka où il aurait très bien pu se retrouver si la série de face-à-face inquisiteurs au retour du Canada avait mal tourné. Un bien mauvais souvenir, ces interrogatoires. Il n'avait pas le choix, heureux de s'en être tiré à moindres frais, mais tout de même atteint psychologiquement par les conséquences malheureuses de cette aventure. Avec le temps, il donne l'impression d'avoir pris le pli. Un lieutenant-colonel devenu gratte-papier ? On l'entend bien parler haut et rire bruyamment, personne ne s'étonne, non plus, de ses sarcasmes. Il restera dix ans lieutenant-colonel dans le même poste ! Nos sociétés occidentales modernes n'ont pas supprimé la souffrance au travail. Elle s'exprime déjà chez nous avec difficulté, mais comment la supporter dans l'univers corseté du KGB ? Même modérée, elle n'est pas tenable indéfiniment. On ne fait bien que ce qu'on aime, air connu. Vladimir Vetrov, de tempérament fier, est blessé dans son orgueil, son amour-propre, il souffre d'être déclassé, de travailler à contre-emploi et sans perspective. Il est marginalisé, cantonné à des tâches subalternes qui ne sont pas de son niveau. Il a cherché à tromper l'ennui, non pas comme c'est parfois le cas en s'adonnant à l'alcool – il ne boit pas plus que d'autres –, mais plutôt en cherchant des dérivatifs dans sa sphère privée, son épouse, son fils, la datcha. Grâce à ses amis français, à partir de 1981, il gratifie de temps à autre ses collègues de produits tels que du whisky, provenant d'Occident, ce dont il fait aussi profiter certains de ses chefs, en particulier Léonid Zaitsev, le chef du directorat T, au risque d'attirer l'attention et de se faire soupçonner de corruption. Il n'est pas le seul à pratiquer de la sorte. Il suit son instinct. C'est au fond un bon garçon, mais rongé par un mal-être lancinant. Et puis surtout, il y a les collègues féminines et en particulier, Ludmilla Otchkina, la chef du bureau des traductions…

2e Partie

À MOSCOU ON IMPROVISE

I

Résurrection

Depuis 1973-1974, Jacques Prévost n'a donc plus revu son ami Vladimir Vetrov et il ne le reverra plus jamais, malgré plusieurs tentatives de sa part, à titre tout à fait personnel et restées vaines. Il n'a pas perdu en revanche le contact avec la DST mais Raymond Nart n'est plus son officier traitant. Le relais a été passé à un inspecteur chef chevronné, Bernard Rouault, qui suit avec assiduité les affaires de Thomson-CSF avec l'URSS et donc les nombreux contacts de Jacques Prévost dans ce pays. Les années passant, chacun a complètement oublié Vladimir Vetrov, lorsque vers la fin de l'année 1980, Jacques Prévost reçoit, à l'adresse de sa direction générale, une lettre postée de Budapest, timbrée à la date du 12 novembre 1980. Cette correspondance est somme toute anodine. Vladimir Vetrov sollicite une simple reprise de contact par téléphone le soir. Mais à y regarder de plus près, elle comporte une formulation quelque peu inattendue si l'on considère que l'expéditeur maîtrise parfaitement les nuances de la langue française, « ma femme et moi sommes sains et saufs », comme s'ils avaient survécu à une forte tempête !

Ne voulant plus trop se compliquer la vie, et faute de temps, en raison surtout d'une intense activité qui le retient momentanément à Paris, Jacques Prévost n'y donne pas suite, jusqu'au jour où mi-décembre, toujours de Budapest[1] et par le même

1. On saura que les deux correspondances postées de Budapest l'ont été par Lev Barachkov, chanteur d'opéra, frère aîné de Svetlana Vetrov née Barachkova.

canal de sa direction générale, il reçoit sous enveloppe une carte postale qui ne peut à la lecture le laisser indifférent. Vladimir Vetrov sollicite comme précédemment une reprise de contact, mais cette fois, c'est le moins que l'on puisse dire, avec une insistance extrême de nature à provoquer une réaction du destinataire, « c'est une question de vie ou de mort!... », suit le rappel de son numéro de téléphone (243 60 80) à Moscou. Jacques Prévost est perplexe, dans l'embarras, il temporise en s'interrogeant, et se décide enfin après avoir quelque peu traîné et sans grand enthousiasme à appeler Bernard Rouault peu avant Noël 1980. Raymond Nart est alors depuis 1977 chef de la division A4. Le mois de décembre est toujours très chargé. Comme partout c'est celui de la préparation des bilans. Le mois de janvier est un désastre pour la haute administration. La trêve des confiseurs à peine terminée, ce sont les cartes de Nouvel An et le marathon des cérémonies de vœux. Montagne de cartes et à 17 heures tous les soirs, il faut courir dans tout Paris pour assister à ces interminables cérémonies. Raymond Nart n'aime pas ces mondanités obligatoires.

Pour éviter d'accumuler le moindre retard, il arrive au bureau à 8 heures et sacrifie autant que faire se peut la pause du déjeuner. Un matin de février, en compulsant son courrier à la recherche d'une priorité à traiter, son regard se fixe sur « l'entretien » Bernard Rouault-Jacques Prévost, relatant l'envoi des deux correspondances postées de Budapest, et le SOS de Vladimir Vetrov. Cet « entretien » date d'après les fêtes. Pas besoin de tout lire. Les premières lignes lui rappellent furieusement le dossier DORAT. Revoilà Vladimir Vetrov! Pourquoi ces correspondances expédiées de Budapest, alors qu'il donne, pour le joindre, son vieux numéro de téléphone à Moscou? Premier réflexe, mettre la main sur Bernard Rouault, et envisager avec lui la suite à donner, mais il n'est pas là. Excité tout autant par ce qu'il vient de lire que par l'absence de son collaborateur, Raymond Nart poursuit le tri de son paquet de courrier.

Une autre note émanant cette fois d'un inspecteur des services techniques, Georges Léo, vise une fois encore Vladimir Vetrov. Une lecture rapide des archives à ce nom a laissé perplexe Marcel Jegou, le chef des techniciens. Il a pressenti quelque affaire importante et sans hésiter il a transmis à Raymond Nart. Cette note fait état d'une « tentative de provocation » sur un ingénieur du groupe Schlumberger lors d'une foire-exposition fin octobre à Moscou. Cet ingénieur est bien connu de la division A4 qui l'a traité pendant des années au même titre que Jacques Prévost. C'est Alexandre de Pohl. Il a longtemps travaillé aux Compteurs de Montrouge absorbés par le groupe Schlumberger. En raison de sa spécialité, avec la bénédiction de la division A4, il était alors devenu une relation des services techniques. Il relate que sur son stand, il a reçu la visite d'un Soviétique connu à Paris plusieurs années auparavant, qu'il suspectait déjà à l'époque d'appartenance au KGB. Il s'agit de Vladimir Vetrov. Ce dernier lui a fait d'emblée mauvaise impression, il a d'abord cherché à obtenir un aparté à l'extérieur du stand. Très méfiant, réticent, de Pohl a consenti cependant à s'éloigner de quelques mètres, pour une courte conversation à l'écart de quelques visiteurs importuns. Le Soviétique cherchait à avoir des renseignements sur « un certain Jacques Prévost ingénieur à Thomson-CSF qu'il avait connu, disait-il, du temps où lui-même était en poste à la mission commerciale ». Il voulait savoir en particulier s'il était toujours dans le même groupe. Alexandre de Pohl, de plus en plus effrayé au fur et à mesure que se déroulait la conversation, a répondu qu'il ne le connaissait pas, ce qui n'était pas tout à fait exact. Vladimir Vetrov a tellement insisté qu'il a fini par convaincre Alexandre de Pohl de remettre, dès son retour à Paris, une lettre à Jacques Prévost par l'intermédiaire du siège de Thomson-CSF. Craignant une provocation du KGB, Vetrov aussitôt parti, de Pohl s'est empressé de détruire sa lettre qui lui brûlait les doigts en la jetant dans les toilettes de la foire.

C'est évidemment pour Raymond Nart un moment psychologique fort que d'avoir le même jour, sur son bureau, dans le même courrier deux renseignements qui se recoupent de manière aussi éclatante. C'est rarissime. Le hasard, dieu des policiers ? Homme pressé, toujours pressé, Raymond Nart déplore en lui-même les conditions de la remontée des renseignements, la lenteur invraisemblable des comptes rendus des uns et des autres, Jacques Prévost a tardé à rendre compte, de même pour de Pohl, ce qui tempère son enthousiasme des premiers instants. N'est-il pas déjà trop tard ? « Les pittoresques télégrammes diplomatiques de l'ambassadeur de France à Oulan-Bator Jacques Fesquet ne mettent même pas huit jours pour arriver sur son bureau, et dans ce cas si important, on va mettre autant de temps à réagir ! C'est ainsi ! » Raymond Nart s'agite, et se fait sortir la fiche signalétique de Vladimir Vetrov, le dossier DORAT, ce qui prend bien une demi-heure. Il entreprend sans plus attendre de rechercher le numéro de téléphone de Jacques Prévost. Il l'appelle aussitôt. C'est l'occasion en lui présentant des vœux, certes tardifs mais sincères, selon l'expression consacrée, de se rappeler à son bon souvenir et surtout de lui demander un rendez-vous immédiat.

On est dans les premiers jours de février 1981, ce sont des retrouvailles, Raymond Nart n'a pas revu Jacques Prévost depuis plusieurs années. Il l'accueille de manière sympathique et ne s'étonne pas outre mesure de sa réapparition subite, un peu comme un cheveu sur la soupe. C'est une vieille connaissance, qui le voit d'ailleurs venir de loin. Le problème n'est pas tant l'absence de Bernard Rouault avec qui il s'entend bien. Mais les relations avec Raymond Nart n'ont pas toujours été faciles suite à certains non-dits et à l'affaire de l'accident de voiture. Tout cela date de dix ans. « Que va-t-il me demander de faire avec Vladimir Vetrov ? » se demande Prévost. Habitué des vols Paris-Moscou, l'homme de Thomson pourrait aller voir ce que veut exactement l'ami soviétique perdu de vue depuis si longtemps. Sauf que ce n'est pas la façon de faire entrer dans son jeu quelqu'un de sa trempe. La solution doit venir de lui. Manifestement, le spécialiste des affaires internationales habile, plein de ressources, manœuvrier, a déjà beaucoup réfléchi avant d'aviser la DST. Les JO de l'été 1980 auraient été une occasion propice : un certain relâchement avait été observé dans les procédures, mais n'avait pas duré. Il n'a pas de projet immédiat de voyage. Il n'a pas, non plus, d'invitation de ses interlocuteurs habituels à Moscou. Qu'à cela ne tienne, Jacques Prévost a une solution de rechange toute prête.

Dans quelques jours Xavier Ameil, le représentant en titre de Thomson-CSF à Moscou, sera à Paris. « C'est un homme remarquable, polytechnicien, Légion d'honneur, il a inventé la machine à crypter "Myosotis", sans aucun doute, il se fera un devoir d'accepter de prendre contact avec Vladimir Vetrov. » Un simple service en somme. Il est tout à fait capable de le faire patienter et éventuellement de l'aider. Jugement téméraire peut-être, Jacques Prévost donne le sentiment de vouloir se démarquer d'un vieil ami qu'il n'a pas revu depuis des années et qui, compte tenu de ses états d'âme passés, risque de devenir rapidement encombrant. Craint-il d'être mis à titre personnel dans l'embarras ? Dans ce cas, il botte superbement en touche. Raymond Nart n'est pas tout à fait dupe, mais, au fond, l'idée est séduisante d'impliquer, dans un premier temps, quelqu'un de neutre, un regard extérieur à cette relation d'amitié Prévost-Vetrov pour ce qui n'est qu'une simple prise de contact exploratoire et, à l'occasion, une nouvelle évaluation du personnage, de son état d'esprit du moment. L'idée, c'est surtout de parer au plus pressé. Il faut savoir, très vite, exactement ce que veut le Soviétique. Pour le moment, on se garde de toute hypothèse. On verra après. En réalité, même si aucun des deux ne l'exprime franchement, Jacques Prévost et Raymond Nart ont en mémoire les circonstances au début de l'été 1970 du retour à Moscou de Svetlana et Vladimir Vetrov. Ils étaient à la limite de « choisir la liberté » et de rester en France.

L'idée d'impliquer Xavier Ameil, même dans une simple démarche préliminaire pour si séduisante qu'elle fût, comporte cependant une part importante de risque, il n'a pas de couverture diplomatique, on ne peut, par principe, exclure une provocation. Raymond Nart écarte d'instinct une telle éventualité en se fondant sur le dossier DORAT. Il a bien en tête une solution alternative, plus sûre mais complexe à mettre en œuvre. Or, on est dans l'urgence. Quelques semaines auparavant, le jeudi 15 janvier 1981, avant sa prise de poste à Moscou, en tant qu'attaché des forces armées, le général Jacques Laurent a été reçu par Marcel Chalet, à la DST. Ils ont eu tous deux une réunion de travail à laquelle étaient conviés Désiré Parent et Raymond Nart. L'objectif étant de renforcer les liens de la DST avec le CERM[1] qui centralise notamment les renseignements des attachés militaires et de mettre au point une filière pour correspondre. Le colonel Renaud, chef du CERM, présent également à cette réunion, a désigné le lieutenant-colonel Bock comme officier de liaison.

L'enquête de Bernard Rouault sur Xavier Ameil ne fait que confirmer les excellents renseignements fournis par Jacques Prévost. De plus, c'est un descendant du baron d'Empire Auguste Jean Ameil, général de cavalerie. Bon sang ne saurait mentir ! Il sera courageux. La première rencontre avec Xavier Ameil se déroule vers la mi-février. Bernard Rouault le récupère d'abord au bureau de

1. Centre d'exploitation du renseignement militaire.

Jacques Prévost et tous les trois rejoignent Raymond Nart au restaurant. Personne ne fait mystère au nouvel intervenant du passé de Vladimir Vetrov, de son appartenance au KGB. Il faut connaître exclusivement les raisons de son « appel au secours », suggérant une situation critique. Ne rien faire d'autre que de l'écouter. Peut-être faut-il s'attendre à ce qu'il veuille fuir l'URSS ? Xavier Ameil accepte sans la moindre hésitation cette démarche qu'il considère, puisque c'est la DST qui la lui demande, comme une mission d'État. À deux ans de la retraite, cet ingénieur de haut niveau ne fait pas son âge. Il est grand, solide, on sent chez lui dès l'abord une certaine force de caractère, du dynamisme, du courage. Il ne fume pas : sur ce point au moins, il est très dissemblable de Jacques Prévost. Chacun est sur la même ligne, tout le monde est d'accord sur le principe. En fonction du résultat de sa démarche et toutes mesures conservatoires prises sur place, le cas échéant, Xavier Ameil décidera, si c'est important, de venir en rendre compte à l'occasion d'un nouveau voyage ou au contraire en utilisant le courrier de l'entreprise acheminé par porteur Thomson-CSF, comme cela se pratique habituellement pour les correspondances commerciales, techniques et autres. Il va sans dire que toute communication téléphonique ou par fax est exclue.

Pour Ameil, l'opération telle qu'elle était conçue au départ comporte une part limitée de risques. Quant à Raymond Nart, l'instigateur, il assume tout, poussé par son instinct de policier et par l'espoir d'une hypothétique réussite dans une entreprise sortant de l'ordinaire et s'apparentant davantage à une aventure en terre inconnue qu'à une enquête classique à Paris. Toutefois, il sait d'expérience que si l'on espère un succès, on doit aussi se préparer à l'insuccès, sinon à l'échec, et avoir toujours en réserve une stratégie adaptée, au cas où.

En définitive, l'excellente impression produite par Xavier Ameil et surtout sa disponibilité immédiate vont conduire

Raymond Nart, sans hésitation, à oublier provisoirement le canal officiel du CERM et des attachés militaires, plus sûr, certes, mais probablement plus lent et compliqué à mettre en œuvre, en raison des explications à fournir, du nombre d'échelons hiérarchiques impliqués, à un moment où il n'y a pas de directeur à la DST. On verra pourquoi.

II

Singulière aventure à Moscou

Pour obtenir une réaction de la DST, Vladimir Vetrov a lancé trois signaux. Ils sont tous parvenus à leur destinataire principal Jacques Prévost, et au destinataire final la DST. Il a cependant fallu attendre d'octobre 1980 à mars 1981 soit en gros quatre longs mois avant qu'une réponse à son appel ne commence à être sérieusement articulée ! Raymond Nart a beau pester, les premières réactions n'ont pas été rapides, par la suite le système DST a fait ce qu'il a pu, il a plutôt accéléré le mouvement bien que la culture soit la prudence, la patience. Habituellement, on analyse et on réfléchit beaucoup et parfois beaucoup trop. Raymond Nart qui est un responsable opérationnel craint en effet que, lassé d'attendre, Vladimir Vetrov s'adresse à d'autres, en particulier aux Américains. L'idée qui fait son chemin et occupe l'esprit, n'en doutons pas, de Jacques Prévost et, par voie de conséquence, de Raymond Nart découle de ses crises passées. Il doit vouloir « choisir la liberté » ! Mais aucun d'eux n'ose l'exprimer à l'autre clairement. Selon le leitmotiv hypocrite des policiers et procureurs, « on n'exclut aucune hypothèse, aucune piste ». Formule passe-partout qui ménage l'avenir en masquant, s'il y en a, des arrière-pensées la plupart du temps erronées.

Dans le film *Z* de Costa Gavras, Pierre Dux est dans la peau d'un colonel grec plein de bon sens qui surveille une troupe d'artistes soviétiques de passage à Athènes, il n'imagine pas un seul instant que l'un d'entre eux puisse demander l'asile politique.

« Les Russes, dit-il, ne choisissent la liberté que dans les pays à haut pouvoir d'achat ! » Vladimir Vetrov va-t-il considérer que la France est un pays à « haut pouvoir d'achat » ? En réalité le vrai souci de Raymond Nart est que si la plupart des transfuges décident de se réfugier en Grande-Bretagne et aux États-Unis, c'est qu'ils ont la certitude d'y être bien accueillis, et non pour y faire fortune. Gérer un transfuge est une lourde tâche, tant sur le plan matériel que psychologique. Il faut non seulement assurer sa sécurité mais aussi lui garantir un avenir. Cela demande des moyens, et un soutien sans faille des autorités. Anglais et Américains savent faire. Cela sera-t-il possible en France ? Telles sont les interrogations qui traversent l'esprit de Raymond Nart qui se reprend. « Ne nous posons pas trop de questions, et attendons ! »

Après le choix d'un émissaire sûr en la personne de Xavier Ameil, le trio parisien Prévost-Rouault-Nart seul au courant de l'opération attend avec curiosité et impatience son retour ou tout au moins une manifestation de sa part. Ameil arrive à Moscou le mercredi 4 mars 1981. La prise de contact aura lieu finalement le jeudi 5, vers 18 heures devant un magasin Bériozka de la rue Bolchaïa-Doromilovskaïa à quelques centaines de mètres du domicile de Vladimir Vetrov. Aussitôt débarqué, Ameil a passé un premier appel téléphonique à Svetlana Vetrov au numéro 243 60 80 indiqué dans la carte postale SOS, en se recommandant de Jacques Prévost. Son interlocutrice l'a prié sans curiosité particulière de rappeler en fin de soirée. Le second coup de fil était le bon. Vladimir Vetrov, affable mais directif, fixe les modalités de la rencontre le lendemain. En réalité, rien ne se passera comme pressenti par Raymond Nart. Cette première rencontre qui se déroule à bord de la voiture de Xavier Ameil est de nature à contredire les prévisions les plus folles, et dépassera toutes les espérances.

Xavier Ameil n'a nullement besoin de poser beaucoup de questions. Le Soviétique lui fait vite comprendre qu'il n'adhère plus au système soviétique. Le règne du mensonge, de même que la corruption de la nomenklatura lui sont insupportables. Il est frustré par sa carrière et veut se venger du KGB, en le détruisant. Ce disant, il jette littéralement dans les bras de Xavier Ameil un classeur de 200 pages, un plan de recherche de la fameuse VPK[1], ajoutant en substance : « La DST saura quoi en faire… » Xavier Ameil feuillette et, un brin provocateur, fait semblant de faire la fine bouche. Vladimir Vetrov marque le coup et dit : « La prochaine fois vous aurez plus… on peut faire beaucoup plus… il y aura une suite ! » Il ne sollicite rien de particulier en échange. D'emblée le courant passe. Vladimir Vetrov demande simplement à ce que le classeur lui soit restitué le lendemain soir, même heure, même endroit et qu'il n'y ait pas à l'avenir de délai excédant vingt-quatre heures entre la remise et la restitution des documents. Il n'a donc pas l'intention de quitter l'URSS, la question est rapidement évacuée. « Ce n'est pas, dit-il, une question d'actualité ! » [*sic*]

Vladimir Vetrov croit que Xavier Ameil fait partie de la DST. Comment pourrait-il en être autrement ? Il se recommande de Jacques Prévost. Dans l'esprit d'un officier du KGB, on a plutôt tendance à voir des espions partout. Leur conversation, ainsi, est directe et franche. On est entre professionnels. Les documents sont des documents du KGB, tout est clair. On convient qu'ils seront photocopiés le soir, dans le bureau de Thomson-CSF, après le départ du personnel. Xavier Ameil se lance dans cette aventure avec un sang-froid et un courage admirables frisant la témérité. Il aura six rencontres avec, à chaque fois, de longues conversations générales avec Vladimir Vetrov qui lui remettra à peu près à chaque fois des documents. Doit-on dire dans le plus parfait amateurisme ? Non ! Xavier Ameil est sous le contrôle d'un officier du KGB expérimenté qui sait ce qu'il fait et qui, c'est évident,

1. Commission de l'industrie militaire.

le dirige, fixe les lieux de contact et les conditions de restitution. Quelle meilleure école que le KGB ? D'autre part comment pouvait-on imaginer qu'Ameil serait confronté *ex abrupto* à la récupération de documents auprès d'un lieutenant-colonel du KGB ? Il prend sur lui en toute connaissance de cause les initiatives imposées par les circonstances pour assurer une mission qui le dépasse mais dont il pressent l'importance.

Jusque-là, cependant, rien de plus simple et classique en matière d'espionnage que la photocopieuse. La circulation des documents, sortie et retour, puis acheminement des photocopies au destinataire, est évidemment le gros point faible. Délais courts et circuits courts. C'est la règle ! Mais là où on est dans le surréalisme, c'est quand, avant d'atteindre leur destinataire parisien, les photocopies de documents du KGB font un détour par l'Asie centrale ! Xavier Ameil, ayant projeté avec son épouse un voyage touristique, se trouve dans l'obligation de faire suivre pendant son périple de plusieurs jours à Tachkent, Boukhara, Samarcande et Alma-Ata un classeur de photocopies suite à la remise inopinée de Vladimir Vetrov. En attendant leur envoi par la valise diplomatique, après avoir vaincu les réticences d'un ami premier secrétaire, effrayé devant le volume de l'enveloppe ; puis, à Paris, par porteur Thomson directement à Jacques Prévost. Pas question, en effet, de laisser quoi que ce soit au bureau, encore moins au domicile. Décisions à haut risque, prises seul en toute responsabilité par Xavier Ameil qui est, rappelons-le, sans protection diplomatique. Coup d'audace qui laisse encore pantois. À la DST, on a la culture du pseudo et du surnom. Lorsqu'il apprendra l'aventure, l'excellent Bernard Rouault appellera désormais Xavier Ameil « le Trapéziste » parce qu'il a, dit-il, travaillé sans filet diplomatique. Cela ne fait pas du tout rire Raymond Nart. Xavier Ameil aura sept contacts répertoriés, si l'on inclut un « contact brossé », une rapide restitution de document.

III

Un dossier explosif

Lorsque Bernard Rouault récupère à Paris, auprès de Jacques Prévost, les premières fournitures de Vladimir Vetrov, Raymond Nart est cloué au lit, par une de ses grippes annuelles dont il a le secret. Il se tourne donc vers Jacky Debain, un membre de l'équipe qui, jusqu'ici, a suivi l'affaire sans y prendre part de façon opérationnelle.

À la fin de leur carrière, les deux contrôleurs sont devenus un couple légendaire à la DST. Il est pourtant difficile d'imaginer *a priori* deux profils plus dissemblables au sein du service. Eux préfèrent dire qu'ils sont complémentaires. Au départ, Jacky Debain ne se voyait pas du tout policier : il a débuté sa carrière dans l'Éducation nationale, après un passage par l'École normale d'instituteurs de Poitiers. Un débouché somme toute logique quand on est un bon élève issu d'une famille modeste de La Roche-Posay, à l'issue d'une enfance sans histoire sous la double influence d'un instituteur de grande classe peintre à ses heures et d'un curé chanoine ex-aumônier du maréchal Juin, poète et historien local… Après la fac de lettres, Jacky enseigne un an au collège de La Roche-Posay puis il est muté au lycée de… Pointe-à-Pitre en Guadeloupe, avant de rejoindre Basse-Terre. La vie est douce, mais Jacky a envie d'être « plus impliqué dans le siècle ». Il démissionne donc et est admis sur titre à la préfecture de police de Paris fin 1967. Il passera le concours de commissaire en 1973, avant de marcher sur les traces de son futur complice à Saint-Cyr-au-Mont-d'Or. Le choix de la DST à la sortie n'est pas courant, car il n'y a pas beaucoup de postes disponibles. Un tel parcours serait aujourd'hui improbable. Jacky se souvient avec émotion de l'accueil chaleureux que lui réserve à son arrivée le sous-directeur du contre-espionnage Désiré Parent, « un grand Monsieur ». Dans un premier temps, il est affecté aux activités d'ingérence hors pays de l'Est, ce qui désigne principalement à l'époque le Maghreb, les États-Unis et la Chine. En 1977, Marcel Chalet décide de rebâtir la division soviétique. Il fait appel à Raymond Nart, expérimenté sur le sujet, secondé par Michel Guiral et Alain Tur. Jacky Debain va se joindre au dispositif. Il connaît déjà Nart de réputation : « L'homme qui va de l'avant ». Jacky a 32 ans, Nart 38. Ils font connaissance, ils vont boire un verre. Et c'est parti pour plusieurs décennies d'aventures communes.

À la demande de Raymond, alité, Jacky se présente donc à Bernard Rouault pour qu'il le briefe sur le mystérieux dossier du Russe Vetrov. Calme et élégant, comme à son habitude, Rouault est en la circonstance quelque peu remué : « C'est explosif », annonce-t-il en posant la liasse de photocopies sur le bureau. Sans être un spécialiste du cyrillique, un simple coup d'œil renseigne, en effet, sur la nature des documents dont d'emblée l'authenticité n'est pas mise en doute. Il y a bien sûr les circonstances de l'opération, mais c'est avant tout affaire d'intuition. Le plus délicat est d'informer Raymond Nart. Son épouse, Madeleine, avec sa sérénité et son humour habituels prévient l'équipe : « Il est d'une humeur exécrable ! » Il supporte mal d'être réduit à l'inaction. C'est un sujet habituel de plaisanterie. Quelques misérables microbes ne vont pas l'empêcher de revenir très vite au bureau. L'attrait de l'inespéré.

Ainsi s'engage par un processus imprévisible, dans des conditions des plus scabreuses, une des plus importantes affaires d'espionnage de la guerre froide, aux conséquences internationales incalculables. Dès la réception des premiers envois, passé les frayeurs rétrospectives, s'impose la nécessité de professionnaliser d'extrême urgence ce circuit improvisé, de mettre à l'abri d'une couverture diplomatique les futurs protagonistes de cette affaire. Il n'est pas question d'arrêter.

En ce mois de mars 1981, à la veille d'une élection présidentielle, au milieu de l'incertitude ambiante, la DST se trouve par un concours de circonstances momentanément privée de son directeur Marcel Chalet, hospitalisé plusieurs semaines, alors que le directeur adjoint Désiré Parent, lui aussi à la veille d'une grave opération chirurgicale, assure un intérim par intermittence et avec difficulté. À ce stade, Raymond Nart est seul à tenter d'inscrire dans la durée une « manipulation » compliquée, d'y mettre de l'ordre, de la rationalité. Seul, en réalité, pas tout à fait. Bernard Rouault, l'hidalgo qui n'est pas un « tueur » comme le qualifie en plaisantant Xavier Ameil, mais plutôt un « tombeur », s'éloigne à la faveur d'une affectation ultra-marine et d'une promotion au grade de commissaire. Reste Jacky Debain, l'alter ego, l'intellectuel, le modérateur, la conscience au sens premier du terme, celui qui va partager le secret. À la DST plus qu'ailleurs, la règle du compte rendu aux chefs ne souffre ni exception, ni délais, encore faut-il que les chefs puissent être accessibles. Le directeur hospitalisé, le directeur adjoint malade et près de l'être pour de longs mois. Que faire ? Raymond Nart rendra visite à Marcel Chalet dans sa clinique en banlieue ouest. Il souhaiterait parler et soulager sa conscience. Il résiste, ce n'est ni le lieu ni le moment, ce n'est pas décent. Il s'en va rassuré, Marcel Chalet est un solide Auvergnat, il sera vite sur pied, c'est une question d'une quinzaine de jours. Il faut tenir jusque-là.

Jacques Prévost qui quelques jours auparavant n'était pas, outre mesure, fâché de mettre dans le coup le représentant de son groupe à Moscou, – se dégageant ainsi de quelque mésaventure personnelle qu'il donnait l'impression de pressentir –, au vu de la tournure des événements et au fur et à mesure que parviennent les fournitures commence à être sérieusement inquiet. À la réception du premier paquet, il a pu, connaissant le russe, se faire une idée des documents expédiés par Xavier Ameil. Dans les jours qui suivent, Jacques Prévost donne à Raymond Nart l'impression de quelqu'un regrettant de s'être laissé embarquer, mais qui ne peut plus revenir en arrière et ne maîtrise plus rien. Il joue cependant le jeu. En général, il lui téléphone le matin : « J'ai quelque chose pour vous. » Ils se retrouvent aussitôt au *Tabac Saint-Philippe* rue de La Boétie. La rencontre ne dure alors que le temps d'un café. Pour s'expliquer plus en détail, connaître les intentions de la DST et savoir ce que l'on va faire de ces documents, Jacques Prévost invite Raymond Nart chez *Indra* rue du Commandant-Rivière où il est connu, affectionnant les entrées tandoori, le fish bengali et la boisson salée, au yoghourt et aromates. Autour de ce menu exotique, peu apprécié de l'invité, le sujet de la conversation est tout trouvé. Nart trouve Prévost inquiet, impatient d'en finir avec toute cette histoire. Il ne peut pas contredire ouvertement une solution qu'il a chaleureusement recommandée. On sent qu'il ne sacrifie que le minimum à cette aventure qui lui est devenue étrangère. Sa propre volonté, c'est de ne pas mélanger les genres. Le commerce et l'espionnage, cela ne va jamais ensemble. Et puis, Vladimir Vetrov, c'était son ami, mais un ami fantasque à ne pas suivre sur tous les terrains.

Prévost reprochera plus tard à Xavier Ameil, malgré une amitié ancienne, « qu'il n'aurait pas dû accepter de jouer ainsi aux entremetteurs ». Il est vrai que, à l'origine de toute l'affaire, il est en droit d'avoir un avis et de se poser des questions. Il est non moins vrai qu'en dépit de ses réticences plus ou moins explicites, il a toujours tenu son rôle, globalement loyal tant avec son entreprise qu'avec la DST, sans oublier Vladimir Vetrov, ce qui n'était pas si facile. Il faut lui reconnaître le grand mérite d'avoir, à un moment crucial de l'affaire, couvert de son autorité l'activité de son collaborateur à Moscou. Avec Raymond Nart, ils décideront d'informer par une démarche commune le président Jean-Pierre Bouyssonnie. Nart le rencontrera plusieurs fois, notamment à sa demande le 6 novembre 1981. Il sera d'ailleurs informé lors d'une réunion le 27 octobre 1983 de l'essentiel de l'apport au monde occidental de l'affaire Farewell. C'était la moindre des choses. Il lui dédicacera ainsi son livre *Au cœur de la bataille électronique* : « À Raymond Nart qui sait combien parfois cette bataille peut revêtir des aspects très particuliers ! »

Pendant tout ce mois de mars 1981, on ne compte plus les retards, les impondérables, les improvisations, mais Jacques Prévost et Xavier Ameil, amateurs éclairés, une fois l'impulsion donnée, se sont hissés au niveau des maîtres de l'espionnage. L'essentiel a été préservé. La longue attente initiale de quatre mois, imposée à Vladimir Vetrov, prouve au moins sa détermination. Il a eu le temps de mûrir son choix, qui ne date pas à coup sûr de la fin de l'année 1980. Il a de la suite dans les idées et s'accroche. Reste à la DST à s'accrocher tout autant, malgré le climat politique qui génère l'attentisme dans la haute administration à la veille d'une consultation électorale historique.

IV

Le 13 rue des Saussaies

Depuis la Libération et jusqu'en 1987, la DST a été installée dans un des immeubles bourgeois de la rue des Saussaies, ancien siège de la Gestapo pendant les années d'Occupation. Les Allemands avaient fui en abandonnant leur mobilier. Le bureau de Raymond Nart, dans les années 1970 était meublé d'un matériel hétéroclite rapatrié d'Algérie. Le personnel était arrivé à Paris avec armes et bagages ! Il y avait aussi un fauteuil « historique » et maudit car estampillé à l'arrière du dossier de la croix gammée et sur lequel quelques espions de l'Est ont mouillé la moleskine. Bas, particulièrement inconfortable, il était posé dans un coin. Personne n'était arrivé à s'en débarrasser et on ne s'en servait que pour les interrogatoires. Pour sa part, Raymond Nart a toujours été intrigué par ce qu'il considérait comme une insistance perverse, diabolique, des promoteurs de la politique mobilière et immobilière du ministère de l'Intérieur qui n'ont rien trouvé de mieux que de déménager, en 1987, la DST du siège de la Gestapo à l'emplacement de l'ancien Vel' d'Hiv. Cette observation n'aurait sans doute pas retenu son attention si elle n'avait été suivie de bien d'autres décisions erratiques, contraires celles-là au bon sens et à toute logique. Un moment, en effet, les fonctionnaires de la DST se sont crus persécutés. Pour des raisons de locaux insuffisants, la sous-direction du contre-espionnage fut ainsi, en 1980, délocalisée dans un immeuble cossu de la rue d'Argenson. C'est une toute petite rue agréable du 8ᵉ arrondissement d'environ 150 mètres de long et distante approximativement de 300 mètres du siège historique de la DST rue des Saussaies. À l'époque, ce déménagement fut présenté comme une singulière avancée, sauf qu'on trouvait rue d'Argenson un « hôtel borgne », ce qui n'était pas très gênant, mais surtout juste en face des bureaux de la DST… le siège de la Black Sea and Baltic General Insurance Company, compagnie d'assurances soviétique bien connue pour être une couverture des services spéciaux GRU ou KGB ou des deux à la fois suivant les époques ! Il fallait faire avec… et, quasi quotidiennement, le courrier du service sous le bras, aller à pied le présenter au directeur rue des Saussaies. Comment faire autrement ? En raison des conditions de circulation particulièrement difficiles dans ce secteur, le stationnement des véhicules était impossible et aujourd'hui interdit. La voiture n'était d'aucun secours. C'est donc ainsi, à pied, flanqué de deux collègues, que Raymond Nart vint présenter le dossier qui deviendrait le fameux dossier Farewell au directeur de la DST, Marcel Chalet.

Le bureau des directeurs était situé au troisième étage, c'était celui occupé jadis par Roger Wybot, le fondateur de la DST moderne. Il avait été rafraîchi à différentes reprises et lorsque Marcel Chalet l'occupait, tout un pan de mur était décoré, comme c'était plus ou moins la mode à la fin des années 1970, par une immense et superbe photographie des bords de Seine prise, semblait-il, du quai de Grenelle. Les connaisseurs pouvaient y repérer l'appartement à terrasse où fut tourné *Le Dernier Tango à Paris* avec Marlon Brando. Un jour, en l'absence du directeur, l'une de ses secrétaires, Monique, avait fait découvrir à Raymond Nart, au loin, à peine discernable, une femme en tenue légère prenant un bain de soleil sur son balcon. Marcel Chalet avait installé son bureau de telle manière que lui-même tournait le dos à ce magnifique spectacle de la rive droite de la Seine sous le soleil de l'été.

V

Ce n'était pas une plaisanterie

Revenu au service après son hospitalisation, Marcel Chalet, on s'en doute, a un agenda chargé. Il a des obligations extérieures. Difficile de l'atteindre sans passer par son secrétariat pour trouver un créneau ou lui téléphoner directement, ce qui d'ailleurs n'est pas dans les habitudes. Chalet revient du Palais de Justice où il vient d'être entendu par un juge, dans le cadre du meurtre d'Henri Curiel à Paris, quelques années auparavant. Ce militant, communiste, anticolonialiste, à la solde tout à la fois des causes arabes et d'Israël, bref un idéaliste, s'était fait de par le monde suffisamment d'ennemis sans qu'il soit nécessaire de mêler à cette affaire la DST qui ne l'avait plus surveillé après la fin de la guerre d'Algérie. C'est donc un Marcel Chalet irrité par les attaques dont le service fait l'objet depuis plusieurs semaines, campagne présidentielle oblige, que Raymond Nart parvient à joindre, un soir des derniers jours de mars, vers 18 h 30. Au téléphone, Marcel Chalet se montre intrigué sinon inquiet de cette demande de rendez-vous inhabituelle. Il veut connaître le motif et demande : « C'est grave ? », ce à quoi il est répondu : « Je ne crois pas. » Reçu aussitôt, Raymond Nart arrive accompagné de Jacky Debain et de Jean-Pierre Bagate, dit Bobby, russisant de service, de sorte que c'est une délégation de trois personnes qui se présente dans le bureau du directeur, lequel est un peu surpris. Après les salutations, Nart solennise l'instant, ménage un temps de silence, extrait avec difficulté de sa sacoche une énorme liasse d'environ 300 documents, l'ensemble des premières livraisons de Vladimir Vetrov, et place le tout sur le bureau de Marcel Chalet, sans mot dire. Celui-ci, néanmoins souriant, se demande ce qui se passe, et attend des explications. Sur un ton volontairement emphatique, Raymond Nart s'exprime ainsi : « Ce jour, monsieur le directeur, est à marquer d'une pierre blanche, car sur le bureau du directeur de la DST, il y a 300 documents dûment estampillés, provenant du directorat T de la 1re Direction principale du KGB ! » Réponse de Marcel Chalet : « Mais vous plaisantez Raymond ! » Presque du tac au tac, Nart réplique : « Je ne me permettrais pas, monsieur le directeur. » La présence de ses collaborateurs cautionne le sérieux des propos. Chalet écoute la relation détaillée des événements qui se sont déroulés pendant son absence, feuillette les documents, on lui signale les plus significatifs. Cela ne dure pas cinq minutes, en professionnel expérimenté, il a tôt fait de mesurer la dimension de l'affaire.

Il la situe immédiatement dans la série des rares trahisons de haut niveau qui ont affecté les services de renseignement soviétiques, même si, par prudence, à ce stade, il se refuse à la surestimer. « Bien sûr, ce n'est pas Penkovsky », dit-il. Dans leur for intérieur, les trois hommes sont instinctivement persuadés du contraire et expliquent, dans l'euphorie, qu'il n'y a pas de commune mesure entre, un lieutenant-colonel du directorat T du KGB et un colonel du GRU, fût-il Oleg Penkovsky[1]. On dispose déjà du premier rapport de la VPK (Commission pour l'industrie militaire) pour 1979 qui démontre que le KGB centralise les résultats provenant de l'ensemble de l'espionnage soviétique y compris ceux du GRU. La discussion ne s'éternise pas sur ce point.

1. Oleg Penkovsky a communiqué au MI6 britannique des documents relatifs à l'armement nucléaire soviétique à une période de forte tension internationale, celle de l'installation des missiles soviétiques à Cuba. Il avait refusé de quitter l'URSS, préférant rester « en place », comme Vladimir Vetrov.

Marcel Chalet exige en préalable des conditions de traitement particulières du dossier, un groupe de travail restreint, des mesures de sécurité draconiennes, lui-même ne veut pas connaître le nom de la source à l'origine des documents. Il préconise comme pseudo d'affaire un mot à consonance anglo-saxonne pour, en cas de fuite éventuelle, tenter de détourner l'attention. Il s'interroge à haute voix sur les mobiles de la source, le grand danger qu'il court et qu'on lui fera courir si l'on poursuit. Puis se fait l'avocat du diable. Première question pour la forme : « S'agit-il d'une provocation ? » Quand on a suivi au jour le jour les différentes péripéties de l'affaire, la question ne se pose pas, mais il faut faire partager une conviction. Vu le contexte, la qualité de la fourniture, les responsables soviétiques mis en cause par les documents, une provocation n'est tout simplement pas possible. Autre question : « Comment poursuivre la manipulation à Moscou en dehors des hommes de Thomson-CSF ? » Marcel Chalet se risque à évoquer, ce qui est logique, « le recrutement d'un diplomate, d'une femme ». Raymond Nart coupe court en disant que c'est inutile, avançant d'emblée le nom de Patrick Ferrant, alors attaché militaire adjoint à Moscou, avec qui il est lié. Cette relation amicale a le mérite d'exister et de supprimer bien des problèmes de recrutement d'un diplomate. Patrick Ferrant est un homme sûr, il est sur place depuis quelque temps déjà et connaît nécessairement le terrain. L'affaire est entendue en moins d'une heure de temps. Marcel Chalet fera le reste avec le chef d'état-major des armées (CEMA), le général Jannou Lacaze. Il n'est venu à l'esprit de quiconque de « passer l'affaire » au SDECE qui dans quelques mois va d'ailleurs devenir la DGSE. On continue, un point c'est tout.

VI

Clandestins dans leur propre service

Lorsque les premiers documents ont été présentés à Marcel Chalet, il n'a pas, d'instinct, douté plus de quelques secondes de leur authenticité. C'est si vrai qu'il ne sollicite que peu d'explications sur leur contenu avant d'aborder de lui-même, avec quelque insistance, d'abord les modalités de traitement de la source et ensuite l'exploitation des documents proprement dits. Le schéma qu'il esquisse est parfaitement classique : l'officier traitant (OT) doit être sous couverture diplomatique, il devra séparer les contacts impersonnels, type boîte aux lettres morte[1] (BLM), pour la remise des fournitures, des contacts physiques, il faudra trouver un canal de communications protégé avec l'OT… Le déroulement ultérieur de l'affaire se chargera de bouleverser ce bel agencement. Le mérite des contrôleurs parisiens sera en réalité de s'adapter et d'accepter les évolutions, en particulier les choix des principaux intervenants, à commencer par Vladimir Vetrov. À Paris, il n'y a pas eu de débauche de moyens, ni en personnel, ni en matériel, ni en argent. C'est la norme DST. On a l'habitude. Néanmoins, ce n'est pas pour cette raison que Marcel Chalet a fait cette ultime recommandation : « Raymond et Jacky, le plus dur pour vous sera de traiter cette affaire au milieu des autres sans paraître la privilégier ! »

1. Emplacement caché permettant à des personnes de s'échanger secrètement des messages ou des objets sans avoir besoin de se rencontrer physiquement.

Au début, les membres de l'équipe en charge de l'opération se comptent sur les doigts d'une main. Chacun est polyvalent, analyste, reprographeur, archiviste, chauffeur, déménageur, balayeur et même changeur à la sauvette. La clandestinité dans son propre service à un certain niveau de responsabilité est à coup sûr plus compliquée à vivre qu'à décréter. Raymond Nart et Jacky Debain ont choisi de travailler le plus possible en dehors des heures ouvrables. Ainsi, leurs nuits sont souvent courtes ou plutôt ce sont leurs soirées qui sont longues. Il leur faut régulièrement décourager la présence d'importuns qui ont eu l'idée saugrenue de poursuivre leur travail en ignorant malencontreusement les horaires administratifs. L'usage intensif à une heure tardive de la grosse photocopieuse ne passe pas inaperçu de la permanence de nuit, il vaut mieux être deux pour ne pas risquer un rapport. Dire que personne n'a eu comme on dit « la puce à l'oreille » serait sans doute exagéré. Il y a un sixième sens à la DST pour capter cette atmosphère étrange que procure en interne l'insolite, l'anormalité d'une situation. Qu'est-ce qui se passe ? Qu'est-ce qu'ils font donc à cette heure ? Le cas qui résume tous les autres est celui de Charles Modat, l'un de nos sous-directeurs, grand spécialiste de la surveillance. Sortant de son bureau et croisant un soir dans le couloir désert les deux compères affairés, des dossiers pleins les mains, il feint de les ignorer, mais ne peut cependant s'empêcher de leur lancer en s'éloignant un « Je ne veux rien savoir ! » sonore. Cela fait partie du jeu, à la limite c'est presque du snobisme.

Par la suite, l'équipe initiale s'enrichira de quelques éléments supplémentaires, peu nombreux il est vrai. Parmi eux, l'un des vieux complices de Raymond Nart, Jacky Lozach, « Jacky number two », plus couramment « J2 », dont l'efficacité comme enquêteur va de pair avec une connaissance intime de l'anglais, ce qui est nécessaire non seulement pour décrypter les borborygmes du vieux briscard Bill Casey (premier patron de la CIA sous Reagan), mais aussi plus largement pour mettre du liant dans la coopération avec les Américains. Sa vision décapante des choses est en outre une garantie contre toute forme de conformisme. On comprendra que l'amitié fait partie aussi du dispositif.

VII

La relève

Il y a toujours une légende noire qui court sur les services. Dans les années 1970-1980, il était de bon ton de dire que les relations entre le SDECE, « la Piscine », et la rue des Saussaies étaient détestables. En réalité, à l'époque d'Alexandre de Marenches, dit « Porthos », même si tout n'allait pas toujours pour le mieux, la coexistence était pacifique. Chacun respectait les compétences de l'autre en s'efforçant d'aplanir les difficultés s'il y en avait. En revanche, la nouvelle DGSE en 1982, avec Pierre Marion, est confrontée à une période de tensions croissantes et voit en peu de temps se compliquer gravement sa propre situation, avec les militaires, avec l'Intérieur, avec les politiques. On a, en son temps, pas mal commenté à la DST cette unique réunion dite de travail à la DGSE lors de laquelle Marcel Chalet et son état-major se levèrent comme un seul homme et quittèrent le camp sans autre forme de procès suite aux visées pour le moins expansionnistes de Pierre Marion. De façon inappropriée, il commença par dénoncer les prétendus empiètements sur les compétences de la DGSE, exigeant désormais d'avoir connaissance de toutes les opérations de la DST avec une incidence directe ou indirecte sur l'étranger. Pierre Marion était un ami de Charles Hernu qui le fit nommer à la tête de la DGSE, puis dès lors ne voulut plus le voir, ni savoir ce qu'il faisait[1].

1. Pierre Marion, *La mission impossible. À la tête des services secrets*, Calmann-Lévy, 1991, p. 33.

Pourquoi ? Mystère. Il s'était montré gaffeur dès son premier voyage à Londres à l'invitation des services britanniques. Il avait un faux passeport, évidemment à un nom d'emprunt, mais avait omis de retirer de ses bagages les étiquettes à son vrai nom ! Il dirigera la DGSE de juin 1981 à novembre 1982. Les relations seront apaisées avec l'amiral Pierre Lacoste à qui Yves Bonnet confiera d'ailleurs, début 1983, *intuitu personae*, les grandes lignes de l'affaire Farewell, la phase opérationnelle étant terminée.

Dans ses souvenirs, l'amiral Lacoste le dira sans ambages : « Les relations entre la DGSE et la DST avaient été détestables. Le contentieux était très lourd mais, au-delà des questions de personnes et des susceptibilités, il y avait des raisons de fond. La première à mon sens tenait au fait que la DST était incontestablement beaucoup plus compétente en matière de contre-espionnage, notamment vis-à-vis de l'URSS. Bénéficiant de la continuité dans les objectifs et les méthodes de travail, les excellents professionnels qui depuis 1946 surveillaient les espions étrangers sur notre sol avaient acquis une expérience incomparable. L'affaire Farewell, l'une des plus importantes jamais réalisées à l'encontre des services secrets soviétiques, fut saluée comme un remarquable succès… En dépit de mes efforts personnels, de ma volonté de rapprochement en vue d'une franche coopération, je ne suis pas parvenu à faire taire toutes les préventions entre la DST et la DGSE, et je dois à la vérité de dire que certains de mes collaborateurs ont eu une large part de responsabilité dans cette situation[1]. »

Question d'hommes. Marcel Chalet a connu le général Jannou Lacaze dans cette période de grâce, du temps où il était au SDECE l'adjoint d'Alexandre de Marenches. Légionnaire, grand, élégant au profil eurasien, il n'avait pas, lui non plus,

1. Pierre Lacoste (amiral), *Un amiral au secret*, Flammarion, 1998, p. 137-138.

échappé au pseudo : on l'appelait « le Sphinx ». Il vient juste d'être nommé chef d'état-major des armées, lorsque Marcel Chalet prend contact avec lui dans les premiers jours d'avril 1981. Le général accepte sans soulever le moindre problème de mettre à la disposition de la DST le commandant Patrick Ferrant, attaché militaire adjoint à Moscou, pour une mission de renseignement consistant à « traiter un officier du KGB qui fournissait des documents ». Il ne souhaite pas en savoir plus. La réunion annuelle des attachés militaires se situant la semaine suivante du 2 au 6 avril, il saisit donc cette opportunité, pour convoquer lui-même Patrick Ferrant, lui confier cette mission particulière en lui demandant de s'y consacrer en toute priorité. Le général Lacaze informe pour la bonne forme le chef de la mission militaire, le général Jacques Laurent, en tant que supérieur hiérarchique. Il est demandé au général Laurent de ne pas perturber l'activité parallèle de Patrick Ferrant, ce qui sera fait. Le général Lacaze met également à la disposition de la DST le service de la valise militaire pour l'acheminement du courrier dans un sens comme dans l'autre. Il ne fait qu'un seul commentaire sur Patrick Ferrant, pour s'étonner de sa taille : 1,98 m.

C'est donc au cours de la session annuelle des attachés militaires que Patrick Ferrant est convoqué dans l'heure par le chef d'état-major. On peut imaginer sa surprise, son inquiétude. Comme on dit communément, il s'attendait à tout sauf à cela. En quelques mots, le général non seulement le mobilise mais aussi mobilise son épouse Madeleine. C'était une idée de Marcel Chalet que d'impliquer une femme, une épouse. À la fin du tête-à-tête, entre militaires, dans le bureau de l'amiral Lefebvre (chef de cabinet), Désiré Parent et Raymond Nart récupèrent Patrick Ferrant. Il cache à peine sa surprise et se montre impatient d'en savoir plus. Ce n'est pas le moment, une réunion préliminaire est fixée en vue de l'informer le plus complètement possible et de dégager dans son agenda quelques jours pour des séances d'instruction, avant son retour à Moscou le 30 avril. Patrick Ferrant rejoindra ses camarades attachés militaires dans l'incertitude la plus complète, ne tenant qu'une seule chose pour certaine, « la mauvaise plaisanterie que venait de lui jouer Raymond Nart ». Cette séquence essentielle a été rondement menée, en moins de dix jours. On est en pleine campagne électorale, aucune autorité politique n'est avisée.

Le mardi 10 avril 1981, Raymond Nart informe Jacques Prévost par une brève conversation téléphonique : « La relève est prête ! » Celui-ci marque sa très grande satisfaction : « À la bonne heure ! » Les détails de la manœuvre sont évoqués le même jour au restaurant, cette fois à l'invitation de Raymond Nart qui souhaite faire oublier les impatiences et surtout les contrariétés que l'aventure Ameil à Moscou lui a procurées. Bien entendu, le principe du changement de l'interlocuteur de Vladimir Vetrov étant acquis, Jacques Prévost n'est informé ce jour-là que du minimum. Ce sera un attaché militaire, il ne saura pas son nom. Il reste à faire venir d'urgence Ameil à Paris. En fait d'urgence, il ne sera disponible qu'aux alentours du 10 mai, second tour de l'élection présidentielle. Impossible de le bousculer davantage en raison de son activité professionnelle. Autrement dit, Patrick Ferrant aura regagné Moscou et il sera donc impossible de procéder à de discrètes présentations à Paris. Plus on avance dans la mise en place d'un dispositif qu'on s'efforce de planifier et de sécuriser au maximum, plus se dressent impondérables et difficultés. Impossible d'improviser une rencontre n'importe où à Moscou. Ameil et Ferrant devront au contraire éviter de se connaître.

« La relève » étant à l'ordre du jour, le lundi 11 mai, après une chaude soirée électorale, Xavier Ameil et Jacques Prévost sont les hôtes de Raymond Nart et Jacky Debain au restaurant. Dans les affaires, il n'y a pas de repas gratuit, dans le renseignement non plus. À l'époque, la table choisie est d'un certain niveau, et c'est bien le moment pour les représentants de la DST de marquer leur reconnaissance pour l'intelligence, le courage rare avec lequel Xavier Ameil a initié et conduit de son propre chef, en prenant les décisions les plus audacieuses, une opération d'espionnage. Il tire d'ailleurs une légitime satisfaction de s'être sorti avec brio de cette aventure à très haut risque, ce qu'il avait mesuré. On sent, en effet, que c'est une frustration pour lui de se trouver ainsi écarté d'une manipulation à laquelle il a visiblement pris goût. Il s'entendait très bien avec Vladimir Vetrov et c'est à son corps défendant qu'il accepte de se retirer. Jacques Prévost quant à lui ne cache pas qu'il estime que son collaborateur et ami « a un peu poussé ». Les deux personnages sont dissemblables, et de caractères opposés. L'un polytechnicien à large culture scientifique, l'autre commercial axé sur les affaires, le produit, les systèmes et la vente. Deux mondes différents. Chacun cependant trouve son compte dans la solution préconisée et le choix d'un attaché militaire. Xavier Ameil est impatient de connaître son nom. Ce sera le commandant Patrick Ferrant. « Le grand… je le connais. » Cela simplifie tout. À la table à côté, on commente l'élection présidentielle.

Le mercredi 13 mai 1981, Xavier Ameil et Patrick Ferrant se concertent à l'ambassade de France dans un endroit suffisamment vaste et bruyant pour éviter d'éventuelles écoutes. Patrick Ferrant arbore un signe de reconnaissance, des pacotilles, à l'intention de Svetlana. Sous le prénom de « Paul », il rencontrera Vladimir Vetrov pour la première fois le vendredi 29 mai le lendemain de l'Ascension. Xavier Ameil rend compte de la jonction avec Patrick Ferrant à sa façon, au dos d'une carte de visite au nom de Jacques Prévost : « Vendredi 22 12 h 30… Ne pas téléphoner auparavant. Porte côté Vavilova… Contact du 18 5 81 » (dernière ligne écrite à l'encre bleue). Il faudra décrypter ! En fait,

Xavier Ameil a rencontré pour la dernière fois Vladimir Vetrov le lundi 18 mai 1981 pour lui annoncer qu'il cessait d'intervenir et qu'il serait remplacé par un de ses amis, « Monsieur Paul », ajoutant qu'une femme, « Marguerite », serait également impliquée. La présentation de la suite des événements faite par Xavier Ameil à Vladimir Vetrov n'est pas des plus heureuses. Le Soviétique manifeste le souhait de connaître « Marguerite » dès la prochaine rencontre, le vendredi 22 mai, au marché Tcheriomouchki, proche de la rue Vavilov, dit marché de la Vavilova, ce qui a pour effet de mettre Madeleine Ferrant en première intervenante, ce qui n'avait pas du tout été prévu. Malgré son courage, cela lui vaudra des frayeurs qui auraient sans aucun doute pu être évitées. Dans l'ensemble, le relais a été passé dans des conditions acceptables, pendant une période d'incertitude politique, d'attentisme général.

Raymond Nart et Jacky Debain n'ont pas été surpris outre mesure par l'arrivée de la gauche au pouvoir. Franz Saar-Demichel, vieil agent soviétique, la leur avait prédit dès octobre 1980 ! Sceptiques, les hommes de la DST avaient cru à une boutade. Début mars, les services britanniques, puis les diplomates japonais récidivaient dans le même sens. Les sondages RGx, curieusement, n'avaient pas senti le vent de l'Histoire. Il est vrai que l'écart était mince entre VGE et Mitterrand. En 1981, Marcel Chalet dirige la DST depuis six ans, c'est un ancien commissaire de police, un de ces serviteurs de l'État qui ont été de toutes les batailles depuis la Libération, mais il est nécessairement giscardien, puisque c'est un Auvergnat ! Ce lundi 11 mai, on sait que le successeur de Christian Bonnet au ministère de l'Intérieur sera Gaston Defferre, sera-t-il un coupeur de têtes ?

VIII

Soir de 14 juillet à l'Élysée

À ce stade opérationnel, les autorités politiques françaises ne sont toujours pas informées. Compte tenu de la proximité des élections présidentielles d'avril-mai 1981, du caractère plus qu'incertain du scrutin et surtout pour des raisons de stricte confidentialité, Marcel Chalet attend l'issue de cette échéance pour se manifester. Contrairement à ce qui a été affirmé, souvent de mauvaise foi, Valéry Giscard d'Estaing n'a pas été informé, ni *a fortiori* personne de son entourage. Il est possible dans le meilleur des cas qu'il y ait eu confusion avec son cousin Philippe Giscard d'Estaing, directeur des affaires internationales à Thomson-CSF, qui effectivement a été mis, à un certain moment, au courant pour débloquer la situation administrative et financière de Xavier Ameil. Il est toujours possible que ce dernier, à qui on avait demandé la plus grande discrétion, ait été indiscret. Ce n'est toutefois pas prouvé.

Le nouveau gouvernement est formé dans les jours qui suivent le 10 mai 1981. Gaston Defferre est ministre de l'Intérieur et de la Décentralisation. Le 21 mai au soir, accompagné de l'ancien préfet de police Maurice Grimaud, il effectue une courte visite à la DST. Marcel Chalet le reçoit, leur premier contact est cordial, la conversation s'engage sur la Résistance, le courant passe. Cette visite inopinée permettra au très diplomate directeur d'indiquer incidemment qu'en temps opportun, dans les semaines à venir, il lui faudra l'informer d'une importante affaire.

Une réunion assez longue aura lieu vers la mi-juin entre Marcel Chalet et Gaston Defferre assisté de son directeur de cabinet Maurice Grimaud. Il est décidé par le ministre d'informer dès que possible le président de la République de l'affaire Farewell et d'en tenir à l'écart le ministre de la Défense Charles Hernu. Gaston Defferre aura des mots très durs vis-à-vis de son collègue : « C'est un bavard, il va aussitôt en parler à sa femme, et tout Paris, le soir même, va être au courant. » Ce ministre ne sera donc pas mis dans la boucle.

Une rencontre est assez vite planifiée pour une information approfondie du président de la République François Mitterrand, le 14 juillet 1981, en fin de journée, après les cérémonies de la fête nationale. Assistaient à cette audience présidentielle Gaston Defferre, Maurice Grimaud, Pierre Bérégovoy, secrétaire général de l'Élysée, et donc Marcel Chalet. L'ambiance est à l'euphorie, le traditionnel défilé et la garden-party se sont déroulés sous un beau soleil d'été. Un parfum festif s'est répandu dans les rues parisiennes. Dans le salon qui jouxte le bureau présidentiel, en attendant le président qui est en retard, la conversation va bon train entre Gaston Defferre et Pierre Bérégovoy. Pas tout à fait revenu de la victoire électorale de la gauche, bien calé dans son fauteuil Louis XV, joignant le geste à la parole, Pierre Bérégovoy, montrant plafond et murs dorés, s'exclame : « Tu vois Gaston, ce qui les a perdus, et risque de nous perdre, ce sont les ors de la République ! »… « Pas du tout, pas du tout, Pierre, tu sais, quand je suis dans la rue à Marseille, on me parle gentiment et simplement, mais on me dit Gastounet, y en a marre de ceci, y en a marre de cela, rien que des problèmes, c'est cela les ors de la République. »

Le président arrive, détendu, il dit qu'il a tout son temps pour écouter ses visiteurs. Marcel Chalet entre sans détour dans le vif du sujet. Le nom de Vladimir Vetrov n'est pas prononcé, il ne le connaît pas. En revanche est précisée sa position au sein du directorat T du KGB, c'est-à-dire au confluent, d'un côté, du dispositif d'espionnage de la science, de la technique, de la technologie occidentales et, de l'autre, de l'exploitation des renseignements recueillis par les utilisateurs du complexe militaro-industriel de l'URSS. Le président écoute, compulse les documents qui lui sont présentés et au final paraît convaincu de l'authenticité et de la fiabilité de la source. Il autorise d'abord la DST à poursuivre l'affaire, bien que cela ne soit pas dans ses compétences, en principe limitées au territoire national. S'agissant de l'information qui devrait être faite, selon lui, aux autorités américaines, compte tenu de l'importance des pénétrations soviétiques dans leur système de défense, Marcel Chalet se réfère au président Kennedy qui en 1961 avait adressé une correspondance au général de Gaulle lui demandant d'envoyer à Washington une mission des services suite aux révélations d'un important transfuge du KGB[1]. Politique, avisé, habile, fin tacticien, le président saisit l'importance majeure de l'atout qu'il a entre les mains. Il autorise donc le directeur de la DST à prendre attache avec ses homologues américains, puisqu'il y a sous ses yeux des exemples d'agressions soviétiques contre les systèmes d'armes stratégiques des États-Unis. Le président dit, enfin, qu'au sommet des pays industrialisés, le 19 juillet, à Ottawa, il en parlera à Ronald Reagan. Tout s'est donc bien passé, cela n'allait pas de soi. On savait à la DST que François Mitterrand n'aimait pas ce service. Il avait été ministre de l'Intérieur au moment de « l'affaire des fuites[2] » et comme garde des Sceaux, il avait témoigné au procès. L'enquête de Roger

1. Il s'agit de Golitsyne, alias Viru.

2. Un commissaire des RGx chargé de la lutte anticommuniste, Jean Dides, accusa faussement, en 1954, François Mitterrand, alors ministre de l'Intérieur du gouvernement Mendès-France, d'avoir livré des secrets d'État à des agents communistes.

Wybot, à l'époque directeur de la DST, l'avait pourtant dédouané. Cette prévention contre ce service se manifesta ensuite à de nombreuses reprises. Elle n'est pas étrangère à certaines de ses attitudes paradoxales. Il a fallu sans aucun doute du talent à Marcel Chalet pour obtenir du nouveau président de la République son accord sur chacun des points importants qui conditionnaient la poursuite de l'affaire. Peut-être aussi en ce début de septennat, y avait-il une fenêtre d'opportunité.

3e Partie

ANDROPOV DANS LE TEXTE

I

Monsieur Paul

Mais d'où sort ce commandant que Raymond Nart a sorti de sa manche, lorsque l'affaire a été présentée pour la première fois à Marcel Chalet ? Patrick Ferrant, qui était encore à l'époque au SGDN[1], lui a rendu visite un jour de fin 1979 sans qu'il y ait une raison particulière de service. Quelqu'un lui avait probablement conseillé de prendre contact avec Nart, le chef de la division A4. Parallèlement à ses activités au SGDN, l'officier perfectionnait son russe à l'Institut Saint-Serge de Meudon. La conversation était facile entre deux spécialistes de l'URSS, passionnés l'un et l'autre ; la conjoncture internationale s'y prêtait avec l'invasion de l'Afghanistan le 25 décembre 1979. Patrick Ferrant avait ainsi ses entrées rue d'Argenson et passait quand bon lui semblait, en général en fin d'après-midi. Il s'était instauré une vraie sympathie entre eux. Les mœurs étaient plutôt spartiates à la DST, pas de machine à café dans les couloirs, et il n'y avait pas de bar ou de brasserie dans l'immédiat voisinage, seulement un restaurant *L'Empire* à l'angle du boulevard Haussmann et en face un artiste boulanger (*René Saint Ouen*) qui vendait son pain sous les formes les plus excentriques. Ainsi pendant cette période, Raymond Nart n'a même pas offert le moindre café à Patrick Ferrant. Lorsque ce dernier, le 20 février 1980, lui a annoncé son départ à Moscou comme attaché militaire adjoint,

1. Secrétariat de la Défense nationale.

il ajoutait de la frustration au plus frustré des hommes. Il y a tout de même un paradoxe à vivre la Russie, l'URSS, le système communiste, tous les jours depuis quinze ans en restant à Paris. Patrick Ferrant fit un détour par la DST le 1er juillet 1980 après quelques mois passés à Moscou, avant ses vacances d'été ; il revint le 12 novembre 1980 pour parler de la relève des troupes soviétiques, ce qu'il n'était pas tenu de faire. Patrick Ferrant avait laissé le meilleur souvenir, il était compétent sur le sujet, solide, on sentait chez lui courage et détermination, on aurait aimé faire la guerre avec lui. C'est un peu ce qui s'est passé.

Le commandant Ferrant a effectivement été envoyé sur la ligne de front avec une préparation au traitement d'un agent en terrain ennemi plutôt rudimentaire. C'est le moins que l'on puisse en dire. Un entraînement complet n'était à l'évidence ni possible ni même à la limite souhaitable. L'urgence commandait d'abord d'écarter sans délais Xavier Ameil de cette manipulation parce qu'il ne bénéficiait pas de couverture diplomatique. Elle exigeait ensuite qu'on le rappelle à Paris. Ce qui a été discuté avec lui, mais il a préféré rester le plus possible à Moscou pour des raisons de carrière. En ce qui concerne Patrick Ferrant, sa mission lui est expliquée, détaillée, et commentée, exercices à l'appui, les lundi 29, mardi 30 juin et mardi 28 juillet 1981, sans compter entretemps une visite de Raymond Nart dans sa villégiature pyrénéenne d'Arrens[1]. Des précautions particulières sont prises pour ces rencontres hors des locaux connus de la DST, dans des « appartements clandestins ». Ce n'est pas qu'une banale « passation de consignes », mais, faute de temps, tout se résume volontairement à quelques principes simples, à quelques clés méthodologiques que Patrick Ferrant devra adapter en fonction de ses habitudes, de son mode de vie. Étudier le terrain pour choisir

1. Arrens : village au pied du col du Soulor.

deux ou trois lieux de contact. Faire de longs parcours de sécurité pour détecter d'éventuelles surveillances. Mettre de l'ordre dans les contacts, un seul par mois avec un rendez-vous de repêchage. Point capital : trouver dans un premier temps en concertation avec Vladimir Vetrov un système d'échange manuel des documents originaux, toujours en fonction des habitudes de chacun. Compte tenu du climat, il est préconisé de procéder à des contacts physiques ambulatoires, le soir, notamment à l'époque dans la voiture Lada du Soviétique, s'il accepte, et en évitant de stationner. Il faut tendre à séparer autant que possible le contact physique de Patrick Ferrant qui ne doit avoir « rien dans les mains, rien dans les poches », de celui de son épouse Madeleine, en principe moins surveillée, qui, elle, doit lors de son marché habituel échanger son sac à provisions avec un sac semblable qu'aura apporté Vladimir Vetrov. Madeleine et Vladimir Vetrov doivent se rencontrer comme des amis, poser les sacs par terre, s'embrasser puis, tout en conversant, pivoter pour partir l'un avec le sac de l'autre et vice versa. Le système des BLM n'est pas retenu dans le cas d'espèce, compte tenu de sa complexité et de la quantité de documents transmis. Il est de toute façon impossible à mettre en œuvre à partir de Paris. Le système d'échange d'originaux pour photocopie ou photographie n'est évidemment qu'un pis-aller, une solution provisoire en attendant de passer à la technique des microfilms. Patrick Ferrant le savait dès le départ. Raymond Nart et Jacky Debain se sont efforcés de présenter en attendant, à titre purement indicatif, différents exemples simples utilisés dans des affaires d'espionnage. Voiture dans un parking public dont le coffre est accessible par un tiers. Voiture avec vitre baissée. À toutes fins utiles, avant son départ, il a été remis à Patrick Ferrant une somme de 5 000 roubles.

Par définition, un agent clandestin, c'est celui qui mène « une action secrète, en dehors des lois, en se dérobant à la surveillance », dit le dictionnaire. La clandestinité, c'est « l'état de ceux qui sont contraints ou qui décident de se dissimuler aux recherches policières ». Comme Monsieur Jourdain qui faisait de la prose sans le savoir, Xavier Ameil était lui aussi sans le savoir dans la plus parfaite clandestinité, tout comme le couple Ferrant. La clandestinité, c'est un état, cela ne s'apprend pas. Ce que l'on peut apprendre, ce sont les techniques de l'espionnage. La célèbre École 101 du KGB qui a formé des générations d'officiers de renseignement comptait une section d'illégaux, officiers dont l'action se situait en dehors de la légalité des pays où ils devaient opérer. Le cursus durait plusieurs années : apprentissage des langues, de la civilisation et des techniques d'espionnage, comment vivre sous une fausse identité, comment recruter un agent, transmettre des informations par messages radio chiffrés. Leur formation était longue et complète, cela n'a pas empêché certains d'être arrêtés comme des amateurs.

Dans les années 1960, le GRU (renseignement militaire) a formé à gros frais sous des légendes profondes des illégaux qui ont été projetés, à peu près tous en même temps, dans différents pays occidentaux. Environ une dizaine se sont fait prendre ! Dans les années récentes, plusieurs agents du MI6 britannique se sont fait repérer ou prendre sur le fait. Ils étaient tous d'authentiques professionnels. En réalité, pendant la guerre froide, conduire une opération d'espionnage à Moscou était un exercice périlleux, d'une exceptionnelle difficulté en raison des invraisemblables capacités du KGB de tout contrôler, y compris ce qui se passait tous les jours dans les rues. Seuls s'y sont risqués la CIA et le MI6. À la DST, on a toujours pensé que pour faire le métier d'espion, ce qui compte, c'est la qualité humaine. Ce métier-là, on ne l'apprend pas en réalité dans les écoles. Sur le terrain, rien ne se passe jamais comme prévu. On a beau avoir de la méthode, rien ne vaut le courage, le sang-froid, l'instinct, la qualité de l'homme.

Le SDECE[1], quant à lui, brillait depuis de longues années par son absence de représentation dans la capitale soviétique. À l'été 1981, le colonel Jean Moreau, de ce service, sur un ton péremptoire devait dire à Raymond Nart dans son bureau : « On ne peut pas travailler à Moscou, c'est impossible ! » À deux mètres de lui se trouvaient alors dans le coffre du chef de la division A4 quelques centaines de documents de l'affaire Farewell ! Tout le monde savait depuis longtemps, y compris le KGB, qu'il n'y avait pas de poste SDECE digne de ce nom à Moscou. À la DST, on savait aussi par certains diplomates qu'il y avait probablement pour cette raison une moindre surveillance sur les Français et pendant certaines périodes pas du tout. Il n'est venu à l'idée de personne que Patrick Ferrant, attaché militaire adjoint, change d'état du jour au lendemain, se travestisse d'aucune manière, ni même change de comportement. Cela aurait été le meilleur moyen de le faire courir à la catastrophe. Le raisonnement qui a été fait à l'époque par Raymond Nart-Jacky Debain n'était pas tant de passer inaperçu dans les rues de Moscou, mais plutôt d'être et de rester insoupçonnable aux yeux des officiers de la 2e DP du KGB, le contre-espionnage. Le montage de l'opération réalisé, son architecture établie, le plus difficile a été le pilotage. Compte tenu de l'éloignement et faute de « résidence » à Moscou, les contrôleurs Nart-Debain étaient informés en temps différé par un Patrick Ferrant accaparé à juste titre par des questions de sécurité et qu'il aurait peut-être fallu davantage orienter sur la psychologie de Vladimir Vetrov, afin de tenter de le modérer parfois dans ses ardeurs fantasques. Un simple rapport écrit sans commentaire explicatif oral sur l'ambiance, sur l'humeur, les à-côtés de l'essentiel, c'est assurément de la perte en ligne. L'instabilité du couple Vetrov n'était pas un sujet annexe.

---

1. Service de documentation extérieure et de contre-espionnage, devenu Direction générale de la sécurité extérieure en 1981.

II

En famille à Moscou

Pour des diplomates occidentaux, fin des années 1970-début 1980, la vie à Moscou est celle de privilégiés évoluant dans un environnement plutôt protégé, le ghetto diplomatique, c'est-à-dire à l'écart d'une population pauvre, triste, sans couleur, accaparée en permanence par les préoccupations de la vie quotidienne, mais convaincue, du moins majoritairement, par l'idéologie et la propagande qu'elle vit dans le plus beau pays du monde. Une autre planète ! Les problèmes d'organisation de la vie familiale et de la consommation sont récurrents et ont même tendance à s'aggraver. Confectionner un repas nécessite des efforts d'imagination lorsque chaque jour on trouve très peu de vivres et encore, avec difficulté. On perd beaucoup de temps à faire les courses. Les diplomates sont des privilégiés, certes, mais même pour eux la vie n'est pas si facile. Le commandant Ferrant s'installe à Moscou, début 1980, en famille, c'est-à-dire avec ses cinq enfants, cinq filles en âge scolaire.

Madeleine Ferrant va s'approvisionner au marché de la rue Vavilova. Comme tous les marchés de Moscou, il est tenu en majorité par des Caucasiens, en particulier des Tchétchènes. Quasiment en toutes saisons, l'approvisionnement vient de ces républiques. Ces marchés sont en fait aussi la couverture de trafics divers et variés. Ils masquent toute une économie souterraine. En dehors de victuailles diverses, on peut tout s'y procurer, même des voitures. Parmi ces marchands de fruits et légumes, Patrick

Ferrant a pu établir une relation sympathique avec l'un d'entre eux. Il offre une cartouche de cigarettes. Son interlocuteur ne verrait pas d'inconvénient à commercer évidemment à plus grande échelle. Madeleine Ferrant, dans un rôle majeur d'agent de liaison, quant à elle, ne changeant pas ses habitudes, y rencontrera comme prévu Vladimir Vetrov qui lui livrera documents, microfilms et même un jour un obus de canon Oerlikon de 20 mm[1]. Avec courage et sang-froid, Patrick et Madeleine Ferrant accompliront des prouesses. Ce couple de devoir a accepté sans la moindre hésitation une mission à haut risque pour laquelle ni l'un ni l'autre n'étaient préparés. Ils l'ont assumée ensemble, en famille. Les moindres faits et gestes des étrangers, *a fortiori* des diplomates, sont épiés, à l'intérieur de leur propre domicile équipés de micros, par la femme de ménage dont c'est la raison d'être, et dans la rue par les passants qui les identifient à leur voiture, à leur habillement, quand ce n'est pas la filature des équipes de surveillance du KGB. On imagine la tension nerveuse de chacun et même par voie de conséquence des petites et grandes filles. Tout en ne sachant pas, elles ne sont pas sans ressentir et parfois subir cette situation. On les prive de sorties extérieures pendant toute une période après l'expulsion.

Le commandant Ferrant s'applique à sympathiser avec les factionnaires devant l'ambassade qui notent en principe scrupuleusement les entrées et les sorties. Il les gratifie en certaines circonstances de quelques bouteilles de whisky. Souvent en partant, il leur lance en souriant : « N'oubliez pas de noter, je rentre à 19 heures » ! Bien entendu, il rentre à 19 heures. Un soir après une des premières rencontres avec Vetrov, les époux Ferrant doivent se rendre à une réception. Il y a dans la voiture un paquet de fournitures qui ne peut être laissé au domicile. Un service

1. Munition connue, sans grand intérêt, longueur 14 cm.

d'ordre de la milice gère comme toujours le stationnement des véhicules et surveille l'environnement. Sait-on jamais, le houliganisme existe bel et bien à Moscou et ce soir-là ce sera un milicien qui veillera, sur demande particulière du commandant Ferrant, à la sécurité de sa Renault et donc de ce fait aux secrets du KGB !

Parfaitement à l'aise au milieu de la population, d'esprit ouvert et aimant les gens, le commandant Ferrant peut ainsi tirer profit de certaines situations. Il n'est toutefois pas à l'abri de rencontres inopportunes. C'est bien ce qui lui arrive un soir, à un moment où en compagnie de Vladimir Vetrov, tous deux déambulent en conversant dans les environs du musée de la bataille de Borodino. Par hasard, dans le périmètre de ce qui est leur point de rencontre habituel, se présente un capitaine de la mission militaire algérienne. Il fait semblant de les ignorer, mais manifestement il a compris l'objet de cette promenade insolite de deux colosses déambulant dans un espace urbain relativement désert, à la tombée de la nuit. Le commandant Ferrant fréquente les militaires algériens. Il connaît bien ce capitaine. Cette rencontre inopinée va être un sujet d'inquiétude. L'armée algérienne est quasi exclusivement équipée de matériel « made in URSS » et les militaires algériens sont formés en nombre dans les académies soviétiques. On peut tout imaginer. Au minimum, il va rendre compte à son chef de mission le colonel Atmane Baloul dit Si Rachid. Ce dernier est un ancien combattant de la révolution algérienne, qui a rejoint dès 1956 le maquis en tant que secrétaire du colonel Ouamrane, chef de la willaya 4. Il a perdu un œil dans une embuscade tendue par les forces armées françaises en 1957, dans la région de Lakhdaria (Bouira). Évacué en Tunisie, il sera transféré en Bulgarie où il épousera une infirmière bulgare. Il fait partie de la Sécurité militaire algérienne (SMA). Son passé est suffisamment explicite. *A priori*, il ne devrait pas être un ami de la France. En fait, non seulement il ne dira rien, mais le 6 avril 1983, au lendemain précisément de l'expulsion, il se rendra à l'ambassade de France pour féliciter… le commandant Ferrant. Ils se lieront d'amitié[1].

1. Au lendemain de l'indépendance, Atmane Baloul fera carrière dans l'ALN et la SMA (Service de sécurité et de renseignement algérien). Il a servi d'intermédiaire pour établir en 1984 une liaison entre la DST et la SMA. Il est décédé le 8 février 2012.

III

« Ma sécurité, c'est moi qui m'en charge ! »

Le commandant Ferrant, alias « Paul », rejoint Moscou le 30 avril 1981. Après sa concertation avec Xavier Ameil et l'épisode « Marguerite » envoyée au contact du Soviétique de manière cavalière et inopinée, « Paul » ne rencontre donc Vladimir Vetrov que le vendredi 29 mai. D'emblée, ils sympathisent. Il répète ce qu'il a déjà dit à Xavier Ameil : il ne veut pas de contrepartie financière, il ne fait pas cela pour l'argent, il prévoit d'agir ainsi trois ou quatre ans jusqu'à sa retraite. Il se retirera alors dans sa datcha. Question préalable avant de poursuivre : « Le KGB a-t-il infiltré la DST ? Y a-t-il des "taupes" à la DST ? » Réponse : « Non pas à un bon niveau. Il y a bien deux cas, ils sont subalternes[1]. » En fait, Vladimir Vetrov expliquera que s'il a choisi la DST, c'est, dit-il, qu'il n'y a pas de risque de pénétration de ce service par le KGB. Il n'est pas sûr cependant qu'il sache tout, estiment Raymond Nart et Jacky Debain, le cloisonnement, ça existe aussi au KGB.

Mais il faut aller à l'essentiel et imposer une nouvelle procédure de rencontre. Un contact physique par mois, la date fixée d'une fois sur l'autre, c'est largement suffisant. Multiplier les contacts, c'est aussi multiplier les risques. Prévoir aussi un ren-

1. Ces cas ont été identifiés. Ils ne présentaient pas un intérêt autre que disciplinaire, s'agissant de fonctionnaires extérieurs à la division qui s'occupait des Soviétiques. L'un était en province, l'autre n'avait fait qu'un passage éclair à la DST.

dez-vous de rattrapage deux jours après. Parallèlement, les transmissions de documents se feront par « Marguerite ». Un appareil microfilms à grande capacité sera mis en service qui facilitera le stockage des images sur un support réduit et donc simplifiera transport et récupération. Vladimir Vetrov accepte le nouveau dispositif, mais, sûr de lui, il se montre désireux de ne pas temporiser en attendant l'appareil à microfilms et souhaite continuer, à marche forcée, sur le mode particulièrement risqué des échanges de la main à la main, aller-retour. Il va même très loin, en proposant d'organiser des « pots » dans son bureau pour rassembler quelques collègues et les faire parler. À cet effet, il demande à « Paul » de lui procurer du whisky. Assorti de conseils d'extrême prudence, ce souhait sera cependant exaucé.

En ce qui concerne sa propre sécurité et celle de sa famille, qui a fait l'objet d'un certain nombre de débats à la DST, il n'attend même pas qu'on lui expose ce qui a été prévu. Sa réponse péremptoire n'a laissé place à aucune réplique de Patrick Ferrant qui s'entend dire : « Ma sécurité, c'est moi qui m'en charge, s'il y a quelque chose me concernant, j'en serai informé ! » Sujet délicat sur lequel manifestement il ne fait confiance à personne, estimant être, ici chez lui, à Moscou, son meilleur conseiller. En fait, on le comprendra vite, Vladimir Vetrov veut prendre la main sur l'ensemble de l'affaire. Il sera difficile de le manœuvrer et aura tendance à n'en faire qu'à sa tête. Il a une haute idée de lui-même. Il est vrai qu'il sait de quoi il parle. Il a de l'expérience. Il a, dit-il, recruté des agents, les a traités le soir et le week-end, en banlieue parisienne ou en forêt de Fontainebleau. C'est un vrai professionnel qui voit ce qui ne marche pas dans son service, relève les lacunes et les dysfonctionnements, à telle enseigne qu'il propose une réforme du directorat T. Il fait un rapport pour améliorer la qualité du travail. Rapport que ses supérieurs enfouiront dans un tiroir. D'où une frustration supplémentaire qui ne fait qu'ajouter à ses anciennes et multiples blessures d'amour-propre.

Les contrôleurs intègrent dès le départ qu'il ne faut donc pas insister, ni paraître trop directifs, donneurs de leçons. Le terrain est miné, inconnu pour eux, et mieux vaut laisser Vetrov faire, lui donner l'impression que c'est lui qui dirige l'opération, plutôt que de le contrarier en risquant de compromettre la bonne relation humaine avec Patrick Ferrant. Alors que ses supérieurs le considèrent avec mépris, Raymond Nart et Jacky Debain lui font savoir qu'il a toute leur confiance, et que ce qu'il fera sera bien fait. Inutile d'ajouter des contraintes nouvelles à quelqu'un qui ne supporte déjà pas celles que lui impose son propre système. Patrick Ferrant est à son écoute. Il cherche à savoir ce que deviennent ses documents et notamment certains d'entre eux, dont il demande expressément à différentes reprises qu'ils soient acheminés sans délai aux « amis américains ». Il sera avisé qu'ils ont été reçus puisque telle est sa volonté. Marcel Chalet avalise ce schéma tactique. Il adresse cependant aussitôt à Vladimir Vetrov, sous le pseudo de Maurice, par l'intermédiaire de Patrick Ferrant, un message verbal, un « non-papier » comme on dirait au Quai d'Orsay, lui recommandant la plus extrême prudence et lui enjoignant notamment de prendre toutes les précautions nécessaires pour sa propre sécurité.

La fin de l'année 1981 se termine pour la DST dans une atmosphère curieuse, plutôt tendue, l'affaire Farewell paraît être sur de bons rails, « l'avenir est radieux » certes, mais l'inquiétude règne en raison des risques encourus par les uns et les autres. Côté Thomson-CSF, c'est carrément l'euphorie : le 21 septembre a été signé le fameux contrat « GOFO » relatif au gazoduc transsibérien. Jacques Prévost est très fier, il a joué comme on sait un rôle déterminant dans cette grosse affaire qui est le fruit de plusieurs années de travail de sa part au contact des Soviétiques.

Dans le courant du dernier trimestre 1981, il sera amené à se rendre quatre ou cinq fois à Moscou, à chaque fois pour ce contrat. On notera que parallèlement, la relation Ferrant-Vetrov suit son cours. Il ne faut naturellement pas que Jacques Prévost se rapproche à ces occasions d'une manière ou d'une autre de son ami soviétique sous quelque prétexte que ce soit. Raymond Nart n'a aucun mal à lui faire comprendre qu'il ne faut pas mélanger les genres. Il avait, en effet, déjà pris ses distances avec Vetrov, blâmait Xavier Ameil pour s'être laissé entraîner. Tout cet espionnage ne peut que nuire gravement à ses affaires qui alors sont florissantes.

IV

G7 à Ottawa, un non-événement

Dans les jours qui suivent ce 14 juillet 1981 marqué par une mémorable garden-party immédiatement suivie de la réunion « secrète » d'information du président François Mitterrand, il n'y a guère eu, rue d'Argenson[1], davantage d'activité que d'habitude. Le rythme de travail était déjà très soutenu. Marcel Chalet n'a besoin de quiconque pour résumer de manière la plus synthétique possible à l'intention du chef de l'État, en une page et demie, l'essentiel de cette immense affaire qui sera donc présentée sur un plateau d'argent au président Ronald Reagan. Ce type de documents ne se soustraite pas. Les contrôleurs ont cependant passé au crible, par acquit de conscience, l'énorme masse de documents reçus pour quantifier avec précision tout ce qui touche de près ou de loin aux États-Unis, à la technologie américaine, avec quelques détails significatifs sur les systèmes de défense connus des Soviétiques.

Il importe surtout de faire avaliser par les deux présidents une coopération entre la DST et les services américains. Quoi qu'il en soit, l'échelon technique et opérationnel de la DST n'aurait jamais rien su, ou si tard, par la presse, de ce qui s'était réellement passé entre François Mitterrand et Ronald Reagan ce 19 juillet 1981 à Ottawa, au château Montebello, en marge de la réunion du G7. Le président français ne parlant aucune langue étrangère, en fait de tête à tête, il s'agit en réalité d'une

1. Siège décentralisé de la sous-direction du contre-espionnage de la DST.

réunion à quatre avec Claude Cheysson et le général Alexander Haig, chefs des diplomaties respectives. L'un et l'autre vont sans aucun doute contribuer à fluidifier de leur mieux les échanges présidentiels. La chronique a retenu que le président Reagan « avait saisi immédiatement la portée politique » du dossier Farewell. Formulation toute diplomatique.

On apprendra notamment par les collaborateurs de Bill Casey, dit Bill, chef de la CIA, que c'était loin d'être le cas. On savait le président américain déjà sur la réserve, par principe, en raison de la présence de quatre ministres communistes au gouvernement, mais l'essentiel n'était pas là, même s'il ne l'exprimait pas ouvertement, et ne le laissait pas paraître. Reagan arrive avec une sorte de prévention à l'encontre de François Mitterrand. Selon les témoignages du général Haig et de Bill Casey, le président américain s'est montré contrarié et agacé en privé, mais il a fait bonne figure au président, en bon acteur. Il n'est pas réceptif, n'écoute que par bribes et en définitive « n'a rien compris » de ce qui lui a été exposé. La poursuite de la conversation, hors présence française, s'est conclue par « un froncement de sourcils dubitatif » du président américain et d'un lapidaire « il faut envoyer cela à Bill ». Il joint le geste à la parole, car il tient alors à la main la lettre que vient de lui remettre François Mitterrand. Le destinataire, en effet, n'était pas Bill Casey, chef de la CIA. Il a été prévu par François Mitterrand sur les conseils de Marcel Chalet de saisir d'abord le vice-président George Bush. Les services de la Maison-Blanche rectifieront le tir. Courant août, après la rencontre Bush-Chalet, il appartiendra ainsi à Bill Casey, son ami, de faire revenir Ronald Reagan sur son impression mitigée, et ce n'est pas facile, « le président n'avait pas l'habitude de faire des pas en arrière[1] » [*sic*]. Pas étonnant dans ces conditions

1. Voir aussi le témoignage de Richard Allen, conseiller de Ronald Reagan.

que dans son journal, ses notes quotidiennes relatives à ce dimanche 19 juillet à Ottawa ne fassent aucune allusion à François Mitterrand et *a fortiori* à l'affaire Farewell.

William Casey est, en raison de son amitié avec Ronald Reagan, un directeur de la CIA de grande envergure, l'équivalent d'un secrétaire d'État. Grand, légèrement voûté, affable, derrière de grosses lunettes, il paraît plus vieux que son âge. Il a une façon particulière à la fin du repas d'écarter d'un geste le couvert et de l'expédier au milieu de la table sans trop de considération pour les verres. C'est un interlocuteur difficile. Il a un épouvantable accent new-yorkais et mâchonne les mots. Aussi faut-il près de lui « un interprète particulier », parfois même lors de conversations avec son personnel. Le visiteur étranger est prévenu. Casey est un ancien de l'OSS[1] pendant la guerre. Il a un sens inné du renseignement. Marcel Chalet qui arrive à le décrypter a établi avec lui d'excellents rapports.

1. Office of Strategic Services, agence de renseignement des États-Unis pendant la Seconde Guerre mondiale.

V

« C'est la première percée significative de l'Ouest derrière le rideau de fer »

Le 3 août 1981, le vice-président George Bush reçoit le directeur de la DST. Il n'est au courant de rien de précis. Sous le chaud soleil d'été de Washington, la réunion est ambulatoire. Une longue promenade dans le magnifique parc de la résidence privée du vice-président. Le lendemain, celui-ci réunira autour de lui l'ensemble des responsables de la communauté américaine du renseignement : l'amiral Bobby Ray Inman, directeur de la NSA, et William Webster, directeur du FBI. Marcel Chalet, qui depuis six années est à la tête de la DST, les connaît tous. Mais l'interlocuteur américain privilégié pour l'affaire Farewell sera à l'évidence Bill Casey à qui il appartiendra de gérer le côté politique et, comme on l'a dit, de faire revenir Ronald Reagan sur son scepticisme initial. À cet égard, c'est l'homme clé, côté américain. On ne sait pas s'il a, le 3 août, été prévenu par le général Haig au lendemain du G7 où manifestement les Français n'ont guère inspiré confiance.

Marcel Chalet, qui parle parfaitement l'anglais a, il est vrai, de quoi convaincre. Il n'est pas en position de demandeur, il faut le souligner, ce n'est pas un client qui rencontre un fournisseur. Son dossier, un dossier technique, a été préparé avec soin par les contrôleurs conformément à ses consignes strictes et ne comporte rien d'autre que des renseignements relatifs aux États-Unis, mais suffisamment percutants pour édifier l'éminent auditoire. Il est constitué d'une cinquantaine de photocopies de plusieurs synthèses venant en direct du KGB, de cas concrets prouvant le pillage de l'industrie d'armement, d'exemples de la connaissance acquise par les Soviétiques sur certains systèmes d'armes, entre autres renseignements de nature stratégique. Réserve majeure, explicitement formulée, et comprise par tous, pour des raisons évidentes de sécurité de la source, aucun nom ou élément de recherche quelconque susceptible de rendre possible la moindre investigation policière n'est à ce stade à la disposition des Américains. Après l'examen du dossier, George Bush dira : « C'est la première percée significative de l'Ouest derrière le rideau de fer ! »

Au soir du 4 août, tout est clair pour chacun des grands chefs de la communauté américaine du renseignement, on est dans le vif du sujet. La suite s'impose d'elle-même, la CIA pilotera côté américain et, bien sûr, côté français, c'est la DST qui reste en charge de l'affaire. Il ne reste plus qu'à mettre en place sur le plan technique, c'est-à-dire entre ces deux services, une liaison directe Washington-Paris et vice versa, sans passer par le poste officiel de la CIA à Paris alors dirigé par John Seidel, ce qui est décidé. Courant septembre 1981, nouveau déplacement de Marcel Chalet à Washington.

Cette fois, ce n'est pas un dossier qu'il a sous le bras, il débarque avec une valise contenant une partie conséquente de la documentation Farewell, le tout centré sur les États-Unis, ce qui représente tout de même les deux tiers de l'ensemble. Selon la règle habituelle dans les relations entre services, Marcel Chalet ne donne évidemment aux Américains que ce qui les concerne. C'était d'ailleurs l'un de ses engagements auprès du président de la République. Pour une grande partie des documents, pas de problème particulier, il a été fait des photocopies. En revanche certains autres éléments d'intérêt pour la CIA sont imbriqués, et il convient de caviarder en particulier les passages qui se rapportent à la France. La solution retenue est aventureuse, le découpage aux ciseaux des photocopies ! C'est un grand travail auquel procèdent Jacky Debain et Raymond Nart en taillant dans le vif des textes qui en deviennent parfois elliptiques. Nos deux « censeurs », n'étant pas toujours sûrs du caractère pertinent de leurs coupes claires, relativisent toutefois, sachant que l'efficacité commandera tôt ou tard de confier à la CIA l'intégralité des documents pour une analyse fine et complète, ce qui ne sera d'ailleurs pas sans risque. Tel est donc en l'état le viatique du directeur de la DST lors de son voyage de septembre 1981.

Dès son arrivée, Bill Casey organise diverses réunions techniques, il désigne les interlocuteurs de la DST qui seront Dan Vogel et Jimmy Flechter de la direction du contre-espionnage dirigée par David Blee[1]. Personnage glacial, nouvellement affecté, il succède au très chaleureux et volubile George Kalaris. Une conférence plénière sur l'affaire Farewell se tient à Paris du 16 au 20 novembre 1981, regroupant Jim Nolan, Jack Von Wagenen, Graham Van Note pour le FBI, Dan Vogel, Jimmy Fletcher et David Blee pour « la Compagnie[2] ». Les séances de travail sont intenses. Premier bilan de la production, évaluation, étude des différents cas de contre-espionnage, calendrier. La communication n'est pas commode avec David Blee. Il n'apprécie ni les restaurants ni les sorties nocturnes, et ses hôtes de la DST ont beaucoup de mal à le dérider et à égayer son séjour parisien. Ses collaborateurs en revanche, plus à l'aise, n'oublieront pas de sitôt quelques soirées mémorables à l'insu de leur chef. L'affaire suit son cours, et de part et d'autre de l'Atlantique

1. Ancien chef de poste à New Delhi, rappelé par William Colby à la centrale de Langley.

2. C'est ainsi qu'entre eux ils désignent leur service.

un véritable partenariat est instauré afin de prolonger le plus longtemps possible cette percée au sein du KGB.

Marcel Chalet et Raymond Nart se rendent à nouveau à Washington du lundi 8 mars au jeudi 11 mars 1982. C'est la suite de la réunion de novembre à Paris. Il y a beaucoup à faire sur le plan du contre-espionnage, il s'agit aussi d'établir un rapport d'étape sur l'architecture du complexe militaro-industriel de l'URSS. Ils sont attendus à l'aéroport Kennedy par un ancien du poste de la CIA à Paris, George Strenger, qui par vol privé les conduit à Washington. Pendant le vol, Strenger qui a habité rue des Saules à Montmartre, dans un français bien maîtrisé, déballe ses souvenirs parisiens. Tout y passe, du cabaret *Le Lapin agile* au restaurant *La Bonne Franquette*. Ce qui semblait le préoccuper le plus, c'était de savoir si la boulangerie du coin fonctionne encore. Il garde un souvenir ému de la sympathique boulangère et a manifestement apprécié ses délicieux croissants.

L'arrivée à Langley (le siège de la CIA) est toujours un spectacle. Il faut contrôler et canaliser l'énorme flot de véhicules qui arrive le matin. Tel une marionnette, par gestes saccadés, vifs et péremptoires, un agent de parking, juché sur un podium, gère au centimètre près le stationnement de chacun. Pendant plusieurs années, on a vu le même homme officier de la sorte. Le même numéro de mime. La même gesticulation silencieuse, pas de sifflet. On disait que c'était un physionomiste hors pair, il connaissait tout le monde. L'arrivée à la CIA pour un visiteur étranger, c'est un spectacle et aussi une émotion, on est là devant un centre de pouvoir puissant, occulte et mystérieux. Face à l'entrée du bâtiment d'honneur, sur la droite, se dresse la statue de Nathan Hale, le premier espion américain de la guerre d'indépendance, pendu par les Anglais. Dans le hall, le monument aux morts, pas de noms évidemment, chaque officier décédé en service commandé est représenté par une étoile. Ses chefs reprochent souvent à Raymond

Nart d'être optimiste. Il se dit parfois, longtemps après la fin tragique de Vladimir Vetrov, qu'un jour peut-être il faudrait honorer sa mémoire de manière semblable.

VI

L'opération microfilms

Tous les services de renseignement du monde ne se satisfont pas du basique et discret bouche à oreille dans le traitement de leurs agents. C'est évidemment mieux que rien, mais, dans la mesure du possible, ils s'efforcent d'obtenir de l'écrit. Un document vaut toujours davantage qu'un long discours. Cependant, la soustraction de documents originaux jusqu'à une époque récente (photocopieuse et piratage numérique) a revêtu un caractère complexe et risqué. À cet égard, la circulation dans les rues de Moscou de documents du KGB en 1981 constitue à vrai dire un risque majeur. On est là dans le plus pur amateurisme, imposé, il faut tout de même le souligner, par un officier du KGB qu'on pouvait *a priori* considérer comme un professionnel expérimenté. Sur ce point particulier, Raymond Nart et Jacky Debain ont tout entendu en matière de sarcasmes de la part des commentateurs. « Aux innocents les mains pleines ! »… « Il y a un bon Dieu pour les ivrognes ! » Le propos est trivial et blessant pour Vladimir Vetrov qui n'était pas un ivrogne et a payé de sa vie une certaine idée de la France et de la Russie. Il l'est tout autant pour ceux qui ont assumé pendant de longs mois la responsabilité de l'opération, en s'efforçant de la professionnaliser.

Finalement le salut viendra une fois encore des États-Unis. L'appareil à microfilms est d'un format très réduit, donc facile à dissimuler. De la taille d'une gomme d'écolier, il tient dans une main refermée. Il fonctionne, sans aucun réglage, à la lumière du jour, grâce à une pellicule spéciale, très sensible, très fine, nécessitant un développement particulier. La cassette contenant la pellicule est facile à positionner, elle comporte cent prises de vue. Une page de texte format 21x27 est reproduite en un carré de 5 millimètres de côté. Comme l'appareil ne dispose d'aucun système de réglage, le mode d'utilisation doit être rigoureux ; en particulier, il faut respecter une distance focale précise pour obtenir une reproduction de qualité. Ainsi, est-elle matérialisée par une aiguille à coudre suspendue à un fil noir fixé à l'appareil. On procède de la manière suivante : le document est placé sur le bureau, entre les coudes de l'opérateur, l'appareil tenu à deux mains à hauteur du visage. L'aiguille évidemment doit être placée au centre du document et perpendiculairement à lui. Si quelqu'un entre dans le bureau de manière intempestive, d'un geste l'opérateur ferme son poing et fait semblant de coudre un bouton. Le fil et l'aiguille sont ainsi à double usage, à la fois un instrument de mesure (distance focale) et un leurre (visiteur indésirable). En dépit de leurs orgies technologiques, les Américains savent encore faire preuve d'astuce. C'est rassurant ! Cet appareil est présenté comme un prototype.

À la DST, Paul Radon assure déjà depuis des mois, dans un environnement matériel totalement artisanal, comme un lycéen éclusant ses heures de colle, relégué seul dans un bureau-débarras, la traduction des photocopies et photographies réalisées par Xavier Ameil à la représentation de Thomson-CSF et par Patrick Ferrant dans sa salle de bains. C'est un véritable exploit. Linguiste de grande qualité, il passe ses journées et parfois, pour aller vite, une partie de la nuit à s'abîmer les yeux, pour déchiffrer avant de traduire, et pallier parfois la qualité médiocre des textes qu'on lui confie. Il y met autant de patience et d'ardeur qu'un épigraphiste sur les manuscrits de la mer Morte. Astucieusement, il fixe avec un trombone la photocopie ou la pellicule à l'abat-jour de sa lampe de bureau. Pour soutenir son moral, il arrive que Jacky Debain lui rende visite la nuit. C'est pour lui un moment d'une rare intensité. Il quitte le siècle pour retrouver un personnage d'une peinture hollandaise ou des clairs-obscurs célèbres du peintre de La Tour. Imaginez un cénobite émergeant de l'obscurité, dans le halo d'une lampe administrative, mais néanmoins crue, seul dans un bâtiment vide et totalement silencieux, dans un tête-à-tête compliqué avec un texte sans fin et rétif, la main posée sur un impressionnant dictionnaire cyrillique. Après des jours et quelques nuits de ce régime, Paul Radon, qui n'appartient pas à la génération dépressive, a cependant besoin de prendre l'air. C'est donc lui qui ira à Washington pour cette mission qui sera, en fait, une sorte de stage.

On ne dira jamais assez le mérite de Paul Radon dont la CIA a reconnu la grande qualité de sa traduction. On apprendra plus tard que les Américains, qui ont tout repris de ce qui leur a été donné, mettront, quant à eux, quarante traducteurs sur ces textes ! Ce grand nombre s'expliquant en partie par la nécessité de fractionner le travail afin d'empêcher de remonter à la source.

L'utilisation de l'appareil à microfilms n'est pas en soi très compliquée. Il faut de la rigueur dans le positionnement de l'appareil, de la dextérité pour récupérer la cassette impressionnée et la remplacer par une autre vierge. Paul Radon reviendra de Washington avec deux appareils et une importante quantité de cassettes. Les 10 et 11 octobre 1981, dans une des installations décentralisées de la DST, « Botrox », le linguiste, devenu pour le coup technicien, initie d'abord Jacky Debain. Il faut faire venir spécialement le commandant Ferrant en permission, pour qu'il se familiarise à son tour avec cet appareil, à charge pour lui de procéder à la formation de l'utilisateur final Vladimir Vetrov. La chose n'est pas facile, la nuit, dans la voiture du Soviétique, les doigts gourds en raison de la température. Consciente de ce problème, l'équipe de la DST a programmé un exercice préalable en Île-de-France, dans la campagne, faute de neige, un jour de pluie et de grand vent. Par précaution, pour assurer dans les meilleures conditions la passation des consignes, Jacky Debain teste Patrick Ferrant. Devenu contre toute attente formateur-photographe et maîtrisant, dit-il, la technique d'utilisation d'un appareil très sophistiqué, Jacky Debain s'est attiré les commentaires de quelques mauvais esprits : « Si Jacky Debain a compris et maîtrise la technique, sans mode d'emploi, c'est que cette technique est simple. » En fait tout marchera très bien. Transitera ainsi par ce canal à peu près la moitié de la production. Facétieux, Vetrov arrivera à se photographier lui-même, il fera même parvenir une photo d'Otchkina, une photo de photo.

Le problème est le développement des cassettes, du fameux film spécial dont seuls les techniciens de la CIA ont compétence pour le réaliser. Raymond Nart et Jacky Debain flairent le piège : pas question que le développement se passe ailleurs que dans les locaux de la DST. Ce sera donc une équipe de techniciens de la CIA, transitant par l'Allemagne pour ne pas attirer l'attention sur la France, qui viendra à Paris. En attendant, par simple curiosité, pour voir, Raymond Nart décide de faire pratiquer un essai sur des échantillons de pellicules impressionnées avec l'appareil de réserve. Son intérêt pour la matière étant nouveau, il requiert les services d'un collaborateur, lequel n'est d'ailleurs pas un spécialiste, mais un amateur éclairé qu'il envoie d'abord se renseigner sous un banal prétexte à l'usine Kodak de Sevran. Il s'installe dans le modeste laboratoire de « Botrox ». Le matériel a quinze ans d'âge. On ne connaîtra jamais le protocole à la suite de diverses manipulations qu'il lui serait peut-être difficile de reproduire. Notre alchimiste obtiendra finalement des textes imparfaits mais tout à fait lisibles. Les techniciens de la CIA, stupéfaits, expliqueront par la suite que si ce n'est pas un miracle, c'est quelque chose de ressemblant. En revanche, l'épisode fera la joie obligée de nos amis opérationnels Dan Vogel et Jimmy Flechter qui ne manqueront pas de souligner l'habituelle arrogance des services techniques. À la CIA, comme ailleurs, la technique est un monde à part, c'est un classique du genre.

La réception de l'équipe CIA venant d'Allemagne avec son matériel n'est pas une petite affaire. Jacky Debain, qui s'en est chargé, s'en souvient encore. Le contact doit se dérouler dans les sous-sols de l'hôtel *Hilton Suffren*. Ce choix de la part de nos partenaires américains illustre plus qu'une certaine différence de style. La DST n'a pas l'habitude de fréquenter ce type d'établissements, à éviter d'ailleurs pour des rencontres clandestines en raison de la clientèle et des différents services de sécurité qui gravitent autour. Un bon moyen de se faire repérer. Lorsque Jacky Debain arrive à bord du classique véhicule du service, il se trouve confronté à un gros fourgon bourré de matériel. Surprise de sa part. Incompréhension des Américains. Il ne faut pas songer à un transbordement.

Le lendemain, à « Botrox », Robert, le chef de l'équipe, pose un ultimatum. « Pas un grain de poussière dans le laboratoire ! » C'est nettement exagéré, mais Jacky Debain, consciencieux, passe lui-même l'aspirateur, puis la serpillière. Le plus difficile a été pour un commissaire divisionnaire de se procurer sur place le nécessaire d'une femme de ménage. Finalement, tout est propre. Le pointilleux Robert tente un combat d'arrière-garde en doutant un moment de la stabilité d'une table extraite en son temps des caves de la rue des Saussaies, où a été stocké du mobilier abandonné par la Gestapo. Selon les règles de l'art, Robert développe les microfilms, avec de surcroît, semble-t-il, une redondance de précautions. Debain en compagnie de Radon – qui vérifie la lisibilité – assiste à l'opération comme ce sera le cas à chaque arrivage de Moscou. L'ensemble du processus est contrôlé. Robert est sympathique et amical, tout s'est bien passé avec lui. Il n'a pas manqué cependant de faire savoir qu'un autre service allié avait déjà utilisé le même appareil à microfilms, il a laissé à la CIA le soin d'opérer seule le développement !

VII

Le dossier « catastrophe »

Lors des tête-à-tête matinaux de Jacky Debain et Raymond Nart avec le directeur du contre-espionnage, Désiré Parent dont, jour après jour, la santé se détériore, la séquence Farewell est pour lui, il le laisse percevoir, un moment de détente. Il n'a malheureusement pu suivre l'affaire qu'en pointillé. Méridional, autrefois plein d'ardeur et de gaieté, un homme de rugby, il s'est laissé envahir par un certain pessimisme. Avant de laisser Raymond Nart lui rendre compte des derniers renseignements, il répète ce qu'il a déjà dit précédemment : « Ça se terminera mal. Un jour, Raymond, il y aura une catastrophe ! » Ce à quoi Nart répond : « Il faut la planifier ! »

Comme Désiré Parent est un professionnel reconnu et un véritable chef, il n'a pas laissé longtemps son subordonné responsable de la division soviétique lui répondre de la sorte. Raymond Nart a donc écopé de l'élaboration du plan « catastrophe ». Ils ont avec Jacky Debain déjà réfléchi au sujet. Pour le coup, il a fallu réfléchir à nouveau et préparer une gestion de crise digne de ce nom avec, en fonction de différentes situations, des mesures adaptées pour l'ensemble des intervenants, leurs compatriotes et leur famille. Tout ceci est consigné dans un document prêt à l'emploi, et qui en définitive n'a pas été totalement inutile. On n'est évidemment pas, même à la DST, maître des événements, mais on peut au moins organiser la sécurité d'une opération afin de les prévenir, les éviter, les contenir. Il s'agit donc d'une panoplie de précautions typiquement sécuritaires préventives et surtout défensives, avec y compris l'exfiltration de Vetrov et de sa famille. Mais pour mettre en œuvre un tel plan à exécuter, le cas échéant, dans l'urgence, il faut se concerter, examiner dans le détail une opération lourde. Le principal intéressé, Vladimir Vetrov, n'est pas disponible physiquement et intellectuellement pour cela.

À cet égard, la CIA a offert ses services. Une procédure d'alerte par carte postale à une adresse convenue à Moscou, a même été conçue. Il a été tenté de la mettre en place pour prévenir aussi les autres intervenants : Vladimir Vetrov n'a pas semblé la trouver efficiente. Depuis l'épisode Ameil, et au cas où il aurait choisi de quitter l'URSS avec son épouse, deux passeports français ont été établis. Après avoir un jour sollicité un passeport pour son fils, Vladimir Vetrov a changé d'avis un peu plus tard, balayant tous les plans français d'un revers de main. Les propositions n'ont même pas été discutées.

Par moment, Vetrov est très sûr de lui. Il estime être en mesure de pressentir d'éventuels soupçons à son égard : il en serait, répète-t-il, informé ! Non sans avoir cependant insisté auprès de lui, pour la forme, et consulté les experts de la CIA, il a été décidé de ne pas le bousculer. À Langley, les interlocuteurs américains ont conclu : « C'est en dehors de toutes les règles. » « Alors que doit-on faire ? » Réponse : « Surtout ne changez rien ! » [*sic*]

Au bout de plusieurs rencontres, il devient de plus en plus clair que Vladimir Vetrov cherche à s'imposer, à rester maître du jeu et à rappeler qu'au cas où cela aurait tant soit peu été oublié, à Moscou, c'est lui le patron ! Ce côté autoritaire et fier du personnage alterne avec des phases de désenchantement sur sa vie personnelle, sur l'avenir de son couple, sur son fils, sur sa maîtresse, de sorte que Patrick Ferrant, militaire, officier de renseignement, doit endosser un nouvel uniforme auquel il ne s'attendait pas : celui de psychothérapeute de couple. À la fin de l'année 1981, la crise personnelle se précise, en effet, au fil des contacts. Rien n'est cependant apparu comme susceptible de bouleverser la relation Vladimir Vetrov-Patrick Ferrant. C'est plutôt l'inverse qui se produit : un rapprochement. Contrairement à la règle qui impose en général une relative distance entre l'OT (officier traitant) et son agent, leurs rapports sont devenus amicaux, et, il faut le dire, empreints de confiance de part et d'autre. C'est ce qui a été demandé à Patrick Ferrant, « tisser un lien amical ». Elle est bien loin, l'époque de la guerre ou de l'immédiat après-guerre, où les services recrutaient leurs agents, plus ou moins, sous la contrainte pour ensuite, par principe, les traiter « la tête dans la baignoire ». Cette expression imagée, déplaisante, signifiait que l'OT instaurait de manière obligatoire avec son agent une relation de maître à esclave. L'OT quant à lui était à la fois un seigneur et un « manipulateur ». La DST ne se plaçait plus depuis longtemps dans ce cas de figure caricatural, et recherchait si possible une convergence d'intérêts, une collaboration. D'abord, Vladimir Vetrov était « un volontaire », il convenait non seulement de respecter son geste, c'était bien la moindre des choses, mais peut-être aussi, quand il le souhaitait, de lui laisser la main, sinon parfois de la lui donner. C'est dans cet esprit qu'il a été accueilli, du mieux possible, avec ses qualité et ses défauts.

Dans la dernière période, comme en font foi les comptes-rendus, ont été notés chez Vladimir Vetrov deux sentiments plus ou moins contradictoires, un certain désarroi au plan privé et une idée fixe quasi frénétique manifestée depuis de longues années visant à détruire de l'intérieur la machine KGB. Sur ce plan, il savait ce qu'il voulait. Comme toujours dans ce type d'affaires, rien ne s'est passé comme prévu et même l'inimaginable est survenu.

VIII

« Vous avez réussi à lire par-dessus l'épaule d'Andropov »

Pour avancer dans la compréhension d'une masse de documents parfois très techniques et localiser – à partir des bilans répertoriant les acquisitions soviétiques en Occident – l'origine de ces acquisitions par secteur d'activité ou autant que possible par laboratoire ou entreprise, il faut l'œil de scientifiques ou d'ingénieurs, dont la DST est alors dépourvue. Il faut avancer, mais dans la plus totale discrétion, sans la moindre action sur le terrain, sans la moindre enquête. C'est dans cette optique que Marcel Chalet a pris attache avec le général Renther, secrétaire général de la Défense nationale. Institution dépendant du Premier ministre, le SGDN est peuplé de spécialistes de l'armement, des technologies sensibles, de scientifiques habitués à évoluer en milieu protégé. Il s'agit d'obtenir, en quelque sorte à temps partiel, l'expertise de quelques-uns de ces spécialistes. Une vision technique et une évaluation indépendante de la production Farewell : voilà ce qui est recherché en premier lieu. Il importe ensuite de mettre en lumière l'essentiel et de classer par degré de sensibilité les entreprises, les laboratoires et organismes où les Soviétiques puisent leurs renseignements. Le premier contact de Marcel Chalet avec le général Renther, auquel Raymond Nart assiste, a lieu le 10 septembre 1981 à 15 h 30 aux Invalides ; il se déroule dans le meilleur esprit de compréhension, il sera suivi de deux autres[1]. SGDN et DST collaborent déjà sur bien des sujets en parfaite harmonie. Sont mis à la disposition de la DST deux ingénieurs de l'armement, l'ingénieur général Alain Orszag et l'ingénieur en chef Marcel Séméria.

À la fin du premier semestre 1982, la DST a une idée claire des mécanismes de pillage par les Soviétiques de la science, de la technique et de la technologie occidentales, dont le bénéficiaire est leur complexe militaro-industriel. Grâce au concours de ces spécialistes, on peut déjà déterminer avec précision un certain nombre de cibles soviétiques en France, par exemple le laboratoire de physique des matériaux, celui des couches minces et d'autres dépendant du CNRS, mais on identifie surtout une fuite considérable relative au dispositif de « mirvage » équipant la coiffe du missile balistique M4 de notre force océanique nucléaire. Probablement en rapport avec cette découverte et quelques autres, Raymond Nart reçoit l'ordre de Marcel Chalet de se tenir prêt à une séance de travail approfondie avec le général Jean Saulnier, chef d'état-major particulier du président de la République, dès l'automne 1981. Ce haut militaire, aviateur, souhaite en toute discrétion être informé de manière approfondie, veut voir tous les documents, et avoir un contact direct sans intermédiaire avec le ou les responsables de l'affaire. Raymond Nart se rend au 14, rue de l'Élysée où il est attendu et conduit le général au siège de la sous-direction du contre-espionnage. Le bureau de Nart est confortable, le général Saulnier y passe une grande partie de la journée avec comme interlocuteurs exclusifs les deux contrôleurs. Il donne l'impression de s'investir dans l'affaire, avec un esprit critique certes, mais dans un sens constructif. Il a déjà en tête la phase exploitation politique, tout en étant soucieux de la protection de la source, ainsi que des compatriotes

1. Le 25 septembre à 15 heures, et le 21 décembre à 18 heures.

restés à Moscou. À la DST, on est satisfait que le président ait désigné un militaire de ce rang. Il semble clair cependant qu'il est mandaté pour faire un contrôle approfondi de la gestion de l'opération, de la qualité des renseignements afin d'éclairer d'éventuelles décisions. En réponse à une question, Raymond Nart et Jacky Debain évoquent une riposte sévère, prenant la forme, le moment venu, d'une expulsion massive, compte tenu de la présence en France d'une représentation diplomatique disproportionnée. Ce n'est pas une idée neuve, les Britanniques ont déjà fait cela. Raymond Nart rencontrera à nouveau le général Saulnier le lundi 12 juillet 1982 pour faire une mise à jour de ses connaissances sur l'affaire.

Jusqu'en février-mars 1983, le général Saulnier sera le seul dans l'entourage présidentiel à être complètement informé. Ce qui ne sera pas du tout apprécié par les conseillers mis à l'écart. À la différence d'autres, il est discret et bienveillant. Il comprend les situations opérationnelles. Le général Saulnier quittera ses interlocuteurs en disant : « Vous avez réussi à lire par-dessus l'épaule d'Andropov. »

4e Partie

UNE HISTOIRE DE FEMME

I

Un porteur de mauvaises nouvelles

Depuis le début 1982, le spectre de la catastrophe plane dans les esprits à la DST, rue d'Argenson. Les deux contrôleurs ne cessent de s'interroger sur l'inquiétante rencontre du 26 janvier. Que signifie-t-elle ? L'angoisse jour après jour grandit. Dans la neige, le froid de la nuit, au point de rencontre habituel, derrière le musée de la bataille de Borodino, Vladimir Vetrov s'est présenté sans dire ni bonjour ni bonsoir, comme sortant mal réveillé d'un cauchemar. Le réflexe premier de Patrick Ferrant a été de considérer qu'il était ivre. Ce qui probablement, ce jour-là, n'était pas tout à fait faux. Il en serait resté là dans l'attente d'un jour meilleur si, stupéfait, il ne s'était entendu répéter plusieurs fois : « Tout est foutu, tout est foutu ! » Vladimir Vetrov s'en est allé d'un pas rapide presque assuré : impossible de le retenir par la manche ou d'insister en risquant un esclandre en pleine rue. Patrick Ferrant s'attendait à tout avec son compagnon fantasque sauf à cette sortie. Qu'est-ce que tout cela veut bien dire ? Il ne comprend pas. À la perplexité, jour après jour, fait place une franche inquiétude, il envisage le pire. Il fouille ses souvenirs, se souvient qu'il lui a dit une fois, joignant gestes et paroles tel un « s'en fout la mort » : « Si je me fais prendre… 500 grammes de vodka et… Nitchevo ! » Propos en l'air sans doute. S'il est venu lui-même délivrer ce message, c'est qu'il est encore libre de ses mouvements. Une raison d'espérer ? Rien d'anormal, pas de surveillance dans l'environnement, ni lors de cette insolite et dernière rencontre finalement avortée, ni les jours suivants côté mission militaire. Un sombre pressentiment s'installe.

À Paris, c'est la consternation. Fatalistes, Raymond Nart et Jacky Debain sortent le dossier « Catastrophe ». On savait bien que ça finirait comme cela ! En général, dans le métier, avec ce type de message, on court aux abris. Marcel Chalet et le général Lacaze envisagent le rappel de Patrick Ferrant et de sa famille. C'est une décision possible, d'exécution rapide mais lourde pour la famille, et surtout elle peut revêtir un aspect contre-productif en désignant clairement l'institution militaire. Il faudrait dans ce cas, en outre, gérer le côté politique, les relations bilatérales. Faute d'être davantage éclairés, on recommande à Ferrant la plus extrême prudence et vigilance quant à son environnement. En cas de surveillance, il sera immédiatement rappelé. Surtout ne pas changer ses habitudes. En ce qui concerne Xavier Ameil, la situation est à certains égards plus compliquée. Il n'a pas de couverture diplomatique et n'est pas du tout enclin à rentrer en France par anticipation, à moins d'un an de sa retraite, ce qui lui occasionnerait un important manque à gagner. Mêmes recommandations, tout en s'efforçant de régler rapidement avec son employeur son retour définitif. Des discussions sont déjà entamées pour le faire rentrer et à cet effet, Raymond Nart rencontre Jean-Pierre Bouyssonnie, le PDG de Thomson-CSF, le vendredi 29 janvier 1982. Quant à Vladimir Vetrov, fausse alerte ou pas, en l'absence d'autres éléments, personne ne cherchera à interpréter son message, suffisamment clair en lui-même. Mais que faire ? Il est urgent d'attendre. Vetrov sait ce qu'il doit faire pour rejoindre l'ambassade seul ou par l'intermédiaire de Patrick Ferrant. L'incertitude dure des semaines, des mois, sans qu'apparemment rien ne bouge. En début d'été, restée six mois sans nouvelles et surtout sans fournitures, la CIA, à l'occasion d'une liaison technique, dépêche à Paris, le 18 juin, Jimmy Flechter.

Conjectures et spéculations, il retourne à Washington avec les inquiétudes de la DST.

Le 22 septembre 1982 Marcel Chalet, vers 10 heures, téléphone à Raymond Nart et lui demande de le rejoindre à 13 heures à *La Fermette Marbeuf*, car, précise-t-il, « notre ami américain est là ». Il n'en dit pas plus. Peut-être des nouvelles de Vladimir Vetrov ? En fait, c'est Dan Vogel qui s'installe avec Marcel Chalet à une table isolée sur la droite en entrant lorsque Raymond Nart arrive, quasiment sur leurs talons. Chacun est heureux de se retrouver dans un établissement à certains égards somptueux, Art déco, sous une magnifique verrière classée. Marcel Chalet a un bon coup de fourchette, mais il a aussi du style. Chacun est impatient d'en venir au sujet du jour. L'installation, le choix du menu demandent un assez long moment. Il y a beaucoup de monde et le maître d'hôtel doit répondre aux hésitations de l'ami américain. Ces préliminaires réglés, en s'adressant à Raymond Nart, Marcel Chalet lance ainsi la conversation : « Notre ami a une bien curieuse histoire à nous raconter. Son service vient d'apprendre qu'un officier du KGB, le 22 février dernier, a assassiné un passant sur un parking, à un arrêt d'autobus en bordure du périphérique dans la banlieue de Moscou, qu'il a grièvement blessé une femme avec qui il s'était précédemment battu dans sa voiture. » Dan Vogel comprend bien le français mais le parle moins bien. Il apporte quelques précisions sur l'origine du renseignement et la date à laquelle il est parvenu à Washington qui est largement postérieure à la visite à Paris de son collègue Jimmy Flechter. En fait, l'affaire s'est ébruitée parmi le personnel du KGB et a même fait l'objet d'une relation édulcorée dans une note interne. Depuis qu'il l'a aperçu, Raymond Nart est intrigué par la présence de Dan Vogel. Il est avec Jimmy Flechter l'un des deux officiers de la CIA habilités à traiter en bilatéral avec la DST l'affaire

Farewell. Il y a donc un quelconque rapport, mais, ce crime, ce fait divers rocambolesque ?

Le carpaccio de saint-jacques à peine servi, Marcel Chalet, d'habitude si courtois, si posé, bouscule la conversation pour lever le suspense et donne l'ordre de manière péremptoire à Raymond Nart de démasquer Farewell devant l'Américain ! On sent bien qu'étant lui aussi dans l'incertitude, il a hâte de connaître le fin mot de cette « bien curieuse histoire ». Le nom de Vladimir Vetrov est lâché… Il correspond à l'auteur du crime sur un parking du périphérique de Moscou. Tout est dit. Après le dernier contact du 26 janvier, un sombre pressentiment avait gagné les esprits, de sorte qu'aucun des trois convives n'est véritablement surpris par la fin manifeste de ce qui a été une fantastique affaire d'espionnage. Ce qui surprend, ce sont plutôt les circonstances, une sortie de scène aussi sordide. La suite de la conversation consiste à tenter de comprendre les mobiles d'un crime et à finaliser désormais les mesures concrètes pour assurer définitivement le retour en sécurité des compatriotes impliqués dans la collaboration avec Vladimir Vetrov. Chacun pressentait depuis plusieurs mois que tout était irrémédiablement perdu. Il l'avait d'ailleurs dit : « Tout est foutu ! » La logique et le bon sens, ici encore, c'était de le croire. La catastrophe prédite par Désiré Parent est survenue, mais celle-ci prend une forme criminelle, tout à fait inimaginable. À l'occasion d'une visite à son ancien chef hospitalisé, Raymond Nart lui confiera, à sa demande, les circonstances tragiques qui mettent un terme à l'opération. Ce sera leur dernière rencontre.

Très inquiet et ennuyé par l'interruption de l'affaire, Patrick Ferrant propose un coup de fil au domicile des Vetrov pour prendre des nouvelles. Raymond Nart demande de temporiser, spéculant sur un possible déplacement de Jacques Prévost à Moscou. Hypocritement, on aurait pu prétendre qu'au fond ce dernier était tout à fait en dehors du coup. Courageux mais pas téméraire, Prévost est depuis longtemps sur la réserve par rapport à toute cette affaire et la question ne lui est même pas posée. C'est une fausse bonne idée. Patrick Ferrant prend finalement contact avec Xavier Ameil, peu avant son retour en France entre le 25 et le 29 octobre 1982, le convoque à l'ambassade et dans la cage sourde lui explique la situation en précisant que la relation avec Vetrov est interrompue, et qu'il ne s'est pas présenté aux différents rendez-vous de rattrapage. Tous deux décident d'un coup de fil au domicile de Vetrov, en se recommandant de Jacques Prévost. Xavier Ameil téléphone le soir du bureau de Thomson-CSF. Il relatera la conversation qui sera à peu près la suivante : « Allo ! Svetlana ? – Oui. – C'est de la part de Jacques, Volodia est-il là ? – Non, et il ne veut plus s'occuper de tout cela[1] ! » Svetlana Vetrov a aussitôt raccroché. Il est évident que le relevé de cette conversation téléphonique se retrouvera dans les dossiers du KGB. Désormais tout est clair !

1. Dans le relevé de la conversation figurant dans le dossier KGB, et repris dans Sergueï Kostine et Éric Raynaud, *Adieu Farewell* (Robert Laffont, 2009, p. 277), il y a erreur sur l'interlocuteur français. Évidemment Ameil ne s'est pas nommé, il s'est recommandé de Jacques. Confusion de l'opérateur du KGB (volontaire ou pas ?). On a vu cela ailleurs dans le même ouvrage. Jacques Prévost n'est jamais revenu à Moscou après octobre 1980.

II

L'affaire dans l'affaire

Sauf peut-être au KGB, personne ne sait ce qui s'est exactement passé après le vendredi 22 janvier, date du dernier contact physique de Vladimir Vetrov avec Patrick Ferrant. Ce soir-là, le « Tout est foutu » n'est pas le cri d'un ivrogne mais un message tout à fait explicite qui les concerne tous les deux, et donc à prendre au premier degré. Il s'est passé quelque chose de grave et cela signifie la fin irrémédiable de leur relation. D'où une question logique : la soirée tragique du 22 février 1982, celle du crime sur le parking du périphérique, est-elle véritablement le point de départ de la descente aux enfers ? On peut en douter. Que s'est-il donc passé du 22 janvier au 22 février ? Ce mois est décisif.

Il faut bien tenter de comprendre, donner un sens à des événements sans lien apparent, et chercher une cohérence dans leur enchaînement. L'exercice est capital eu égard à la sécurité de Patrick Ferrant, de Xavier Ameil et de leur famille toujours à Moscou. Il ne se présentera pas au rendez-vous fixé le mardi 23 février, ni au rattrapage, ce qui confirme, s'il en est besoin, son « tout est foutu ». La DST dispose dès 1982 d'un certain nombre d'éléments d'appréciation du contexte, d'abord dans ses archives, le dossier DORAT, les comptes-rendus de Patrick Ferrant, puis les éléments fournis par Vladimir Vetrov lui-même. Svetlana est belle, volage, elle aime le luxe et a plus ou moins « la folie des grandeurs ». Quant à Vladimir, son comportement s'apparente à celui d'un parvenu, la maladresse en plus. Il est fier, orgueilleux et exalté. Leur fils, Vladislav (Vladik), est un adolescent sans problème, adorable. Père et fils s'entendent très bien. La DST a offert un magnétophone Sharp pour Vladik. Le couple, en revanche, est en crise. Vladimir Vetrov a une maîtresse, Ludmilla Otchkina, chef du bureau des traductions du directorat T. Elle lui fournit des documents auxquels il n'a pas normalement accès, ce qu'il souligne à loisir. Il a envoyé sa photo à la DST, qui a même disposé de ses mensurations corporelles pour acheter à Paris un manteau de fourrure synthétique[1]. Ce n'était pas un mannequin, ce n'était plus une jeune femme! Le manteau a été livré ainsi que des bijoux fantaisie. Les relations qu'entretient Vetrov avec Otchkina ont un caractère ambigu: c'est une collègue, elle occupe un bureau proche du sien. Il la présente comme participant à son action au profit de la DST. Elle chercherait à se faire épouser. Il ne veut pas. On rappellera que le divorce n'est pas admis au KGB. Dans ce cas, il faudrait quitter le service. Vladimir Vetrov n'a en fait guère de considération pour sa maîtresse. Elle n'est pour lui qu'un objet de plaisir, un dérivatif par rapport à sa carrière professionnelle dépourvue de perspective. Il n'y a pas beaucoup de sentiments entre eux. La façon dont il en parle exclut le drame passionnel. Par ses formes avantageuses, Ludmilla Otchkina évoque physiquement les femmes « rondes et jolies » peintes ou sculptées par Aristide Maillol que l'on peut admirer dans les jardins du Louvre[2]. En revanche son côté gouailleur et même quelque peu vulgaire évoque plutôt les modèles d'un Toulouse-Lautrec ou mieux de la peinture populaire de l'école russe « des Ambulants »… Renseignements hétéroclites, inventaire à la Prévert, tous ces indices mis bout à bout donnent cependant une idée de l'atmosphère compliquée dans laquelle baigne Vladimir Vetrov à ce moment précis.

---

1. Les vêtements de fourrure étaient, à l'époque, à Moscou, mal coupés et donc lourds et pas faciles à porter.
2. Le modèle de Maillol était Dina Vierny, d'origine russe.

Dès novembre 1982, la DST saura par ses correspondants à la CIA, – comme on l'a déjà dit, alors superbement[1] placée au KGB –, que l'affaire a suscité dès le début émotion et commentaires divers et variés en son sein. Les Américains rapportent qu'en fait Otchkina était selon leur expression « une sex groupie » [*sic*] bien connue de la 1re DP, qui aurait couché avec nombre d'officiers pendant les années où sa silhouette a hanté les couloirs et la cafétéria de Yassenovo. Après le crime, précisent-ils, les bruits vont bon train au KGB, compte tenu du profil d'Otchkina. Le soi-disant passant inconnu, assassiné, ne serait autre qu'un officier du KGB, un amant jaloux qui aurait surpris le couple en pleine étreinte et se serait battu avec Vetrov[2]. Dans la dernière version qui circule, surtout parmi les collègues féminines d'Otchkina, il est surtout fait état d'une rixe entre Vladimir Vetrov et sa maîtresse. Il l'aurait poignardée et gravement blessée. Au bout d'un certain temps, ceci a été donné pour certain.

Conclusion provisoire des contrôleurs : l'assassinat du tiers intervenant, fût-il officier du KGB, ce qui paraît improbable, et dont personne d'ailleurs ne parlera plus, c'est l'arbre qui cache la forêt. Il dissimule le véritable mobile. Il s'est manifestement instauré un différend majeur entre Vetrov et Otchkina pour aboutir à un tel niveau de violence entre eux, une tentative de meurtre. Le sujet central, c'est évidemment le double jeu de Vetrov au profit de la DST. Les apparences, tout au moins, ne dédouanent pas Otchkina. Ce n'est pas un personnage marginal par rapport au mobile du crime. Tout porte à croire que d'une manière ou d'une autre, elle en est arrivé à perturber, depuis un certain temps, les plans de Vladimir Vetrov puisqu'il s'en est aussi pris violemment à elle.

---

1. Voir page 10, la liste des officiers du KGB, fusillés pour trahison au profit de la CIA.
2. Voir aussi, à peu près dans les mêmes termes, Milton Bearden et James Riesen, *CIA-KGB. Le dernier combat*, Albin Michel, 2004, p. 223-224.

Raymond Nart et Jacky Debain, en fonction des comptes-rendus de Patrick Ferrant, ont assez vite vu se confirmer chez Vladimir Vetrov le portrait psychologique qu'en a dressé dix ans auparavant Jacques Prévost. Personnalité complexe, exaltée, cyclothymique, avait-il dit. Les contrôleurs pour autant n'ont pas été en mesure d'évaluer sa personnalité profonde. Comment l'auraient-ils pu ? Patrick Ferrant l'a perçu depuis le début comme sûr de lui, téméraire et fier. Qu'on en juge : un soir lors d'un contact, alors qu'ils étaient à bord de son propre véhicule, Vladimir Vetrov a conduit le Français à l'entrée d'une usine de fabrication de missiles, faisant mine d'y pénétrer… Au plan privé, il était entre deux femmes qui n'étaient pas apparemment, ni l'une ni l'autre, de tout repos. Il y avait là, à coup sûr, source de difficultés personnelles. Otchkina était de mœurs légères pour ne pas dire plus. Sa liaison avec elle, qui n'était pas la première, était notoire à l'intérieur de la Direction T. Rien que de très banal dans une ambiance de relative permissivité. Vladimir Vetrov n'a pas caché cette liaison à Patrick Ferrant, tout au contraire, mais personne n'a rien vu venir de cette violente altercation, *a fortiori* du meurtre d'un témoin gênant. Tout ceci démontre un état de fureur extrême et on a peine à croire à une simple querelle entre deux amants qui a mal tourné. À la DST, la tendance est davantage à analyser les événements dans leur continuité depuis la dernière rencontre avec Patrick Ferrant. Il s'est passé quelque chose de grave dans les jours précédents qui met un terme définitif à leur collaboration, et on ne voit pas comment il n'y aurait pas un lien de cause à effet avec « le crime du périphérique » un mois après. Cette proximité dans le temps ne permet pas de considérer les deux événements isolément. Il n'y a pas de commune mesure entre le double jeu de Vladimir Vetrov, aux conséquences catastrophiques pour lui s'il est découvert, et sa liaison si tumultueuse qu'elle fût avec Ludmilla Otchkina. Il est plus que vraisemblable que ce soit elle qui ait provoqué la crise.

III

Refus du hasard

Le KGB ne sait pas tout au lendemain du crime du périphérique. Laissons-lui cependant le bénéfice d'avoir, par humanité, permis à Ludmilla Otchkina de récupérer de ses graves blessures, et disons qu'il connaîtra l'essentiel, c'est-à-dire qu'il y a eu trahison, au profit de la France, vers mars-avril 1982. Cette thèse a toujours été soutenue par Raymond Nart et Jacky Debain envers et contre tout. Pendant toute l'année 1982, l'affaire Farewell était connue à la DST d'un nombre très limité de personnes, cinq à six tout au plus. L'exploitation des fournitures se poursuivait dans le plus grand secret, en marge du fonctionnement habituel du service. Les nombreux documents reçus, traduits, vérifiés, répertoriés, mis en cohérence, étaient étudiés avec soin afin de restituer la logique interne et l'organisation du système militaro-industriel de l'URSS. Par précaution, depuis le début, aucun travail d'investigation de contre-espionnage à l'intérieur, et *a fortiori* à l'extérieur du service, n'avait été entrepris. De l'exploitation documentaire exclusivement, à la charge de trois spécialistes. Aucune vigilance particulière sur la colonie soviétique à Paris. Comme cela s'était toujours fait, le contrôle de routine, opéré en amont à partir des dispositifs de veille sur les transferts de technologies, n'était ni plus ni moins rigoureux que précédemment. Les officiers de la ligne X en poste en France n'étaient pas davantage l'objet de surveillance particulière. Donc, côté DST, black-out total. Personne ne bouge.

En fait, c'est le KGB qui bougera le premier, en France, apportant ainsi s'il en était besoin confirmation mais *a posteriori* de la thèse de la DST ! Parmi les premières fournitures de Vladimir Vetrov, début 1981, figurait une note relative à un agent qu'il avait lui-même recruté sur notre territoire pendant son séjour, en réalité le seul placé dans un objectif sensible. Il avait l'air de tenir beaucoup à le démasquer. C'était un ingénieur de l'aéronautique (SNIAS établissement des Mureaux), du nom de Pierre Bourdiol. Il était considéré, en raison de sa position, comme une source importante du directorat T, qui fonctionnait depuis plus de dix ans et était en principe toujours en activité. Vladimir Vetrov ne révéla pas qui était son OT, et pour cause : le dernier en date, à sa connaissance, s'était fait expulser de France dans une autre affaire quelque temps auparavant. On saura plus tard, lors de son interrogatoire, fin 1983, que Bourdiol avait été traité de manière intensive par deux officiers du KGB qui se sont succédé. D'abord Evgueny Machkov, puis Valeri Jigarev, et alternativement jusqu'à son départ en 1978. C'est Jigarev qui fera les présentations avec un nouvel arrivant, Alexandre Kamenski, beaucoup plus en retrait que ses prédécesseurs.

Il n'est venu à l'esprit de personne à la DST de se précipiter pour arrêter Pierre Bourdiol. Comme quelques autres, malgré son importance signalée, le cas Bourdiol a été tout simplement classé « frigidaire », selon l'expression de Jacky Debain, c'est-à-dire mis sous le coude en attendant des jours meilleurs. Même pas une vérification d'archives. Officier du KGB chevronné, et déployant une activité débordante, Machkov effectuait, lorsque son expulsion est intervenue, un second séjour en France. Il n'est pas exagéré de penser qu'il y a été réaffecté en raison de la fructueuse relation qu'il entretenait avec Bourdiol ou des espoirs qu'il suscitait. Quant à Alexandre Kamenski, arrivé à Paris dans les derniers jours de l'année 1980, il n'interviendra effectivement que dans le premier trimestre 1981. Le KGB désignera ainsi un nouveau venu à Paris, certes, mais d'un rang élevé. Il avait été conseiller à Bruxelles.

En principe, rien d'étonnant dans ce changement de « manipulateur », comme on dit à la DST. À y regarder de près, on relève cependant une curiosité : Kamenski est un officier supérieur du grade de colonel, et il rencontra Bourdiol, agent considéré comme important, seulement à quelques reprises pendant les années 1981 et 1982. En revanche, le très expérimenté Jigarev est, à ce moment-là, toujours à Paris. Arrêté le 29 novembre 1983, Pierre Bourdiol expliquera qu'il n'avait que peu de contacts avec Kamenski. Il ne l'avait en fait pas revu depuis pratiquement un an. C'était suffisant pour lui recommander la plus extrême prudence. Agent patenté, et dûment chapitré sur les consignes de sécurité par ses différents interlocuteurs du KGB, Pierre Bourdiol ne s'attendait pas néanmoins à être un jour interpellé par la DST, mais il y avait été habilement préparé. Et ceci pour le coup lui servira !

Il n'a pas nié ses contacts avec les Soviétiques, mais s'est efforcé de minimiser, parfois au-delà du raisonnable et de toute logique, se montrant faussement coopératif, ce qui induisait, qu'il s'était, en effet, préparé à faire face à la DST puis à ses juges. Déféré aussitôt devant la Justice, il faut constater qu'il ne s'est pas si mal tiré d'une situation délicate[1]. Cette affaire paraissait, au départ, aux yeux des deux contrôleurs, reposer sur une trahison importante compte tenu de la situation de Pierre Bourdiol ingénieur à la SNIAS des Mureaux où entre autres certains éléments de la fusée Ariane étaient assemblés et où l'on procédait, dans la même enceinte, à des travaux militaires ultra-

1. Il sera condamné à cinq ans de réclusion criminelle dont trois avec sursis. Sa condamnation couvrira la prévention.

sensibles. En réalité, judiciairement, la procédure tourna court, car rien de très significatif ne put être établi depuis la période Jigarev et Machkov qui remontait à quatre ans pour l'un et à deux ans pour l'autre. Aucun document classifié n'avait été remis aux soviétiques selon les déclarations de Bourdiol. Quant à Alexandre Kamenski, il ne s'était pas montré très actif en 1981 et 1982. Son expulsion restera en suspens quelques semaines et son cas sera joint au dossier global du 5 avril 1983.

Le point capital qui ressort de l'affaire Bourdiol réside dans le fait, plus qu'étrange, du retour inopiné à Moscou de Jigarev, en avril 1982, c'est-à-dire peu après le crime du périphérique. Difficile de voir un simple hasard dans un si court laps de temps : Vladimir Vetrov est incarcéré à Lefortovo depuis à peine deux mois. D'autre part, le théorique et intermittent successeur de Jigarev, dans la « manipulation » de Bourdiol, est à pied d'œuvre depuis décembre 1980. Bien qu'inhabituel, ce doublage n'est pas significatif en lui-même. Comment, d'un point de vue de contre-espionnage, ne pas relever plus qu'une coïncidence dans ce retour au pays de Jigarev ? Retour anticipé de près d'un an. Cette procédure est en fait disciplinaire. Elle fait suite à un incident de parcours. Ce fut le cas de Vladimir Vetrov à Montréal. Il s'agit ici d'un rappel qui correspondait à la nécessité d'une enquête. Bourdiol a été recruté à la fin des années 1960 par Vladimir Vetrov, et il a été traité par Valeri Jigarev pendant plusieurs années. Tout ceci se passe en France. Ces éléments établissent un lien indissociable pour le KGB qui cherche à connaître les tenants et les aboutissants d'une exceptionnelle affaire de trahison. Vetrov n'a pas quitté l'URSS depuis son retour du Canada. Aurait-il été recruté pendant son séjour à Paris ? Les services français auraient-ils pu le recruter à Moscou ? C'est impossible aux yeux des premiers enquêteurs qui n'osent imaginer l'ampleur du désastre si ça avait été le cas.

Ainsi, le KGB reprend tout depuis le début. Tout est suspect *a priori*, y compris l'agent Bourdiol. Ne doutons pas que Valeri Jigarev ait été questionné sur la fiabilité de ce dernier. Et s'il était une créature des services français pour masquer la collaboration de Vetrov avec les Français ? On comprend mieux dès lors la méfiance de Kamenski et la quasi-mise en sommeil de Bourdiol. Il faut ainsi admettre que le KGB connaît alors, sans en mesurer l'étendue, la trahison de Vladimir Vetrov au profit de la France, dès le printemps 1982 ou même, dans le meilleur des cas, depuis le lendemain du crime. L'enquête interne débute aussitôt, et par le commencement. La recherche détaillée de tout ce qu'il a fait lorsqu'il était en France. Est-il encore besoin de souligner que les analyses de la DST sont conformes à celles de la CIA ?

Comment imaginer que Ludmilla Otchkina n'ait pas parlé dès le début, dès qu'elle a pu le faire ? Comment expliquer autrement qu'elle n'ait jamais fait l'objet de poursuites et que lors du procès elle ne fut entendue que comme simple témoin, que son véritable nom ait été modifié et qu'on n'en entendra plus jamais parler ? On apprendra aussi plus tard qu'à ses camarades de cellule Vetrov s'est prétendument glorifié d'« avoir fait du bon travail pour la France et comptait écrire un livre sur ce pays à sa sortie de prison ». Le KGB, à partir de quelques éléments de ce genre, en vint soi-disant à supputer qu'il cachait un crime autre que le meurtre. C'est à ce moment-là qu'on se souviendra de l'aventure canadienne. Ne s'agit-il pas plutôt, en ce qui concerne le KGB, de dissimuler la véritable origine de la délation et de protéger un témoin plus ou moins encombrant ? Otchkina a eu connaissance de la trahison, c'est une certitude absolue, il est non moins certain qu'elle en ignorait les modalités. Ceci est évidemment capital. Elle ne sait pas quel est le processus de transmission des fournitures aux Français, ni quels sont les intermédiaires s'il y en a. Elle approvisionnait son amant en documents, elle ne s'en est sans doute pas vanté, mais on peut imaginer sa panique au lendemain de la soirée tragique du 22 février 1982. Qu'on se représente ce que vaut au KGB la non-dénonciation d'un crime de trahison. Sur le moment, pour des raisons d'opportunité et en l'absence d'aveux, ce qui est obligatoirement recherché dans le système judiciaire soviétique, « il faut qu'il s'accuse lui-même », il est transféré à Irkoutsk. Il ne perd rien pour attendre[1].

Reconnaissons ici et soulignons la lucidité et le sang-froid de Vladimir Vetrov qui, malgré son infortune, pendant de longs mois de goulag sibérien, s'est efforcé de protéger autant qu'il a pu Xavier Ameil et le couple Ferrant, d'abord d'une manière générale, en ne parlant pas, ou peu, puis en faisant le plus possible des réponses dilatoires à ses juges. Le KGB connaît depuis longtemps sa relation avec Jacques Prévost, il ne peut la nier. Elle lui a servi à coup sûr à masquer la complicité de ses autres amis français. Il sait par Ameil que Jacques Prévost n'a plus de raison de revenir à Moscou. C'est déjà la crise en URSS, il n'y a plus d'affaires. C'est tellement vrai que le KGB en sera réduit à imaginer un piège grossier pour tenter, en vain, de le faire venir. Il est évident que s'il avait parlé et fait des aveux complets à Irkoutsk, Ameil aurait été arrêté, et les époux Ferrant mis en cause. Il ne l'a fait que bien après son retour à Lefortovo. Des anciens du KGB, proches du dossier, ont reconnu que Vladimir Vetrov avait, comme on dit en langage policier, « pas mal promené » ses juges interrogateurs avant de passer aux aveux, qui, comme toujours, dans tous les cas ne sont évidemment jamais complets.

1. Pratique courante des juges d'instruction… « La prison attendrit la viande ! », expression célèbre d'une juge non moins célèbre, Eva Joly, dont personne ne peut douter de l'expertise, du moins dans ce domaine.

Il semble bien, d'autre part, que telles les fameuses poupées russes, le crime de droit commun du périphérique ait servi fort opportunément à faire diversion et à occulter quelque chose d'autre de beaucoup plus dommageable pour le KGB et l'un de ses patrons, Vladimir Krioutchkov. Le chef de la 1re DP, ombre portée d'Andropov, fidèle et pâle compagnon du grand chef, n'a à l'époque aucun avantage à laisser filtrer la moindre parcelle de vérité sur le fond de l'affaire. Tout au contraire, le système, comme d'habitude, a le plus grand intérêt à se hâter lentement et à traiter le crime d'État en interne, dans la plus profonde discrétion, par une enquête qui s'efforcera dans le pire des cas de transformer les soupçons et les indices en preuves, avec les moyens humains et techniques les plus sophistiqués. Il y a aussi le légalisme soviétique, priorité à l'enquête criminelle sur le meurtre. La vérité est en partie connue, et l'affaire – ou ce que le KGB en sait – n'est pas tout à fait cachée, mais on redoute politiquement son dénouement et on l'ajourne. On se laisse ainsi sur un plan technique le temps de mettre peut-être la main sur Jacques Prévost.

IV

Une épouse sous influence

Svetlana Vetrov était une épouse jalouse, elle était au courant des incartades de son mari, elle prétendait cependant s'être accommodée de son infortune conjugale. Le couple battait de l'aile depuis un certain temps, ce qui était notoire parmi les collègues de Volodia au KGB. De son côté, Svetlana, à ce que ces derniers prétendaient, était plutôt volage. Avec leur fils Vladislav, dans la nuit du crime, le 22-23 février 1982, après que son mari, les vêtements maculés de sang, leur eut annoncé avoir poignardé un homme, elle a aussitôt fait disparaître de leur appartement tout ce qu'il y avait de compromettant. Appareils, microfilms et cassettes de pellicules, ainsi que d'autres éléments incriminants ont été jetés, a-t-elle déclaré, dans une poubelle sur le parcours qui conduisit Svetlana et son fils chez son frère le chanteur Lev Barachkov[1]. Si ce qu'elle a dit, longtemps après les faits, est exact, il faut relever de sa part une attitude de protection envers son mari. Ceci est cohérent avec le fait que la police criminelle ne trouvera rien au cours de la perquisition. En revanche, on apprendra qu'à un certain moment de l'enquête, elle a donné au KGB « quelque chose » venant alourdir à charge le dossier de Volodia[2].

1. Ceci a été déclaré à des tiers journalistes et semble en première analyse totalement contradictoire avec ce que déclarera Gordievski. Vetrov cependant détenait deux appareils et un stock de pellicules vierges, le tout, vu le volume, probablement dissimulé en différents endroits.

2. Voir chapitre « Une "taupe" du SIS exfiltrée », page 239.

Ce qui n'est peut-être pas tout à fait incompatible avec l'attitude précédente. Quoi qu'il en soit, difficile de dire, dans tous les cas, que Svetlana n'était pas au courant des activités occultes de son mari. De même pour Vladislav qui en savait à ce sujet peut-être beaucoup plus que sa mère. Les derniers temps, le couple en crise ne se parlait pratiquement pas, c'était l'inverse entre le père et le fils qui s'entendaient très bien.

Il n'en avait pas toujours été ainsi. Jacques Prévost dira à un certain moment : « Je sais pour l'avoir constaté par moi-même que Svetlana était parfaitement au courant de toutes les activités de son mari, ce qui d'ailleurs sur le moment m'avait paru choquant. » Pour adoucir la peine de son mari, Svetlana ira jusqu'à entretenir une liaison avec le juge d'instruction chargé du dossier criminel. Elle donne l'impression, au début des tragiques événements, de prendre le parti de la défense, puis de témoin *a minima*. Elle finira par collaborer enfin, de gré ou de force, avec le KGB qui tient sa main pour écrire à Jacques Prévost, et lui tendre un piège grossier en le priant de venir à Moscou. Elle portera elle-même la lettre à la représentation de Thomson-CSF. Svetlana vit toujours dans le même appartement aménagé avec des meubles de prix, au numéro 22 de Koutouzovski Prospect, bâtiment d'un même grand ensemble où a été apposée récemment au numéro 26 une plaque indiquant que Iouri Andropov y a jadis habité ! Curieux, non ?

L'analyse graphologique révèle « une personnalité… réservée, voire secrète en ce qui concerne ses sentiments et émotions profondes… Elle a une attitude générale très contrôlée, façon de cacher sa vulnérabilité affective qui lui permet de se comporter avec courage, volonté et énergie dans des domaines concrets et pratiques où ses émotions ne sont pas mises en jeu. Tempérament entier, égoïste ainsi qu'une tendance à défendre ses acquis et sa position personnelle avant d'envisager celle d'autrui ou les grands desseins idéalistes, ceci étant dissimulé sous une apparente ouverture, habile mais peu chaleureuse… Mode relationnel très séducteur, manque de générosité, écoute les autres superficiellement et tend à vouloir occuper la place dominante dans le groupe. Il faut qu'on l'aime, qu'on l'estime et qu'on la reconnaisse pour qu'elle puisse se rassurer sur son image. De ce fait, elle manipule son entourage avec une certaine adresse, voire une certaine hypocrisie inconsciente. Elle parvient à garder un équilibre grâce aux barrières de protection qu'elle a érigées entre elle et l'extérieur, mais cette volonté de paraître engendre un mal-être intérieur et une insatisfaction générale[1] ».

1. Analyse graphologique de Svetlana Vetrov, réalisée par un cabinet spécialisé.

V

Un nouveau directeur à la DST

Depuis le mois de mai 1981, le commandant Patrick Ferrant assure le contact avec Vladimir Vetrov. Il n'y a donc pas lieu de maintenir Xavier Ameil à Moscou, compte tenu du seul fait, on l'a déjà dit, qu'il ne bénéficie pas de protection diplomatique. En raison du rôle qu'il a joué et des risques potentiels encourus, son rappel est évoqué dès le mois de juin. Raymond Nart a pris le soin, par courtoisie et à toutes fins utiles, d'informer Jean-Pierre Bouyssonnie, le PDG de Thomson-CSF, de la collaboration avec la DST de son représentant à Moscou sans autre détail. Il doit le revoir le 29 janvier 1982 pour le tenir au courant toujours *a minima*. C'est un homme affable, et fort sympathique, il a parfaitement compris et ne pose pas de questions. Au mois de juin, la mise en œuvre de la décision prise à la DST se heurte en réalité à deux difficultés découlant l'une de l'autre. D'abord la situation administrative de Xavier Ameil vis-à-vis de son employeur. Thomson-CSF dit « pas de problème pour le faire rentrer, mais il faut que cela vienne de lui ». Sous-entendu, il faut qu'il démissionne. L'intéressé n'est évidemment pas d'accord. Il est à moins d'un an de sa retraite, un retour anticipé dans de telles conditions lui occasionnerait une sévère perte financière. Il n'en est pas question, d'autant, dit-il, qu'il n'est pas surveillé par le KGB. Il ne veut pas rentrer.

La situation changera de nature à partir du 22 septembre 1982 suite à la visite de Dan Vogel qui, on s'en souvient, informe la DST du crime d'un officier du KGB, identifié sans contestation possible à Vladimir Vetrov. En octobre 1982, il n'est plus question d'attendre les événements, le temps presse. Faute de pouvoir accéder dans l'urgence au PDG en voyage à l'étranger, Raymond Nart, grâce à l'aide de Jacques Prévost, rencontre au siège, 23 avenue de Courcelles, le 22 octobre 1982 à 9 heures, Philippe Giscard d'Estaing, directeur des affaires internationales, avec qui le problème financier de Xavier Ameil sera réglé avant 11 heures, en quelques coups de fil. Thomson-CSF paiera et Xavier Ameil rentrera avec son épouse à Paris le 29 octobre 1982 à 18 heures par vol AF 721. Le 5 novembre, Raymond Nart soulagé retrouve Jacques Prévost et Xavier Ameil à 12 h 30 chez *Lamazère*, rue de Ponthieu.

La veille, le 4 novembre 1982, après sept années passées à la tête de la DST, Marcel Chalet a quitté ses fonctions, atteint par la limite d'âge. Il avait fait ses adieux quelques jours auparavant, lors d'une réception au Cercle militaire, place Saint-Augustin, en l'absence de tout représentant du ministre Gaston Defferre, de Maurice Grimaud, et pour compléter le tout du nouveau directeur général de la police le préfet Paul Cousseran[1]. Il y avait à cette réception une foule incroyable, peut-être huit cents personnes. Une véritable manif. Cette carence des politiques ne passa pas inaperçue du personnel. C'était véritablement une page qui se tournait. Personne ne connaissait alors le nom de son remplaçant.

La phase opérationnelle à Moscou de l'affaire Farewell est malheureusement terminée quant à Vladimir Vetrov. Xavier Ameil et son épouse rentrés, ne reste plus à Moscou que la famille Ferrant qui bénéficie dans sa totalité de l'immunité diplomatique, mais pose tout autant de problèmes. Accident, provocation par exemple, toujours possible avec un KGB vengeur.

1. Nommé directeur général de la police nationale, le 25 octobre 1982.

Cependant, il est entendu que son retour sera géré en concertation avec le général Lacaze. À l'exception des services américains, aucun autre, absolument aucun, n'a à cette date été informé. L'exploitation des documents est largement avancée avec le concours des ingénieurs de l'armement Orszag et Séméria. À ce stade, on constate côté français qu'il y a une trentaine de personnes au courant de l'affaire Farewell de manière plus ou moins approfondie[1]. C'est déjà beaucoup ! Côté américain, très probablement beaucoup plus, et la plupart non répertoriées.

Le nom du successeur de Marcel Chalet finit par être connu vers la mi-novembre. D'une distinction, d'une discrétion, d'une prudence toutes diplomatiques, Marcel Chalet n'avait rien du policier qu'il avait été pourtant toute sa vie. Il fallait être très proche pour plaisanter avec lui. Raymond Nart se souvient d'une crise de fou-rire partagé à l'aéroport Kennedy. Ils en parlaient encore longtemps après, entre eux. C'était exceptionnel. Son successeur sera Yves Bonnet, on n'est pas sur le même registre. C'est peu de dire que le nouveau directeur est dynamique, il ose tout, et n'a peur de rien. Le préfet Yves Bonnet, en effet, vient de Mayotte où il a fait un passage éclair, dix mois. C'est un homme jeune, pressé, d'un commerce agréable, plein d'esprit, d'un humour qu'il pousse même parfois jusqu'à susciter la franche rigolade. Il est moqueur, il a un répertoire invraisemblable de petites plaisanteries dont il émaille sa conversation pour détendre l'atmosphère, autrement dit, ce n'est pas un triste. Il est tenace, actif, conscient de ses qualités et de ses atouts, auda-

1. (Dans l'ordre) Élysée : président Mitterrand, Bérégovoy, général Saunier, Attali, Ménage ; Intérieur : Defferre, Grimaud ; AE : Cheysson, de La Boulaye ; Défense : général Lacaze, amiral Bétermier, amiral Lefebvre, commandant Ferrant et Mme ; DST : Chalet, Parent, Lacarrière, Nart, Debain, Bagate, Radon, Rouault, Lozach ; Thomson-CSF : Bouyssonnie, Philippe Giscard'Estaing, Prévost et Mme, Ameil et Mme ; SGDN : général Renther, Orszag, Séméria.

cieux à la limite de la témérité dans ses méthodes autant qu'il l'est dans ses conclusions catégoriques. C'est un préfet parfaitement discipliné vis-à-vis du pouvoir, c'est bien le moins que l'on attende d'un préfet, mais Yves Bonnet n'est pas homme à avoir en permanence le doigt sur la couture du pantalon. Il n'est pas à proprement parler « aux ordres », sinon à ceux de la République. C'est un chef de combat!

À peine installé depuis deux ou trois jours dans l'historique bureau de la rue des Saussaies, à peine a-t-il eu le temps de faire connaissance avec l'état-major, les quatre sous-directeurs et le directeur de cabinet, qu'il téléphone un matin à Raymond Nart. Ils ne se connaissent pas, ce dernier n'a pas encore atteint les échelons sommitaux de la DST et ne fait pas encore partie de l'état-major. Naturellement, Yves Bonnet souhaite évoquer, sans délai, l'affaire importante signalée par Marcel Chalet lors de leur brève passation de consignes. Sous prétexte que la sous-direction du contre-espionnage est établie rue d'Argenson et que toute la documentation relative à cette affaire est intransportable, enfermée à double tour dans un coffre, Raymond Nart réussit à faire venir Yves Bonnet dans son bureau, en se référant au précédent du général Jean Saulnier. La curiosité aidant, le nouveau directeur s'y prête de bonne grâce. C'est ainsi qu'ils font connaissance. Y. Bonnet est ainsi mis de plain-pied au cœur d'une fantastique opération d'espionnage. Il a immédiatement accroché. Il reste toute la matinée. La surprise vient cependant de sa première question qui ne présente d'ailleurs aucun intérêt à son niveau : « Comment s'appelle-t-il ? » Interloqué, Nart hésite, il ne peut pas ne pas répondre. Lui vient alors l'idée de dire un nom approchant : « Petrov ». En bon méridional, il a appris dès l'école maternelle que « toutes les lettres sont faites pour être prononcées ». Sauf pour le coup, la première! Raymond Nart s'attendait à ce qu'un jour le lapsus volontaire de sa part soit d'une manière ou d'une autre relevé. Ce n'est jamais venu. Peut-être Yves Bonnet a-t-il compris qu'il avait alors bravé un interdit ? Il n'y avait là ni snobisme, ni cachotterie, mais le directeur ne doit pas tout savoir, ce n'est pas nécessaire, pas plus qu'un ministre d'ailleurs. Chacun à son niveau !

VI

Le testament non écrit de Marcel Chalet

Il est vrai que Marcel Chalet n'a jamais laissé au moment de son départ de consignes particulières sur l'affaire Farewell, ni à ce que l'on sache à son successeur, le préfet Yves Bonnet ni non plus à ses proches collaborateurs responsables de l'affaire. Il est sûr aussi qu'il a quitté la DST avec regret, quelque peu frustré de ne pouvoir développer, comme il l'aurait souhaité, la séquence « riposte » aux agressions soviétiques mises en lumière par les révélations de Vladimir Vetrov. Ce n'est un secret pour personne que Gaston Defferre – en faisant nommer Marcel Chalet inspecteur général de l'administration, alors qu'il était atteint par la limite d'âge dans les emplois de directeur des services de police actifs – a tenté de repousser l'échéance de son départ fixé à novembre 1982. Malgré l'appui d'André Rousselet, la démarche n'a pas eu de suite, François Mitterrand ayant dit qu'il choisirait personnellement les hauts responsables de la police. Il a ainsi fait son choix en toute connaissance de cause, puisqu'il était informé de l'affaire Farewell.

Marcel Chalet, après trente-cinq années à la DST dont sept en tant que directeur, laisse une forte empreinte sur le service. C'était un grand chef, prudent, discret, secret. Autre caractéristique de l'homme, il n'avait pas de surnom. Chacun l'appelait Marcel. Ses contempteurs l'ont présenté sans nuances comme proche des services britanniques ou américains. C'était vrai, mais d'un certain point de vue seulement. Comme son ami de la CIA, James Angleton, il était terriblement méfiant avec ses interlocuteurs étrangers quels qu'ils soient. À de nombreuses reprises, il lui est arrivé de reprendre ses collaborateurs et de rappeler les règles. Avec lui, tout ce qui était donné, toutes les « fournitures » étaient contrôlées. De même, ce qu'il y avait lieu de dire ou de ne pas dire. Les échanges étaient équilibrés. Un jour s'adressant à Raymond Nart, il s'exprima ainsi : « Raymond, méfiez-vous. Souvenez-vous de Kim Philby. Il n'y a pas de raison qu'on n'en détecte pas d'autres outre-Manche et même outre-Atlantique ! » [*sic*]

C'est au mois de mars 1982, Marcel Chalet et Raymond Nart sont cornaqués à Washington par un officier du FBI, un Italo-Américain Rinaldo Campana, style Chicago années 1930, brun, gominé, énorme bague, montre en or tout aussi énorme. Marcel Chalet l'a connu dans le passé et c'est pour cette raison que le FBI l'a désigné. Au volant de son impressionnante Studebaker privée, notre accompagnateur, sans que personne ne lui demande rien, se met à nous raconter sa vie : il ne se plaît pas au FBI, affecté dans un service de permanence, sa carrière n'avance pas, il a besoin d'argent, aussi a-t-il entrepris une activité privée dans l'immobilier et espère-t-il à terme sans trop se fatiguer, gagner plus que son chef, O'Malley[1] qui lui travaille beaucoup… Marcel Chalet est stupéfait : « Vous voyez Raymond, celui-là, il est bon à recruter… puis, vous verrez, il y aura un jour une grosse affaire au FBI », dit-il en aparté, peu après ces ahurissants propos.

Au-delà de ce cas particulier, il faut retenir que la CIA et le FBI sont des machines d'autant plus vulnérables aux services adverses que précisément elles sont immenses par leur taille et, sous certains aspects, tentaculaires. Il n'y a pas ce « contrôle social » qui permet de détecter la déviance. Dans le monde anglo-

1. Chef du contre-espionnage.

saxon, on n'est en rien concerné par le comportement des autres. Les gens ne se connaissent pas, les rapports sont impersonnels. « La méfiance est mère de la sûreté[1]. » Tel est le message.

Pour ce qui est de la riposte, comme tous ceux qui géraient de près, au jour le jour, le dossier Farewell, Marcel Chalet, au moment de son départ en novembre 1982, avait la conviction et l'avait exprimée que le KGB savait déjà tout et qu'en raison notamment de l'implication de sa maîtresse, coauteur ou complice de son activité au profit de la DST, le 5e directorat K n'en était plus à laisser exclusivement incriminer son officier par la police dans une affaire de droit commun. Ainsi soupçonné et tôt ou tard convaincu du crime d'État de trahison, Vetrov en viendrait pour son malheur à subir la rigueur de la loi soviétique. Personnalité extérieure à la DST, le général Saulnier partage le même point de vue, bien avant l'expulsion des quarante-sept. Consulté le 4 mars 1983, il dira : « Je suis très sceptique sur le fait que les Soviétiques ignorent tout ; ils se doutent de quelque chose, et d'une trahison ; mais ils n'ont certainement pas mesuré l'ampleur des dégâts[2]. »

L'idée de proposer au pouvoir politique l'expulsion de diplomates en rétorsion aux atteintes et agressions de toute nature auxquelles ils se livraient sur notre territoire était depuis des années dans les esprits des responsables du contre-espionnage. Marcel Chalet comme d'autres avait assisté à l'augmentation des personnels de la représentation de l'URSS devenue pléthorique et d'autant moins contrôlable que les effectifs de la DST restaient, selon les périodes, au mieux stationnaires ou même diminuaient en fonction de la prise en compte de missions nouvelles

1. Jean de La Fontaine, *Le chat et le vieux rat.*
2. Cité par Gilles Ménage, dans *L'œil du pouvoir. Tome 1 : Les affaires de l'État*, Fayard, 1999, p. 343.

plus pressantes et non des moindres, comme la lutte antiterroriste. L'affaire Farewell fournit le prétexte d'une prise de conscience politique. Autant que l'on sache, ce projet a été évoqué dans son principe avec Gaston Defferre. Marcel Chalet était partisan de l'assortir d'un numerus clausus. Il était tout à fait conscient du fait qu'une expulsion significative aurait nécessairement un écho médiatique difficile à canaliser. En revanche, lui qui avait proposé au président de la République d'informer en priorité les Américains était résolument contre la communication trop précipitée à d'autres pays des éléments Farewell. Il fréquentait volontiers les enceintes internationales, Comité spécial de l'OTAN, Club de Berne, TREVI[1], où il savait briller, mais en bon Auvergnat il n'aimait pas partager, en particulier ses secrets. Au multilatéral, en l'espèce, il aurait privilégié le bilatéral et le plus tard possible.

1. Organisations regroupant les différents services de sécurité européens.

5e Partie

L'EXPLOSION DES RELATIONS FRANCO-SOVIÉTIQUES ?

I

« Ne pas se faire à la DST les gardiens des secrets du KGB ! »

Par cette formulation imagée, Jacky Debain pose tout le problème de l'exploitation du « fonds Farewell ». Les documents transmis sont d'une richesse inégalée jusqu'alors, dans les domaines stratégiques, militaires, industriels et de contre-espionnage. Compte tenu des risques considérables voire insensés pris par Vetrov et des Français qui ont bien voulu se mettre avec un grand courage à la disposition de la DST et prendre une part active à cette opération, le stockage dans un coffre rue d'Argenson de cette masse de documents d'une valeur technique et politique inestimable ne peut être une fin en soi. Cela n'aurait pas de sens. Il y a là un dilemme classique toujours difficile à trancher. Il ne faut être ni trop prudent ni trop téméraire. L'exploitation ne doit pas être prématurée, la diffusion doit être rigoureusement calibrée en fonction des destinataires : les services de renseignement amis. La préservation de la source étant posée comme une absolue nécessité, un impératif catégorique.

Fin 1982-début 1983, Yves Bonnet prend ses marques à la DST, il est accueilli dans le meilleur esprit. Pendant ce temps, « l'équipe Farewell » poursuit avec discrétion et méthode, aidée par les ingénieurs de l'armement Orszag et Séméria, l'exploitation des 2997 documents transmis par Vladimir Vetrov. Cependant, le 13 janvier 1983 a lieu à Paris une bien bizarre séance de travail avec les Américains : côté CIA, deux officiers du contre-espionnage dont Dan Vogel (venu sans Jimmy Flechter), côté FBI deux officiers dont Gossens. La délégation, et c'est un signe, est conduite par John Seidel, chef de poste CIA à Paris qui ne devait pas intervenir au cours de la phase opérationnelle. Il apparaît ainsi pour la première fois dans l'affaire. On saura dès lors par eux qu'il est maintenant certain que l'activité occulte de Vladimir Vetrov a été découverte. Ce n'est pas tout à fait une révélation. Des bruits de couloir au KGB font état, disent-ils, du fait que sa maîtresse lui aurait fait du chantage au mariage et qu'il y avait tout lieu de croire qu'elle avait dénoncé son activité après la tentative de meurtre dont elle a fait l'objet. Malgré ces bruits de couloir, ils ne croient pas du tout au chantage au mariage. Un contre-feu à usage interne, disent-ils. Toujours des « bruits de couloir » ! Il semble bien que ce soit une clause de style des amis américains pour ne pas dire un agent ou une source. Mais ils prennent tellement de précautions que ceci en devient suspect. Comme quand on annonce la mort accidentelle de quelqu'un à l'un de ses proches. Quoi qu'il en soit, chacun s'accorde à dire que c'est la fin de la partie. L'affaire est à l'eau ! Scénario qui en gros a été anticipé par Raymond Nart et Jacky Debain : un conflit avec Ludmilla Otchkina, à cet élément près, qui n'est pas un détail, mais le nœud de l'affaire, qu'elle aurait fait du chantage. Le matériel de développement des microfilms toujours entreposé à la base « Botrox » sera restitué le 19 janvier, à la demande insistante des Américains.

Un autre événement viendra peser de manière indirecte mais fortement sur les décisions politiques qui seront prises à la fin du premier trimestre 1983. En janvier, une équipe de sécurité (détecteurs de micros) de la DGSE, au cours d'une inspection de routine, découvrira que les téléscripteurs chiffrés de l'ambassade de France à Moscou ont été piégés depuis leur installation en 1976. Il s'agissait du dispositif de chiffrement « Myosotis », on s'en souvient, mis au point en son temps par Xavier Ameil. La compromission par le KGB de l'ensemble de la correspondance diplomatique depuis 1976 constitue une catastrophe majeure qui, comme c'est souvent le cas dans notre pays, est volontairement passée sous silence. Colère froide du chef de l'État, et quelques lignes à peine dans la presse hebdomadaire. Raymond Nart et Jacky Debain sont scandalisés. Il ne leur serait pas venu à l'esprit de passer, de quelque manière que ce soit, par le Quai d'Orsay pour traiter à Moscou Vladimir Vetrov, même si Marcel Chalet y avait songé, l'espace d'un instant. Xavier Ameil, on s'en souvient, pris de court, avait fait passer une première enveloppe par la valise diplomatique. L'équipe en éprouve des frayeurs rétrospectives et se félicite d'avoir utilisé la voie militaire. Cette affaire sera relatée avec quelques détails en 1992, lorsque Vassili Mitrokhine, transfuge atypique du KGB, se réfugiera en Grande-Bretagne. C'est un officier archiviste, en quelque sorte une version KGB du service des affaires classées de Roy Wickers. Quand un dossier lui passe entre les mains, Mitrokhine en rédige un résumé d'une fine écriture sur du papier pelure. Il conditionne ainsi dans des bocaux à cornichons une quantité incroyable de ses résumés, le tout dissimulé dans une baraque à outils au fond du lopin de terre jouxtant sa datcha. Il apportera aux Britanniques de quoi élucider de nombreuses affaires passées, certaines concernant la France. Il expliquera comment la pose des micros sur le nouveau Télex de l'ambassade de France en 1976 a été facilitée par la trahison d'un chiffreur du Quai d'Orsay qui travaillait pour les Soviétiques depuis… 1945 ! D'autre part, sans la moindre protestation côté français, la nouvelle machine a été retenue en douane plus de deux semaines, délai largement suffisant pour que les techniciens du KGB piègent ce nouveau matériel pourtant réputé plus sûr que le précédent ! Le responsable de cette opération au KGB, Igor Maslov, fut peu après nommé directeur de la 6e Direction principale chargée des écoutes et des interceptions. L'ordre de Lénine lui fut également attribué. Ainsi pendant six ou sept ans, le KGB a contrôlé tout le trafic diplomatique entre l'ambassade de France à Moscou et Paris.

Le 7 mars 1983, après avoir sollicité une audience par l'intermédiaire de Gilles Ménage, directeur adjoint du cabinet présidentiel, Yves Bonnet est reçu par François Mitterrand pour tirer des conclusions au moins provisoires de l'ensemble de l'affaire Farewell. Cette audience décisive est préparée, elle aussi, avec le plus grand soin. Une série de réunions de travail sont organisées par le directeur en direct avec Raymond Nart et Jacky Debain. L'idée d'une « expulsion significative » a fait son chemin, le général Saulnier à qui elle est présentée de manière informelle, dès l'automne 1981, n'y paraît pas opposé ; on saura que, par la suite, il formulera une opinion plus nuancée. Il revient à Yves Bonnet le mérite d'avoir assuré au niveau politique la promotion d'un plan cohérent visant à démanteler le dispositif soviétique de pillage des pays occidentaux. Pas moins que ses collaborateurs il n'était disposé à conserver plus qu'il ne fallait, à la DST, un « fonds d'archives du KGB » estampillé Farewell sur lequel serait de surcroît apposé, comble de la bureaucratie, la mention « Secret Défense ». Jacky Debain a le sens du propos juste, c'est donc à lui que revient la formule « Ne pas se faire à la DST les gardiens des secrets du KGB ! ». Tout un programme ! Il s'agit, c'est bien la moindre des choses, de tirer de l'affaire un certain nombre de leçons, d'envoyer aux Soviétiques un signal fort, d'édifier les autorités françaises et étrangères, et pourquoi pas, le moment venu, l'opinion publique. Le tout est d'intégrer ce vaste programme dans un calendrier séquencé par l'autorité politique. Ce n'est pas à la DST de décider, son rôle est simplement de proposer.

Le dossier en préparation prend en compte tous les éléments. Le sombre pressentiment en ce qui concerne Vladimir Vetrov s'est transformé en certitude. Vladimir Vetrov a été découvert et sa situation est irrémédiable, quoi qu'on puisse faire ou ne pas faire. La CIA pourra, en effet, être de plus en plus catégorique au fur et à mesure que le temps passe en ne se fondant pas, semble-t il, que sur des bruits de couloir jusqu'à l'automne 1983. Cette période est cruciale. À l'exception notable des déclarations d'un transfuge, la DST dès lors ne saura plus rien. Le cas de la famille Ferrant sera traité en concertation avec le général Lacaze. Le dossier qui sera présenté au président s'articule donc autour d'une expulsion suivie étape par étape de l'information des principaux services étrangers, puis des autorités ministérielles françaises. Le président a déjà été informé, on doit le supposer, par le général Saulnier de manière détaillée pendant l'été 1982. Évidemment, la situation a quelque peu évolué. On saura gré à cet officier général de ne pas s'être laissé embarquer comme beaucoup d'autres dans la fable qui consistait à croire et à faire croire qu'après le crime du périphérique, les activités de Vetrov au profit de la France n'avaient pas été découvertes. Raymond Nart s'est rendu à Washington du 5 au 12 mars. Avant l'expulsion, coup de sécurité! Malgré les efforts de la CIA, on ne savait plus rien de Vladimir Vetrov. Jimmy Flechter et Dan Vogel étaient sur la même ligne que précédemment : Vetrov a été découvert. Ils se sont montrés très pessimistes quant à son sort. Raymond Nart apprendra à son retour par Yves Bonnet que le président de la République a donné son accord pour une « expulsion d'un nombre significatif de diplomates soviétiques ».

II

Le gouvernement enfin informé

Après l'expulsion des quarante-sept, la stratégie d'Yves Bonnet avec l'approbation du président de la République consiste, au cas par cas, à faire directement une information ciblée à chacun des ministres dont le domaine est concerné par l'espionnage soviétique. C'est même le président qui en quelque sorte établit les priorités. Accompagné de son directeur adjoint Michel Olas, Yves Bonnet se rend auprès d'eux, en commençant par Charles Hernu. Le ministre de la Défense n'a pas encore été mis au courant, alors que la hiérarchie militaire a joué un rôle clé dans la phase opérationnelle. On ne sait pas comment cette difficulté qui n'était pas un détail a pu être réglée. Habileté de François Mitterrand ? Sans aucun doute. Charles Hernu et Yves Bonnet deviennent néanmoins les meilleurs amis du monde. Ce qui est très surprenant quand on sait qu'Hernu n'avait plus voulu voir Pierre Marion à partir du moment où il l'avait fait nommer directeur de la DGSE. Hernu et Bonnet se rencontreront par la suite toutes les semaines. À la différence des autres ministres Laurent Fabius, Jacques Delors, Édith Cresson qui reçoivent si l'on peut dire à loisir le directeur de la DST dans leurs bureaux, Claude Cheysson, lui, se rendra à la DST. Il s'y précipite dès 9 h 30 le mardi 19 avril 1983 peu après l'expulsion. Il est reçu dans la salle d'apparat de l'immeuble rue d'Argenson avec tous les égards.

C'est bien, en effet, un événement qu'un chef de la diplomatie française se rende au ministère de l'Intérieur, qui plus est à la

DST. Pour le coup, c'est une première. Le ministre des Relations extérieures était déjà informé au moins dans les grandes lignes, ayant assisté à la rencontre Reagan-Mitterrand lors du G7 d'Ottawa le 19 juillet 1981. Il veut manifestement en savoir plus sur l'affaire Farewell, mais aussi, à l'évidence, exprimer son avis sur la stratégie suivie par la DST dans sa riposte à l'espionnage soviétique qui comporte un aspect international. Après l'exposé très travaillé d'Yves Bonnet, il laisse percevoir un certain scepticisme sinon de la mauvaise humeur, pose de nombreuses questions sur des points de détail. Il ergote et donne curieusement le sentiment qu'à ses yeux, l'expulsion en tant que mesure globale n'est pas justifiée. Il ne voit pas dans quelle logique elle s'inscrit compte tenu du « faible niveau de confidentialité », dit-il, des informations acquises en France par le système de la VPK. Il questionne sur le rôle des Américains. Il n'est pas opposé au principe de l'expulsion, mais en désapprouve les modalités, ainsi que la précipitation dans laquelle elle s'est déroulée. Il déplore en outre la publicité faite. Les participants à cette réunion « historique » et inédite, en particulier Raymond Nart et Jacky Debain, n'ont pas besoin de décrypter du langage diplomatique. Tout est clair. Ils retiennent que le ministre des Relations extérieures, qui ne mâche pas ses mots, n'était pas sur la même ligne que la DST. Ils retiennent surtout en extrapolant à peine qu'en piétinant les relations bilatérales de la France avec l'URSS, la DST ne s'est pas fait un ami de Claude Cheysson.

Pour clôturer la tournée des ministres, le directeur de la DST, entouré de quelques-uns de ses collaborateurs, présente au président de la République le dernier bilan de l'affaire Farewell avec les mesures de contre-ingérence qu'il y a lieu de prendre pour mettre un terme à l'espionnage soviétique. La réunion a lieu en milieu d'après midi, le 13 juillet 1983 dans un salon de l'Élysée en rez-de-jardin. À un jour près, deux années se sont écoulées depuis l'audience initiale accordée à Marcel Chalet. Il fait très chaud. Le président arrive en retard, il donne l'impression d'être accablé de fatigue. Il est entouré de cinq ministres : Gaston Defferre, Claude Cheysson, Jacques Delors, Jean-Pierre Chevènement, Laurent Fabius. Sont également présents Michel Delebarre qui représente le Premier ministre et Gilles Ménage. Charles Hernu n'est pas là[1]. L'auditoire est d'autant plus attentif que même ceux qui connaissent l'affaire trouvent dans l'exposé de Raymond Nart et Jacky Debain davantage qu'une simple mise à jour des enquêtes en cours au plan du contre-espionnage, des propositions concrètes secteur par secteur pour faire face aux agressions soviétiques. Le ministre le plus dissipé, celui de l'Industrie, risquera un jeu de mots facile à propos d'une entreprise d'import-export dirigée par des frères jumeaux qui commercent avec une centrale d'achat soviétique : « Ce sont des agents doubles ! » Claude Cheysson, le visage fermé, ne dit mot. Le président, lui, écoute, l'exposé durera exactement une heure, il conclura sur ces paroles : « Vous avez eu la main un peu lourde pour l'expulsion… ne me mettez pas la France à feu et à sang ! » Il n'en a jamais été question. Le lendemain, jour de la fête nationale, le président remettait en petit comité, pour des raisons de discrétion, les insignes d'officier de la Légion d'honneur à Xavier Ameil et ceux de chevalier à Jacques Prévost. Les ministres informés, c'est le tour des grandes administrations en commençant par le Quai d'Orsay, puis la DGSE. Le vendredi 7 octobre 1983, une forte délégation de huit officiers du contre-espionnage se rend rue d'Argenson. Tout se passe bien. Peu de questions, ils sont manifestement en service commandé.

1. Côté DST, outre Yves Bonnet, étaient présents Michel Lacarrière, Gérard Noblet, et donc Raymond Nart et Jacky Debain.

III

Bilan des fournitures après analyse

D'une qualité inégalée, l'importante documentation recueillie a fait l'objet d'une première synthèse d'ensemble pendant l'été 1981. Deux notes générales en date du 21 septembre 1981 ont été diffusées. L'une adressée au CEMA, le général Lacaze, et l'autre au général Saulnier à l'Élysée.

Une analyse plus approfondie des documents Farewell (différents rapports d'étape du SGDN octobre 1982, janvier et mars 1983) met en évidence l'objectif fondamental des Soviétiques qui considèrent l'espionnage comme le moyen le plus rapide pour rattraper leur retard technologique. On savait depuis longtemps que les Occidentaux, par les crédits consentis aux Soviétiques dans le cadre des échanges commerciaux, subventionnaient en fait leur système de puissance et, de manière directe ou indirecte, contribuaient au renforcement de leur complexe militaro-indutriel, si bien que l'on avait coutume de dire que « les Occidentaux finançaient un double budget militaire : le leur et celui de leurs adversaires ». On en a ici la preuve éclatante.

Instrument de cette politique, le système de la VPK, avec la planification de la collecte du renseignement et la désignation des principales cibles technologiques militaires et industrielles occidentales. Sont notamment identifiés 215 officiers de la ligne X (renseignement scientifique, technique et technologique) du KGB qui participent, à partir des résidences dans nos pays, à l'animation des réseaux d'agents infiltrés dans les laboratoires, centres de recherche, entreprises civiles et militaires. À l'échelon central, le directorat T avec des effectifs équivalents traite les renseignements recueillis pour les orienter vers les utilisateurs.

Cette analyse conduit à une révision fondamentale des connaissances antérieures. L'architecture et le mécanisme du pillage sont ainsi organisés. Au centre du dispositif, la VPK qui couvre un large spectre et se compose de douze ministères[1] dont neuf sont liés à l'industrie de guerre, les trois autres étant des ministères civils ayant un rapport indirect avec l'industrie militaire, les ministères de l'électrotechnique, de la chimie et de la pétrochimie. L'ensemble constitue ce que l'on appelle « le complexe militaro-industriel ». La VPK fixe les programmes de recherche avec les budgets correspondants.

D'autre part, organisme superviseur, le GKNT (Comité d'État pour la science et la technique) est essentiellement chargé de contrôler l'exécution des programmes fixés par le gouvernement en matière de sciences, de techniques et de technologies.

Le recueil du renseignement à l'étranger est opéré de manière ouverte et/ou clandestine par ce que les Soviétiques appellent « les départements acquéreurs ». Ils sont désignés par des numéros : département n° 1, le KGB ; n° 2, le GRU (renseignement militaire, recherche clandestine) ; n° 3, le GKNT ; n° 4, l'Académie des sciences ; n° 5, le ministère du Commerce extérieur (recherche ouverte).

Une étroite coopération a été instaurée entre l'URSS et les pays du pacte de Varsovie. Chacun, avec sa spécialité, participe du système, par exemple l'Allemagne de l'Est, pour les composants électroniques ; la Bulgarie, pour les périphériques, etc.

La mise en lumière du projet soviétique de « guerre des étoiles » constitue une véritable révélation d'importance capi-

1. L'aéronautique, les constructions navales, les armements classiques, les armements modernes, le nucléaire, l'électronique, l'espace, les transmissions, la radio.

tale sur le plan stratégique. Ainsi, le programme « Energya » lié au programme « Astrophysique ». Le premier est relatif au vecteur, la superfusée *Energya*, destinée à mettre sur orbite l'armement spatial du programme « Astrophysique », notamment des lasers. La navette spatiale *Bourane* (équipée de composants électroniques provenant de la RDA) apparaît comme un sous-programme des deux précédents. On souligne aussi que l'exécution de ce projet ambitieux et extrêmement dangereux se heurte à de graves difficultés de financement. Sa poursuite n'est pas compatible avec l'entretien de l'appareil militaire conventionnel. C'était comme si dans une partie de poker, on avait connaissance des cartes maîtresses de l'adversaire. L'existence de ce programme de « guerre des étoiles » sera confirmée par Mikhaïl Gorbatchev lui-même à Hubert Védrine.

L'industrie militaire française se trouve elle-même affectée. Il est fait état de la compromission de la technologie du « mirvage » de la tête du missile M4 équipant nos sous-marins nucléaires. Ont également été compromis le procédé d'isolation thermique cryogénique du compartiment à combustion de la fusée *Ariane* ; le sonar TSM-2316 à tubes à ondes progressives ; le système VIZIR de visualisation photo enregistreur laser ; le canon de 100 mm pour navire. Entre autres…

En ce qui concerne les États-Unis, la situation paraît beaucoup plus préoccupante, car les Soviétiques ont réussi à percer les secrets de certains de leurs systèmes de défense et de leur recherche militaire. Projets en matière de « systèmes de défense antimissiles avancés » ; développement du matériel radioélectrique dans la gamme des ondes millimétriques ; technologie V.MOS (circuits intégrés) ; moteurs à hélice PROP-FAN pour missiles de croisière ; système de contrôle de tir de pointe FLEXAR ; le radar AN/APG 65 d'Hughes livré à l'US Air Force en 1982, qui équipe dès 1985 les avions de chasse soviétiques de type MIG 29, les SU27 et les YAK 41, avec pour clore une liste non limitative des éléments précis et plan à l'appui du bombardier B1, l'avion furtif. À 70 %, ce qui est énorme, les renseignements obtenus par les Soviétiques concernent les États-Unis.

L'information la plus utile et directement exploitable est constituée par « les plans de recherche », en réalité des listes d'achats de matériels concernant des radars, des ordinateurs, des machines-outils, des semi-conducteurs... ainsi que les prévisions d'achat pour les années futures. Il s'agissait de documents particulièrement volumineux. Le matériel était désigné ainsi que la firme occidentale qui le fabriquait.

On trouve de même dans les documents Farewell des éléments, qui s'avéreront très précieux, de l'architecture informatique de la VPK.

D'un point de vue de contre-espionnage est également recensée l'activité de 70 agents dans 16 pays occidentaux.

Lorsque Yves Bonnet et Michel Lacarrière, alors directeur de son cabinet, se rendront à Langley au mois d'avril 1985, ils en reviendront avec un bilan très complet des travaux réalisés par les experts de la CIA. À Michel Lacarrière reviendra la tâche de restituer les grandes lignes de l'analyse américaine très technique qui recoupera et complétera largement sur quelques points celle concomitante du SGDN. À cet instant, il possède la science, c'est lui qui en savait le plus sur les apports de Vetrov, ce qui lui permettra de jongler magistralement avec les chiffres, les courbes et autres schémas colorés.

Le rapport final de l'ingénieur général de l'armement Orszag et de l'ingénieur en chef Séméria est remis le 1er juillet 1985.

Le lendemain, le 2 juillet 1985, venu spécialement à Paris, le vice-président George Bush obtient de François Mitterrand l'aval pour la publication, à l'automne 1985, du fameux « livre blanc » de la CIA « sur les acquisitions soviétiques de technologies militaires occidentales significatives », abondamment nourri du dossier Farewell[1], sans que cela soit précisé. Il est tiré à 50 000 exemplaires.

De son côté, la DST édite à partir de l'ensemble de ces travaux d'experts une série de supports documentaires ouverts didactiques, destinés à la sensibilisation et à l'édification de quelques publics avertis, qui par la suite seront vulgarisés. On doit évoquer ici le rôle d'une figure de la DST, le général Jean Guyaux[2]. Il fait partie, à cette époque, du groupe des conseillers scientifiques, techniques, diplomatiques, militaires. Scientifique lui aussi, il est très dissemblable des ingénieurs de l'armement Orszag et Séméria, sérieux comme des papes. « Jean Guyaux dit la Baleine », c'est ainsi qu'il se présente. Sa stature seule suffirait à justifier la comparaison. Cette appellation lui vient pourtant d'un théâtre aux armées du temps où, sous-lieutenant en Indochine, il commandait une section d'Africains. À la DST, lorsqu'il arrivait au bureau, il chaussait ses charentaises. Souvent, il lui arrivait d'avoir des problèmes avec ses lunettes. Il en réparait les branches avec un trombone. Docteur en physique des plasmas, ce général atypique, jovial, est également un poète distingué et un fin théologien. Grâce à lui, chaque matin, le directeur de cabinet Jacky Debain et quelques autres découvraient sur leur bureau la photocopie d'un verset de la Bible ou un résumé de la biographie d'un saint. En sont-ils devenus meilleurs pour autant ? Certaines de ses envolées lyriques sont restées célèbres : « Il en est, disait-il, du contre-espionnage comme du fond des mers. C'est en descendant dans les profondeurs obs-

1. *Soviet Aquisition of Military Significant Western Technology*, septembre 1985.
2. Jean Guyaux (général), *L'espion des sciences. Les arcanes et les arnaques scientifiques du contre-espionnage*, Flammarion, 2002.

cures que l'on découvre véritablement l'extraordinaire bouillonnement de la vie abyssale ! » Par sa position, le général Guyaux a été cependant le premier scientifique à démonter le système de la VPK. Avec les précautions d'usage, le discours de la division de la protection du patrimoine, déjà bien étayé par des observations antérieures, va donc pouvoir s'enrichir des matériaux tirés de l'analyse du « fonds Farewell ».

À l'instigation du préfet Rémy Pautrat, successeur en juillet 1985 d'Yves Bonnet, il sera créé à la DST un comité scientifique et technique, regroupant plusieurs personnalités de haut rang du monde universitaire, de la recherche et de l'industrie. Ce comité réuni périodiquement assure une permanence de l'expertise dans le cadre d'une des missions du service : la protection du patrimoine industriel et commercial dont l'importance a été largement démontrée par le bilan Farewell.

IV

Comment « dégraisser le mammouth » ?

Le « fonds documentaire Farewell » ne contient aucun renseignement relatif à l'implantation ou à l'organisation des services soviétiques en France. Se trouve seulement confirmée l'identification de quelques officiers du KGB de la ligne X, chargés de l'espionnage scientifique, technique et technologique. Rien n'est dit sur les autres secteurs d'activité, ni *a fortiori* sur le GRU.

Les services soviétiques ont toujours été présents et actifs en France. Déjà à l'époque tsariste, Paris était le premier centre étranger de la 3ᵉ section de la gendarmerie impériale. Il s'agissait d'abord de contrôler les opposants en exil, mais pas seulement ; à l'occasion, on se livrait à l'espionnage, surtout dans le domaine diplomatique. On imagine sans peine que « la guerre froide » ne sera pas de nature à restreindre un effort si tôt engagé.

La tenue de l'ODB[1] est la base du travail de contre-espionnage. Travail de bénédictin, il y faut consacrer beaucoup d'efforts, de patience, mais aussi d'intuition. Les services soviétiques évoluent au sein d'un appareil diplomatique pléthorique et disposent ainsi d'un large choix d'affectations et, ce qui est essentiel, de la sécurité que leur procure l'immunité de leurs fonctions dites de « couverture ». KGB et GRU ont chacun leur résidence à l'ambassade. C'est de là que le « résident » dirige les activités d'une part des officiers opérationnels qui traitent les

1. ODB : Ordre de bataille.

agents et d'autre part des techniciens qui servent les stations d'écoute et d'interception installées également au sein même de l'ambassade. En fonction des cibles visées, certains officiers utilisent la couverture des nombreuses sections diplomatiques de l'ambassade, d'autres celle d'implantations extérieures : mission commerciale, consulats, UNESCO et mission militaire pour ce qui est du GRU. Il y a même des niches. La représentation de l'Aeroflot. Qui connaît la Black Sea and Baltic Genéral Insurance Company ? C'est officiellement une compagnie d'assurances. En fait, les locaux de sa représentation parisienne, proches de ceux de la DST, servent de poste de surveillance.

Il faut compter, en arrondissant, une bonne centaine d'officiers opérationnels disposant grâce à leur fonctions officielles d'assez larges facilités de déplacement et de contact. Si l'on y ajoute les personnels techniques et les cooptés – vrais diplomates ou commerciaux utilisés comme auxiliaires – le chiffre dépasse largement les cent cinquante. C'est le triple des effectifs que leur consacre la DST. Enfin, on ne saurait oublier les gros bataillons des services des pays frères du bloc communiste, supérieurs en nombre à ceux du KGB et du GRU réunis. On comprend dès lors la réaction des spécialistes lorsque politiques ou même diplomates, réputés pourtant à l'esprit agile, expliquent sans rire qu'il suffit pour les neutraliser de les surveiller !

Contenir les effectifs de ce vaste appareil est un travail de Sisyphe. Seule arme en principe efficace qui n'est pas entre les mains de la DST mais du Quai d'Orsay : les visas. Il n'y a pas de numerus clausus, mais il est possible de contester, voire de s'opposer à une prise de poste si la règle du remplacement poste pour poste est exagérément outrepassée. Cette mesure sujette à discussion est aléatoire et la décision dépend de tout un contexte, autant dire que les Soviétiques ont souvent gain de cause. Il est courant cependant de refuser l'accès au territoire à un membre des services devenu indésirable dans l'un des pays occidentaux, c'est bien un minimum. On est là dans une gestion administrative.

Il y a plus spectaculaire avec les opérations spécifiques de contre-espionnage qui se traduisent par l'expulsion d'un officier interpellé à l'issue d'un contact clandestin et pris en flagrant délit d'espionnage. Son immunité diplomatique constatée, il sera déclaré *persona non grata* et regagnera son pays sans délai. Cette arme-là est entre les mains de la DST, son grand mérite réside dans son caractère dissuasif ; reste que son efficacité est plus que relative en matière de réduction des effectifs. Bon an, mal an, on comptabilise ainsi deux expulsions. Sur le long terme, cela fait malgré tout quelques dizaines. On n'arrivera pas à « dégraisser le mammouth » ! En réalité, les autorités n'ont jamais voulu ni souhaité créer la moindre difficulté avec les Soviétiques. Elles sont inhibées par eux et de tout temps affolées par le prétendu activisme de la DST. On a peur de les fâcher. Inutile de suggérer une remise à niveau ou d'évoquer la parité avec les effectifs de la représentation française à Moscou, moins de soixante-dix dans les années 1980. « Vous n'avez qu'à les surveiller ! »

V

L'expulsion des quarante-sept

L'expulsion de Grande-Bretagne de cent cinq Soviétiques faisait suite à la défection le 30 août 1971 d'Oleg Lyalin, officier du KGB à Londres, et à ses révélations fracassantes. Elle reste exemplaire pour l'ensemble du contre-espionnage occidental. Cette mesure considérable prise par Sir Douglas Hume, ministre conservateur des Affaires étrangères, a marqué également le monde diplomatique. Les postes libérés par les officiers du KGB et du GRU à Londres devaient en outre être gelés de sorte que les deux résidences se trouvaient démantelées sans espoir de les voir reconstruites dans un avenir proche. Les Soviétiques ont répondu à cette expulsion de masse qu'avec une relative modération : dix-huit officiels britanniques furent renvoyés dans leur pays en représailles. Cette expulsion a un caractère tout à fait exceptionnel, d'autres auront lieu par la suite mais aucune d'importance numérique comparable.

Avec le cas Farewell, la France et la DST se trouvent dans une situation comparable, à cette différence près que les révélations de Vladimir Vetrov en poste à la Centrale du KGB dépassent largement celles du transfuge Oleg Lyalin lié à une résidence. Une expulsion massive est à l'évidence possible, les conditions sont réunies, nul optimisme cependant car la décision politique sera difficile à obtenir. Ce sera tout le mérite du directeur de la DST, Yves Bonnet, qui a su faire partager au président de la République sa vision de l'agressivité des Soviétiques et la gravité des enjeux.

Il a évoqué son long tête-à-tête de proposition avec François Mitterrand[1]. Après avoir montré, documents de la VPK en main, l'ampleur de l'espionnage soviétique en matière de défense, il préconise l'expulsion d'une quarantaine d'officiers du KGB et du GRU. L'objectif est de réduire de façon significative le potentiel des services, permettant au passage un rééquilibrage avec les moyens de la DST, de désorganiser le travail des résidences en perturbant les réseaux d'agents, de sensibiliser l'opinion à la réalité de l'espionnage. Enfin, au-delà de ces considérations techniques, ce pourrait être une mise en garde politique solennelle adressée aux autorités à Moscou, relative au pillage scientifique, technique et technologique par les services, notamment dans le domaine des armements en vue d'une suprématie militaire. Le président Mitterrand autorise l'opération proposée. C'est un acte de souveraineté jusque-là esquivé. Rien ne prouve que cela l'a desservi auprès de Soviétiques enclins à respecter la fermeté.

Si l'expulsion d'une quarantaine d'officiers n'est pas quantitativement suffisante pour démanteler totalement les deux résidences, elle offre néanmoins l'opportunité de saper leur organisation et leur fonctionnement. Pour cela, il faut éviter de se focaliser sur le seul espionnage scientifique et technique et viser l'ensemble du dispositif. Au-delà de la réduction des effectifs et de la neutralisations des opérations en cours, c'est aussi un message qui doit être transmis. Nul doute que les services soviétiques sauront le décrypter. En un mot, la liste des expulsés n'est pas un simple catalogue d'éléments indésirables mais le moyen d'une opération plus ambitieuse. Pour commencer, Jacky Debain qui est à la manœuvre s'intéresse tout naturellement aux officiers participants du système de la VPK, qu'ils soient du KGB ou du GRU.

1. Yves Bonnet, *Contre-espionnage. Mémoires d'un patron de la DST*, Calmann-Lévy, 1999, p. 67 et suiv.

Dans les deux cas, le choix est aisé. Comme on le sait, Vladimir Vetrov a communiqué une liste de deux cent quinze de ses collègues. Peu d'entre eux sont en poste à Paris. Il en a désigné quatre comme des ennemis personnels, en sollicitant leur expulsion. Parmi eux, deux sont déjà identifiés comme appartenant au KGB. Sur les quatre, deux seront épargnés. Les choses se compliquent lorsque l'on aborde l'espionnage politique auquel la résidence du KGB consacre des moyens importants. Plus diffus, évoluant dans des frontières incertaines et bénéficiant d'efficaces complicités, il est souvent de ce fait difficile à neutraliser. L'expulsion vient donc à point pour faire un vaste ménage, et l'on ne doit pas être étonné de voir figurer parmi les expulsés nombre d'officiers opérant dans le domaine politique sous couverture des sections de l'ambassade, mais aussi de l'UNESCO.

Et puis il y a l'agence Tass ! Avec le KGB et la diplomatie, l'agence de presse est un rouage important du système non seulement d'information mais aussi de renseignement soviétique. Sa représentation à Paris double l'ambassade en transmettant directement à Moscou ses propres synthèses. Liée au PCUS[1], elle doit se tenir à l'écart du KGB, auquel en principe elle ne devrait jamais servir de couverture[2]. En somme une agence Tass candide, s'il n'y avait la propagande, plus ou moins légitime, et surtout la désinformation qui l'est beaucoup moins. Cette discipline, vue du côté soviétique, n'a pas le caractère sophistiqué que lui prêtent les théoriciens occidentaux. C'est une tournure d'esprit, un exercice permanent seulement pratiqué dans un pays totalitaire qui a l'autorité nécessaire pour coordonner les actions, choisir les thèmes, mobiliser les canaux pour controu-

1. Parti communiste de l'Union soviétique.

2. À une époque, ce n'était pas le cas. Nikolaï Tchetverikov, ancien résident du KGB à Paris de 1977 à 1983, avait été précédemment représentant de Tass à Bruxelles de 1954 à 1959, puis au Mali et au Niger de 1961 à 1963.

ver une vérité, un fait. Lors d'une conférence des représentants des différents bureaux de l'agence, à Moscou, Mikhaïl Souslov lui-même, l'idéologue du Parti, supervisait les travaux. Alors qu'on évoquait les moyens d'influence dont les journalistes soviétiques disposaient sur leurs collègues occidentaux, l'un des participants a déploré le manque d'argent. Souslov, excédé, s'est alors levé : « C'est faux, dit-il, regardez ce que l'on fait pour même pas un kopek avec un grand quotidien français ! » Le nom du représentant de Tass à Paris a donc été rajouté, sans état d'âme, à la liste des expulsés.

VI

Notification de l'expulsion

Au vu des circonstances, en particulier en l'absence de l'ambassadeur Iouri Vorontsov, François Scheer, secrétaire général du Quai d'Orsay, est chargé de la notification aux autorités soviétiques. Il juge opportun de procéder à cette démarche en convoquant ex abrupto le ministre conseiller Nicolaï Afanassievski. Il est nécessaire dans ces conditions de montrer que la France n'agit pas à la légère, mais au contraire avec de bonnes raisons, preuves à l'appui que l'espionnage soviétique a dépassé les limites. Il n'est pas non plus inutile de laisser planer une menace, dans l'espoir qu'elle sera dissuasive et évitera l'engrenage de vaines représailles croisées. François Scheer est un grand diplomate, au propos élégant, mais qui ne parle pas pour ne rien dire, plutôt austère et ferme et très apprécié dans la carrière. Il n'est pas mécontent de se voir confier cette mission, d'autant qu'il a une petite revanche personnelle à prendre sur le déplaisant Afanassievski. La solution choisie est de frapper fort d'entrée non par des paroles mais par des écrits, et donc la présentation de documents. L'activité des services de renseignement a atteint un tel niveau qu'elle n'est plus supportable, les structures soviétiques de pillage dans les domaines techniques et scientifiques sont connues, de même que la vraie nature de la VPK, organisme coordinateur de l'ensemble. François Scheer produira donc un document de référence : un bilan annuel de la VPK magnifiant les succès de l'espionnage soviétique. Ce document à caractère général est diffusé à l'extérieur du KGB, au Comité central du PCUS et autres dirigeants, en réalité quantité d'apparatchiks. La DST détient en copie trois exemplaires successifs de ce document qui, en vertu de la routine administrative, comporte une présentation identique d'une année sur l'autre, ce qui va permettre de postdater la photocopie de la pièce qui sera présentée à Nicolaï Afanassievski. Ce dernier consultera brièvement le document, moins de quinze secondes, et le restituera avec sur son visage l'expression d'un sentiment de profond dégoût, sans toutefois mettre en doute son authenticité, première indication de l'effet produit. Il s'entendra dire aussitôt que quarante-sept de ses diplomates disposent de huit jours pour quitter le territoire de la République.

VII

Minimiser et mépriser

La réaction de l'ambassade est conforme à celle attendue. L'ambassadeur Vorontsov, revenu à Paris précipitamment, cherche des interlocuteurs au plus haut niveau politique et gouvernemental, tout en battant le rappel de la mouvance soviétophile. Son objectif est évidemment de tester la détermination des autorités françaises pour tenter de faire reporter la mesure. Il fait campagne pour contraindre la DST à imputer des agissements précis à chacun des expulsés. C'est adroit de sa part. Amener la DST à se découvrir et dénaturer une mesure conçue comme préventive et globale. Certains se laisseront prendre à l'argumentation de Vorontsov, parmi lesquels le ministre des Relations extérieures Claude Cheysson. L'ambassadeur est finalement reçu par le Premier ministre Pierre Mauroy qui, sur un ton ferme et massif, lui enlève ses dernières illusions.

Vient alors l'ultime étape : l'UNESCO, couverture quasiment du quart des expulsés, tous bénéficiant d'un statut particulier. Notifier la mesure à son directeur général, Mamadou M'Bow, est une tâche délicate dont s'acquitte à merveille François Scheer. C'est d'autant plus remarquable qu'aucune preuve d'espionnage ne peut être produite dans le contexte de l'UNESCO. M. M'Bow se laisse néanmoins convaincre et ne s'oppose pas à l'expulsion de dix des membres de son organisation. Vieux sage, il n'a sans doute pas voulu s'exposer à un déballage préjudiciable à l'image de l'organisation qu'il dirige.

Les consignes du Quai d'Orsay sont rigoureuses : totale discrétion sur l'opération. C'est à la fois dérisoire et irréaliste. L'alarme est d'ailleurs aussitôt donnée par les Soviétiques qui ne cherchent pas à dissimuler leurs préparatifs. Il faut en toute hâte acheter ce que l'on souhaite ramener à Moscou, prendre congé de collègues plus chanceux, voire de quelques amis français. Du côté de l'ambassade, on médiatise intelligemment le départ. La remise de gerbes de fleurs aux épouses des expulsés est à cet égard une vraie trouvaille. Le retour à la patrie n'est plus qu'une formalité. Peu après le départ, rupture du jeûne médiatique officiel par un communiqué du ministère de l'Intérieur, ce qui situe clairement l'opération dans un contexte de sécurité. Le contenu du communiqué n'est pas celui, beaucoup plus tonique, qu'avait proposé Yves Bonnet. Est-ce déjà le signe avant-coureur de remords précoces ? Peut-être. Quoi qu'il en soit, le communiqué coupe au plus court : l'expulsion d'espions soviétiques menaçant notre patrimoine militaire. La pédagogie de l'opération reste à faire.

Le moins que l'on puisse dire est qu'au Kremlin l'expulsion de Paris de quarante-sept de ses diplomates a provoqué une certaine surprise. Il n'est pas sûr qu'autorités politiques et KGB aient sur le moment tout compris. Ils savent que Vetrov incarcéré à Irkoutsk a travaillé pour la France. La trahison, la haute trahison, est le pire des crimes, mais ils n'ont alors ni les tenants ni les aboutissants de cette affaire, ils ne connaissent pas ses complices. Ils craignent que le recrutement de Vetrov ne remonte aux années 1970.

Ainsi, c'est un Iouri Andropov réservé et prudent qui réagit en deux temps, d'abord par un communiqué sans grande conviction, du 12 avril, puis deux semaines après l'expulsion par une interview dans le *Spiegel* le 25 avril plutôt destinée à évacuer la difficulté. Cependant, plus qu'une déclaration, c'est un message à l'adresse de la France mais aussi des pays qui ne comprendraient pas ou mal la position soviétique. Ce qui frappe dans le texte du *Spiegel*, c'est son ton modéré. L'expulsion est, à l'évidence, un « acte arbitraire » résultant d'une « grossière provocation », ce qui est le minimum vital de la langue de bois. Au-delà de ce préambule, on discerne surtout une réelle volonté de ne pas jeter de l'huile sur le feu, en soulignant les « bonnes relations franco-soviétiques ». Celles-ci sont évidemment victimes de « forces hostiles » qui se trouvent « non seulement en France, mais également à l'extérieur des frontières ». La France est donc moins coupable que victime de mauvaises fréquentations internationales. Voilà de quoi ravir les partisans d'une instrumentalisation de la DST par les Américains. Personne n'a pensé qu'Andropov était un maladroit. Il est donc prêt à passer l'éponge, mais, prévient-il, cela ne vaut que pour la France. Il n'est pas envisageable d'accepter ailleurs sans réagir un tel « arbitraire » à l'égard des représentants soviétiques.

Le même message de modération sera en outre relayé par d'autres personnalités, à l'exemple de Guéorgui Arbatov, l'un des membres éminents du Comité central qui n'hésite pas à qualifier l'expulsion de « simple péripétie ». De leur côté, plusieurs responsables de l'industrie et du commerce soviétiques tiennent à faire savoir à leurs interlocuteurs français que rien n'est changé dans leurs relations. Même type de réaction dans les sphères scientifiques qui évitent de clamer ce qu'ils pensent tout bas : bien fait pour le KGB ! Pour résumer, ce n'est peut-être pas à Moscou qu'il convient de chercher les plus virulents contempteurs de l'opération. On a beaucoup glosé sur les raisons qui ont conduit Iouri Andropov à adopter une attitude aussi surprenante de sa part. Peut-être faut-il considérer sa propre situation personnelle mais également le contexte de politique intérieure. Après avoir dirigé le KGB pendant quinze ans, il doit assumer l'échec de son ancien service à une époque charnière ;

il est secrétaire général du PCUS et n'a pas encore accédé au Présidium, ce ne sera le cas qu'en juin. Il assume, enfin, la politique de « stagnation » de ses prédécesseurs. Iouri Andropov est un professionnel de la diplomatie, du renseignement et des affaires gouvernementales ; c'est surtout un pragmatique, il sait ce qu'il doit faire : minimiser et mépriser. Le message de la DST est bien passé, il n'y aura pas de représailles contre la France. Le secrétaire général du PCUS le dit d'ailleurs dans la version de l'interview du *Spiegel* publiée par la *Pravda* ; l'expulsion est « un petit conflit spécifique et local » qui ne le préoccupe pas.

VIII

La légitimité de l'espionnage

L'existence et les activités de l'appareil d'espionnage soviétique qu'il soit civil ou militaire sont des sujets tabous, s'il en est, pendant la guerre froide. La CIA, à l'inverse, depuis son origine a pour ainsi dire « pignon sur rue », plus exactement son siège à Langley fait l'objet d'un signalement ostensible sur l'autoroute. Dans cet « État forteresse » qu'est l'URSS, entouré de secrets, la question ne se pose pas, mais au fur et à mesure le secret va être percé et devenir un secret de polichinelle. La reconnaissance des services deviendra implicite et leurs activités pas du tout inconcevables pour le Russe moyen dès avant l'effondrement du communisme. La mentalité a changé du tout au tout. Vers la fin du mois de mai 1983, lorsque le président François Mitterrand souhaite parler « à son correspondant habituel à l'ambassade »… « un de ses bons amis », il s'entend répondre, ce qui est fâcheux : « Mais vous l'avez expulsé voici quelques jours ! » Son nom figurait bel et bien sur la liste des quarante-sept qui lui a pourtant été soumise dans la semaine qui a précédé le 5 avril 1983. Nikolaï Tchetverikov n'était pas un diplomate ordinaire, mais le résident du KGB. Le fait que ce haut personnage du rang de conseiller, en réalité général, ait été désigné comme « interlocuteur spécial » du président français ne signifie rien d'autre que l'importance du KGB dans le système soviétique. On comprend mieux, dès lors, qu'avec ce type de contact, le KGB et spécialement son chef Iouri Andropov ait été, avant d'autres à Moscou, informé des évolutions de la politique internationale. Il passait en effet, après la séquence de la « stagnation », pour un dirigeant averti des choses de son temps, sachant faire abstraction d'une idéologie d'ailleurs de moins en moins dominante.

Politique, diplomatie, espionnage, un mélange des genres qui donne néanmoins à réfléchir. Nikolaï Tchetverikov, quant à lui, avait une envergure intellectuelle, une liberté de parole très au-dessus du diplomate soviétique moyen. Elégant et raffiné, c'était un homme de confiance des autorités de son pays. Le chef de l'État n'était d'ailleurs pas son seul contact politique. Il y avait aussi Roland Dumas qui avait à l'origine servi d'intermédiaire, et deviendra ministre des Relations extérieures en décembre 1984. En accord avec lui, la DST laissera l'ancien résident revenir à Paris pour des rencontres ponctuelles, tout en prenant régulièrement contact avec lui, à chacune de ces occasions. Nikolaï Tchetverikov occupera le poste de chargé des relations internationales de la mairie de Moscou, à compter de 1990. Dans le cadre de ses nouvelles fonctions, il reviendra souvent en France jusqu'en 1995. C'était un homme intéressant, alors un peu désabusé.

La scène qui suit se passe en 1995. Dans une datcha de ce qu'il reste de la nomenklatura, en grande banlieue de Moscou, le général Viktor Zorine, de l'ex-KGB, et son hôte Jacky Debain sont confortablement installés. Un usage modéré d'une excellente vodka libère, comme il convient, leur conversation. En cet hiver neigeux, ce sont des amis. Viktor Zorine est un opérationnel expérimenté, un homme des interventions musclées ; il est le directeur adjoint du FSB, le frère jumeau pour le contre-espionnage du SVR, il parle clair. Il ne renie rien. Pour l'anniversaire de la fondation du KGB[1], le 21 décembre, il offre à

1. Le KGB a été créé officiellement le 13 mars 1954, mais la fête du KGB est le 21 décembre…

son interlocuteur une très belle montre de gousset. Ce chef du FSB donne l'impression d'avoir chaussé les bottes de l'ex-KGB et se vante d'être un vrai tchékiste. Soudain, il a une pensée forcément émue pour ses collègues exilés à Paris : « Vous n'avez pas toujours été tendres avec eux ! » « Arrêtez, arrêtez camarade Viktor, vous allez nous faire tous pleurer ! » s'exclame Jacky Debain. Mais il n'est pas nécessaire de l'interrompre à nouveau dans une diatribe de pure forme qui se poursuit, car il finit par éclater de rire. L'expulsion des quarante-sept restera longtemps dans la mémoire des anciens officiers du KGB et pas seulement. Ils en parlent encore, parfois, à l'occasion, dans les cercles où ils gravitent. Les jeunes du SVR de leur côté ont entendu la leçon.

À quelques semaines près, précisément en février 1995, une réception a lieu dans la capitale russe, réunissant diplomates, journalistes et officiers de l'ex-KGB et bien sûr du SVR, dont Jacky Debain et deux de ses collaborateurs sont les invités. Quelques jours auparavant à Paris, Charles Pasqua, ministre de l'Intérieur, vient de signifier à Pamela Harriman, l'ambassadrice des États-Unis, le rappel de cinq officiers de la CIA. La presse en a rendu compte, et au gré de certains peut-être un peu trop largement. Les Russes s'emparent de leurs hôtes pour savoir s'ils ne rêvent pas. « Oui, cinq officiers de la CIA qui avaient franchi les limites ont bien été expulsés. Et ce n'est pas la première fois que cela arrive ! » La nouvelle ne déchaîne pas l'enthousiasme des amis russes et ils expliquent pourquoi : « Si vous osez expulser vos amis américains, pourquoi pas nous, et à quand notre tour ? » Réponse de Jacky Debain : « Dans ce domaine, c'est comme dans les affaires, il n'y a pas d'amis, dit-on, mais il faut tout de même des motifs pour se mettre en colère, et pour le moment il n'y en a pas ! » C'est l'histoire de l'homme averti. Dans ce contexte, l'expulsion d'avril 1983 est naturellement abordée. Un verre d'excellent vin géorgien à la main, les choses sont plus faciles à dire. Les critiques sur la légitimité de l'opération sont inexistantes et très minces sur le choix des expulsés : « Vous n'auriez pas dû vous en prendre aux fils de deux personnalités. » Il s'agit évidemment d'Andreï Androssov et de Sergueï Krioutchkov[1]. Jacky Debain ne partage pas le même point de vue, mais la remarque est fort intéressante. Au SVR comme au KGB, on respecte les ancêtres, les icônes[2]. En ce qui concerne Oleg Chirokov, le directeur de l'agence Tass à Paris, ils compatissent sincèrement : « Il n'y a pas d'espions à Tass ! » À cet instant, la conversation s'arrête net, un journaliste de l'agence de presse Novosti s'approche.

À Paris cette fois, une rencontre a été organisée en 1995 avec le directeur du GRU, Fedor Ladyguine. C'est une grande première, Jacques Fournet, alors directeur du service, profite de la circonstance pour aborder, entre autres, la question du caractère toujours pléthorique des effectifs de son service dans notre pays. Dans une attitude quelque peu provocatrice, style soviétique et maniant la langue de bois avec audace, le directeur de la DST, devant un interlocuteur présumé rompu à cet exercice, déplore sans rire le fait « d'être obligé d'assurer en permanence leur surveillance » et, ajoute-t-il avec ironie, ce qui est un peu gros, « leur propre sécurité »... « Ceci représente une lourde tâche », regrette-t-il pour finir, suggérant avec un large sourire qu'une réduction des effectifs serait à coup sûr profitable aux deux parties. Sans aucune gêne, le général, pourtant échaudé par l'expulsion de 1983, qui a très bien compris le persiflage

1. Andreï est le fils du général Stanislav Androssov alors résident à Washington et Sergueï le fils du général Vladimir Krioutchkov, chef de la 1re Direction principale du KGB.

2. Vadim Bakatine, liquidateur du KGB, avait toujours dans son bureau, en 1991, un buste de Félix Djerzinski, le fondateur de la Tcheka.

et le message subliminal de son interlocuteur, remercie, sur le même ton, de prendre soin de ses collaborateurs, mais estime-t-il, si protection il y a, la question du rappel d'un seul d'entre eux ne se pose plus… « Chacun doit faire son métier ! » Ce sera sa conclusion. « L'espionnage par consentement mutuel », selon la belle expression du colonel Fabien Lafouasse[1].

1. *Revue de la Défense nationale*, décembre 2012. Et Fabien Lafouasse, *L'espionnage dans le droit international*, Nouveau Monde éditions, « Le Grand Jeu », 2012.

6e Partie

« TAUPES » ET TRANSFUGES

I

Mars-avril 1983

La DST est sans aucune nouvelle de Vladimir Vetrov par le canal de Patrick Ferrant depuis un an et la CIA, par l'intermédiaire du binôme Dan Vogel-Jimmy Flechter, après avoir fait part de manière discontinue de ce qu'il était convenu d'appeler « des bruits de couloir », cesse de manière abrupte de communiquer sur le sujet. La dernière rencontre avec les opérationnels de la CIA a lieu lors de la visite de Raymond Nart à Washington du 5 au 12 mars 1983. Ils reprennent ce qu'ils ont déjà dit et qui se résume par la certitude que Vladimir Vetrov a été démasqué. Ceci est clair. Jimmy Flechter ajoute qu'on ne pourra en savoir plus. Conclusion, même si ce n'est pas dit explicitement : il est dans le couloir de la mort ! Raymond Nart revient à Paris avec le sentiment que ses interlocuteurs estiment avoir déjà trop parlé et n'en diront pas davantage. Pour se rassurer, à tort ou à raison, il pense qu'ils ne sont plus en mesure de suivre les péripéties de l'affaire et peut-être aussi sont-ils soucieux de la protection de leurs propres sources. On en restera là. La DST ne saura plus rien pour le moment.

Les mois passent et il y a déjà longtemps qu'on s'est fait une raison. Le temps est maintenant à celui de la réaction. Depuis plusieurs semaines, la DST étudie les mesures coercitives pour endiguer sur un plan global le pillage par les Soviétiques de la science et de la technique occidentales. Les velléités d'action concertée seront vite abandonnées. Tout d'abord, les Américains au niveau des services CIA et FBI n'ont pas voulu se mobiliser sur ce terrain comme l'avait proposé Yves Bonnet. Ce n'était pas leur problème. Ce sera un échec.

Le début de l'année est donc à la fois une période de consultations et de préparation. Après les Américains, les Britanniques, qui ont déjà procédé à une expulsion massive en 1971. Une réunion a lieu le mercredi 2 mars à 10 heures rue d'Argenson avec le directeur du MI6, Colin Figures. Il est accompagné de Christopher Curwen, Cecil Sheap, John Derewell et John Johns pour le contre-espionnage. Le conseiller du président, Gilles Ménage, est informé de cette réunion. Il suppose, ce qui n'est pas nécessairement le cas, que les Britanniques étaient déjà au courant de l'affaire Farewell par les Américains. Sur ce point, il n'y a, en effet, aucune certitude. Colin Figures n'en laissera jamais rien paraître, il examinera lui-même attentivement certains documents qui n'ont pas été mis à la disposition de la CIA. La délégation britannique mesure la qualité et surtout l'importance de l'affaire. Cette première réunion est suivie de plusieurs autres le 14, le 17 mars puis le 21 juin, toujours avec Chris Curwen accompagné de Roudy Clube, de Nicholl et Patrick Murphy. Il n'est pas douteux qu'Yves Bonnet cherche à profiter de la grande expérience de ses interlocuteurs pour affiner et compléter l'argumentation qu'il présentera aux autorités françaises.

Le 7 mars, le président de la République, après un entretien approfondi, valide les propositions d'Yves Bonnet (expulsion d'une quarantaine de Soviétiques, dans la discrétion) et décide de l'information politique des Britanniques et des Allemands. Gilles Ménage rencontrera ainsi sur ordre présidentiel directement Margaret Thatcher dans la première quinzaine du mois de mars et Helmut Kohl aux environs du 20 mars. En ce qui concerne les Allemands, l'information au niveau technique se fera le 17 mai 1983, par l'intermédiaire du secrétaire d'État à la chancellerie Streckenberger qui viendra lui aussi rue d'Argenson accompagné d'Eberhardt Blum, le chef du BND, l'équivalent de la DGSE en RFA.

Si tout a été simple avec les Britanniques, à la vérité peu concernés par des cas d'agents opérationnels, il n'en va pas de même avec les Allemands qui eux ont été informés directement par la CIA dès avant le mois de mai 1983, bien entendu avec l'autorisation de la DST qui a cherché à laisser croire, ici encore, que l'opération Farewell était américaine. Il y avait en effet en RFA trois agents actifs au sein de firmes aéronautiques, la technologie américaine étant ainsi mise en péril. Ce fut le prétexte du BND pour agir vite. Il s'ensuit en réalité un télescopage d'informations, et une certaine confusion. La CIA a même procédé à ses propres investigations en RFA avant de saisir également sous forme judiciaire les deux service intérieurs de sécurité allemands BFV et BKA, et ce, semble-t-il, sans grande précaution. Lorsque les trois agents sont arrêtés début 1984, deux d'entre eux, prévenus par les Soviétiques, ont déjà fait disparaître toute preuve et trace de compromission. Il est d'un grand intérêt pour la compréhension des événements de noter qu'ils ont été alertés en septembre ou octobre 1983. Un seul pourra être inculpé : Manfred Rotsch, ingénieur à MBB.

II

Vitali Iourtchenko, « le retournant[1] »

Version KGB, l'épopée tragique de Vladimir Vetrov a été connue pour la première fois dans ses grandes lignes et avec quelque crédibilité par Vitali Sergueievitch Iourtchenko. Jusqu'en janvier 1985, cet ex-colonel a été le chef du célèbre et redouté département n° 5 du directorat K de la 1re Direction principale du KGB qui, en effet, a conduit l'enquête. Brillant officier, il est plus ou moins marginalisé fin 1984. Cette disgrâce inopinée suscite chez lui, ce qui mérite d'être souligné, un très fort ressentiment à la fois contre le KGB et le régime soviétique. On ne connaît pas les motifs exacts de cette mise à l'écart qui aura pour conséquence de provoquer sa fuite aux États-Unis. On souligne qu'en tant que chef du département n° 5 du directorat K, il a donc eu nécessairement, à un moment ou à un autre, à connaître de l'affaire Vetrov. Nous notons aussi que sa disgrâce, et probablement sa destitution, coïncide à peu près avec le procès de Vetrov, suivi de son exécution le 23 février 1985.

Vitali Iourtchenko fait défection à Rome le 1er août 1985 en se présentant à l'ambassade des États-Unis. Son aventure n'est pas banale. Parallèlement à ses déboires professionnels, il a décidé de refaire sa vie dans le monde occidental avec Valentina

1. Les « retournants », en russe les « Vazvrachiensé ». Ces Français d'origine russe, à l'appel de Staline, étaient repartis en URSS après la guerre. Dès leur arrivée, ils furent privés de papiers d'identité français, le piège stalinien s'est refermé sur eux. Ils furent déportés en Sibérie.

Iereskovska, épouse d'un diplomate qu'il a connu lorsque tous deux étaient en poste à Washington à la fin des années 1970. Ils entretiennent donc, en secret, une liaison depuis plusieurs années. En fuyant l'URSS, Vitali Iourtchenko a prévu que sa maîtresse viendrait le rejoindre et qu'ils s'installeraient aux États-Unis. En fait, il n'en est rien. En septembre 1985, à Montréal où le mari de Valentina Iereskovska est en poste, cette dernière, lors d'un tête-à-tête avec Iourchenko, lui oppose une fin de non-recevoir définitive et refuse de le suivre. Amère désillusion. Tout son rêve s'effondre.

Après trois mois d'une série de debriefings conduits, cela ne s'invente pas, par Aldrich Ames, – alors taupe du KGB au sein de la CIA! –, dans un immeuble clandestin en Virginie, Vitali Iourtchenko se ravise et retourne en URSS. Les circonstances de sa fuite, lors d'un dîner dans un restaurant français de Georgetown (cela ne s'invente pas non plus : *Le Pied de cochon*), ne prêtent pas spécialement à discussion, sinon que la CIA n'avait pris ce soir-là aucune mesure sérieuse de surveillance. Il fausse tout simplement compagnie à son jeune et unique accompagnateur. Il regagne l'ambassade soviétique, à moins de 800 mètres, puis peu après Moscou, le 6 novembre 1985, non sans avoir déclaré lors d'une conférence de presse à Washington qu'il a été enlevé de force par la CIA, incarcéré et drogué[1]. Il est resté trois mois aux mains des Américains. On ne sait pas ce qu'il est exactement devenu par la suite. Certains prétendent qu'il vit tranquillement dans la banlieue de Moscou. Lorsque Vitali Iourtchenko dit qu'il a été drogué par la CIA, ce serait une erreur de l'entendre sur un registre « langue de

1. En 1954, Otto John, chef du BFV, service de sécurité intérieure de l'Allemagne fédérale, passe à l'Est. Il est interrogé par le KGB, puis retourne à l'Ouest. Il dit avoir été drogué et enlevé. Il sera poursuivi pour trahison. C'est le seul précédent connu.

bois ». Le directorat T, qu'il connaît bien et en particulier son chef Sergueï Goloubev, expérimentait en 1985 des drogues pour faire parler des suspects. C'était probablement un bon prétexte.

Il y aurait certainement beaucoup à dire sur la conduite du « débriefing » de Vitali Iourtchenko par la CIA. L'affaire fut mal engagée dès son arrivée sur le sol américain, lorsqu'on le confia aux soins d'Aldrich Ames et de son équipe. Il y a quelque chose de paradoxal, de surréaliste et même de diabolique dans un tel face-à-face. Comment est-ce possible ? Aldrich Ames, chef du service de contre-espionnage de la South East Division de la CIA, avait proposé ses services à l'ambassade soviétique à Washington le 16 avril 1985 ! Le 17 mai et le 13 juin, il avait eu deux contacts avec Sergueï Chouvakhine, diplomate qu'il était soi-disant censé recruter. Il avait remis au Soviétique, lors de son dernier rendez-vous, une importante quantité de documents. On reste pantois ! Évidemment, Vitali Iourtchenko ignorait que son interlocuteur travaillait pour le KGB qu'il venait de quitter. Il était mis à l'écart depuis le mois de janvier et même si tel n'avait pas été le cas, les règles strictes de cloisonnement en vigueur ne lui auraient pas permis de le savoir.

En réalité, c'est une profonde déception personnelle qui est probablement la cause principale de l'extraordinaire et unique revirement d'un transfuge dans l'histoire de la guerre froide. La publicité tapageuse autour de sa défection faite par la CIA qui voulait redorer son blason, contribue de surcroît à le démoraliser. Iourtchenko a demandé la discrétion. Il craint, en effet, des représailles sur sa famille, sa femme et sa fille restées à Moscou. Ses révélations sur la disparition mystérieuse à Vienne, en 1976, de Nikolaï Artamonov-Chadrine, ancien transfuge de la marine soviétique devenu américain et analyste expert dans la puissance militaire soviétique, conduisent la CIA à envisager des mesures judiciaires qui vont littéralement affoler Iourtchenko. C'est un sordide secret du KGB au sujet duquel Léonid Brejnev a menti à deux présidents des États-Unis. La veuve Chadrine a porté plainte contre l'État américain. Il faut donc en parler à son avocat, puis aller devant les tribunaux[1]. Personnage atypique, Vitali Iourtchenko est rigoureux ; il a un style de vie spartiate, il a vécu dans le secret, il ne supporte pas certains aspects ouverts de la civilisation américaine qu'il n'a pas su évaluer.

Vitali Iourtchenko a dirigé le département n° 5 du directorat K, il a donc eu à un moment donné la responsabilité de l'enquête sur Vladimir Vetrov. Témoin direct, il en a jusqu'à un certain stade connu tous les détails. Or, ce qui est frappant dans le témoignage qu'il livre à ses interlocuteurs de la CIA et donc à Aldrich Ames, c'est qu'il se présente comme si ce n'était pas lui qui avait traité l'affaire... Comme s'il était un témoin indirect nourri, lui aussi, par les bruits de couloir et les commérages. Cherche-t-il à se dédouaner ? La conduite de l'enquête sur la trahison de Vladimir Vetrov serait-elle la cause de sa disgrâce ? On ne sait pas. Ce qui est certain, puisqu'il le dit, c'est que ce cas l'a bouleversé.

Vladimir Vetrov, explique Iourtchenko, était considéré par ses collègues comme hors norme, impulsif, excessif, et sujet à de violentes colères. Il n'aurait jamais dû faire partie d'un service de renseignement. Il avait été sanctionné à une époque pour avoir frappé gravement un de ses supérieurs. Il affichait à tout moment et hors de propos sa francophilie. Sur un ton provocateur, il se vantait parfois d'avoir une caisse de champagne en permanence dans le coffre de sa voiture, « car cela pouvait toujours servir ». Il fut arrêté pour meurtre. On raconta d'abord que Vladimir Vetrov avait été surpris avec sa maîtresse dans sa voiture par un passant et, dans un accès de colère, avait poi-

1. Voir aussi Milton Bearden et James Riesen, *CIA-KGB. Le dernier combat*, Albin Michel, 2004, p. 179-180.

gnardé ce dernier. Craignant d'être dénoncé, il avait aussi poignardé sa maîtresse. Abandonnant ses victimes, il serait revenu une heure plus tard sur la scène du crime pour y être arrêté par la police sur indication de la femme qui avait retrouvé ses esprits. Iourtchenko explique que Vladimir Vetrov, arrêté et rapidement jugé, avait écopé de douze ans de prison. Il précise cependant que « l'enquête criminelle sur la tentative de meurtre de son amie, le meurtre du passant innocent et la tentative de fuite consécutive ont suscité l'intérêt de la direction K... Ni la milice, ni le KGB ne se sont jamais satisfaits des mobiles : pourquoi Vladimir Vetrov aurait-t-il essayé de tuer son amie ? ».

L'affaire avait déjà commencé, au fil des jours, à changer de tonalité, poursuit Iourtchenko, lorsqu'on apprit, ce qui ne pouvait guère se cacher, que la maîtresse n'était autre qu'une collègue de travail bien connue de la 1re DP pour ses nombreuses aventures qui lui avaient procuré la réputation de femme facile, voire d'une hétaïre. Le passant devint tour à tour un soi-disant sans domicile fixe, puis tout à coup un autre officier du KGB, un amant jaloux qui avait surpris le couple dans ses ébats amoureux et s'était battu avec Vetrov. En 1984, il y eut un coup de théâtre quand l'histoire de l'arrestation pour espionnage au profit des Français se répandit dans toute la 1re DP. Rumeurs et spéculations allaient bon train. On en vint à douter de l'ensemble des bruits colportés précédemment qui ne tenaient pas tellement debout et à les considérer « comme une légende organisée autour de l'affaire d'espionnage, à l'exception notable, cependant, de son exécution qui était avérée en 1985 ».

Iourtchenko a fait état d'un texte criant de vérité, intitulé « Confession d'un traître », dans lequel Vladimir Vetrov décrivait la 1re DP comme totalement corrompue, ses responsables et la plupart de ses membres sous l'emprise de l'alcoolisme, et où régnaient corruption et népotisme, en bref, disait-il, « une vieille putain fatiguée[1] » ! Vitali Iourtchenko a déclaré qu'« à la lecture de la confession, il avait lui même été fasciné par l'exactitude des accusations de Vladimir Vetrov contre le KGB et le système soviétique. Ce document l'avait renforcé dans sa propre détermination et son propre engagement à travailler contre le KGB et le système soviétique ». Cette confession fut remise au général Sergueï Goloubev, alors chef adjoint du directorat K. Celui-ci fut tellement frappé par la dureté et néanmoins la véracité des écrits de Vetrov contre le système KGB, réquisitoire implacable et factuel, qu'il plaça cette confession dans son coffre et décida qu'elle ne devait être connue de personne d'autre…

---

1. On peut voir dans cette expression forte une analogie psychanalytique désignant aussi Valentina Otchkina, qui tout comme le KGB a causé sa perte.

III

Tours et détours d'une enquête secrète

Vitali Iourtchenko, dans ses déclarations à Aldrich Ames, malgré le recul qu'il semble prendre par rapport à ses responsabilités vis-à-vis de l'enquête, révèle des éléments d'importance capitale que seul quelqu'un de très proche du dossier a les moyens de connaître. Qui d'autre que le chef du département n° 5 du directorat K pourrait connaître la fameuse confession qui sera enfouie dans le coffre de Goloubev ? Celui qui l'a recueillie ? Autre élément d'importance capitale, également révélé, le fait qu'« à l'automne 1983, la 1re DP a reçu la copie d'un document contenant une analyse du travail réalisé par le directorat T en matière d'acquisition de renseignements SR dans le domaine de la technologie touchant aux avions et à l'aéronautique, renseignements provenant des États-Unis, d'Angleterre et d'autres pays. Au cours des recherches effectuées dans le cadre de l'incident concerné (fuite d'un document du KGB), il fut établi que l'analyse de l'état des travaux engagés par le directorat T sur la technologie aéronautique avait été préparée par Vladimir Vetrov en 1980 ».

Cet aller-retour entre Moscou, un pays occidental et à nouveau Moscou d'un même document du KGB établit également qu'il y a, à l'époque, un agent du KGB, « une taupe », quelque part dans le circuit. On pense immédiatement à la DST, mais Vladimir Vetrov bien placé pour le savoir a déclaré dès le départ qu'il n'y en avait pas, sauf à un niveau subalterne, ce qui ne l'inquiétait pas. L'enquête DST parmi les quelques personnes qui ont accès aux documents, le sujet technique typiquement américain les oriente plus probablement vers la CIA ou le FBI qui seuls ont été informés dès l'été 1981 de ce qui les concernait, en l'espèce le pillage, par le KGB, essentiellement de leur technologie aéronautique et spatiale avec documents à l'appui. Les autres pays de l'OTAN ne seront informés de l'affaire Farewell qu'à partir de mars 1983 et encore en termes généraux. Aucun document ne leur a été remis antérieurement à cette date. Par la suite, aucun document ou renseignement qui ne les concerne pas directement ne leur sera remis. Ceci est parfaitement clair. Raymond Nart et Jacky Debain, les gardiens du « fonds Farewell », le confirment de manière catégorique.

D'autre part, il est difficile de concevoir que les services américains, quant à eux, aient rétrocédé en l'état des documents établissant leurs propres vulnérabilités à un quelconque service allié. Même à la RFA, c'est improbable. On se souvient cependant que la CIA s'intéressera en RFA à trois agents opérationnels dans l'industrie aéronautique. Ceci n'implique pas une remise de document. Deux suspects, comme par hasard, seront alertés en septembre ou octobre 1983. C'est-à-dire à la même époque. L'ensemble de ces éléments valide les déclarations de Vitali Iourtchenko. S'agissant toujours des Américains, pour des raison de dates, ni Howard, ni Ames, ni Hanssen (trois taupes au sein des services, démasquées depuis) ne peuvent être incriminés quant à une trahison de Vetrov. Sans doute la « taupe » qui l'a effectivement « calciné » *reste-t-elle encore à identifier*. Ce qui a été confirmé aux auteurs à plusieurs reprises par la CIA[1] !

Quoi qu'il en soit, c'est à coup sûr la réception par le KGB, entre autres, de ce document qui provoque peu après, à l'au-

1. Voir aussi Milton Bearden et James Riesen, *CIA-KGB. Le dernier combat*, Albin Michel, 2004, p. 611.

tomne 1983, le transfert de Vladimir Vetrov de la prison de droit commun d'Irkoutsk à celle du KGB de Lefortovo. De quoi s'agit-il ? D'un document de synthèse sur le recueil de renseignement en matière d'avions et d'aéronautique portant sur les États-Unis, la Grande-Bretagne, en fait particulièrement choisi pour désigner son auteur qui n'est autre que Vladimir Vetrov. C'est une preuve formelle. Le coup de grâce !

On peut se poser la question sur la stratégie suivie dans la conduite d'ensemble de l'enquête sur le crime d'État par le département n° 5 du directorat K avant le transfert d'Irkourtsk. Il y a eu, bien sûr, une enquête interne avec, n'en doutons pas, des investigations secrètes qui précisent les soupçons initiaux. Pour des raisons tactiques d'enquête[1], l'essentiel reste sous le boisseau. Le contexte politique n'est pas, non plus, propice. Un scandale au KGB, c'est du jamais vu. Les officiers sont « purs comme du cristal » [*sic*]. D'autre part, sur le plan international existe une grande tension. Depuis l'élection de Ronald Reagan, l'URSS vit dans la crainte d'une agression des États-Unis. Iouri Andropov a laissé le KGB à Vitali Fedortchouk qui, brejnevien, mal accepté par les hauts cadres, n'est resté que six mois, de mai à décembre 1982. Viktor Tchebrikov, son successeur, n'est peut-être pas pressé outre mesure de soulever une affaire de trahison dont au début on ne peut mesurer l'ampleur. Pendant les permanences, Vetrov disposait des clés du coffre où se trouvaient les fichiers du personnel, les consignes diverses sur le fonctionnement du directorat T… Et si Vladimir Vetrov avait été recruté pendant son séjour en France ? Bonjour les dégâts ! Cette fois, avec une telle preuve formelle, impossible de temporiser davantage.

---

1. Rassembler un maximum d'éléments, élargir les investigations pour identifier d'éventuels complices.

Elément plus qu'intéressant, Vitali Iourtchenko dira qu'après la fameuse confession, pendant l'instruction, le KGB, qui n'en est pas à une machination près, « a essayé d'augmenter sa propre gloire. Il a appris que les Français étaient tracassés à ce sujet (incarcération de Vetrov) et de ce fait, il a requis l'assistance de l'épouse de Vetrov. Sous le contrôle du KGB, elle a écrit une lettre à Prévost pour lui demander de l'aide. Si Prévost était venu à Moscou, elle aurait tenté de le persuader de l'aider à la mise au point d'un plan d'évasion que le KGB aurait ensuite contrarié ».

À la fin de l'enquête, « le KGB a estimé que les renseignements fournis par Vetrov pouvaient avoir pour conséquence l'arrestation ou la compromission de cinquante agents. Cependant il a noté seulement l'arrestation de six d'entre eux. La découverte que Vetrov avait été un agent français et qu'il avait remis à l'Occident des informations considérables sur le programme d'acquisition légale et illégale de technologie occidentale, sur le KGB et le gouvernement soviétique a inquiété Krioutchkov, chef de la 1re DP, au sujet de son avenir. Il a reconnu qu'un autre préjudice de cette importance pouvait mettre un terme à sa carrière ». Ce commentaire est de nature à accréditer l'idée que dès le début le crime d'État a été sinon étouffé, du moins que le KGB en a volontairement différé la sanction pour éviter un scandale inopportun à un moment de transition sur le plan politique en particulier. Un autre paramètre, non négligeable celui-là, a contribué à l'attentisme. Le KGB disposait d'une « taupe » au sein du contre-espionnage de la CIA, qui plus est, de l'équipe qui travaillait sur les Soviétiques. Compte tenu du leadership américain, tout événement dans un pays de l'OTAN est connu de la CIA. Il fallait donc laisser travailler cette « taupe » pour évaluer l'ampleur des dégâts. Tôt ou tard, il y aurait des retombées. C'est bien ce qui s'est passé.

Vitali Iourtchenko estime que Vetrov s'est d'abord trahi lui-même par ses lettres à son épouse, ou peut-être aussi par un informateur en prison[1]. Il ne sait pas avec certitude laquelle de ces deux explications est exacte. Il a entendu les deux, à des époques différentes.

Il est allé à la mort, ajoute-t-il, avec un seul regret, « de ne pas avoir pu causer davantage de dégâts au KGB en servant la France! ».

1. Voir aussi Sergueï Kostine et Éric Raynaud, *Adieu Farewell*, Robert Laffont, 2009, p. 274, 313 et suiv.

IV

Aldrich Ames

La CIA est une immense organisation, il n'est pour s'en convaincre que de voir arriver en début de journée la foule de ceux qui y sont employés. À la DST, pour y avoir été reçus, certains avaient coutume de dire que les couloirs de la CIA ressemblaient au « hall de la gare Saint-Lazare à une heure de pointe ». Toute exagération mise à part, ils soulignent par là l'évidente différence d'échelle entre un grand et un petit service. Ce qui frappe aussi dans les relations bilatérales, c'est l'extraordinaire mobilité du personnel. On a rarement affaire aux mêmes interlocuteurs. À la DST, on restait entre soi une grande partie de la carrière. Tous se connaissaient, créant ainsi une efficace culture commune, une solidarité dans l'action qui permettait en outre de détecter très tôt toute déviance.

Paradoxe américain, malgré le nombre, la technique règne en maître dans tous les domaines. Robert Gates, alors directeur de l'agence, reconnaît cependant au cours d'une rencontre à Paris : « Nous avons peut-être abusé du renseignement technique au détriment de l'humain ! » Cela laisse rêveur Jacques Fournet, le directeur de la DST de l'époque, qui se bat comme tous ses prédécesseurs pour augmenter les moyens de ses services techniques. Une aussi grande organisation humaine comporte d'inévitables vulnérabilités. Comment les détecter ? La technique, encore la technique. L'usage intensif du « détecteur de mensonge » ou polygraphe[1] va-

1. Enregistrement des réactions émotives mesurables du sujet.

t-il venir au secours des « chasseurs de taupes » ? Rien n'est moins sûr. Les officiers de la CIA doivent s'y soumettre tous les cinq ans. On a prétendu qu'Ames avait souvent pratiqué cette technique et qu'ainsi, ayant été interrogateur et interrogé, il en connaissait les limites.

En 1992, une délégation de la DST conduite par Jacky Debain se trouve au siège de la CIA à Langley. Selon le rituel, plusieurs officiers de l'agence accompagnent leurs collègues français, tout au long de leur séjour. Tous sont connus. Ce n'est pas le cas d'Aldrich Ames qui apparaît pour la première fois en contact avec la DST. C'est un expert du KGB. Que dire d'Aldrich Ames ? Sur l'instant, Jacky Debain n'en pense rien. C'est un homme d'apparence banale dont on remarque à peine la haute silhouette légèrement voûtée et le regard torve, un peu bizarre, mais sans doute est-ce l'effet de ses grosses lunettes. Très effacé, il écoute beaucoup et parle peu au cours des entretiens. Sa seule intervention saillante en est d'autant plus surprenante. Alors que Jacky Debain achève la présentation de l'organigramme du KGB et du GRU en France avec comme argument la constatation qu'à un moment où sans doute tout se délite à Moscou, on s'active toujours à Paris et que « pendant les travaux, si l'on peut dire, la vente continue ». Même s'il n'évoque pas explicitement le cas, Jacky s'appuie sur l'arrestation du physicien nucléaire Francis Temperville qui a fourni d'importantes informations aux Soviétiques de 1989 à 1991. Aldrich Ames prend la parole pour manifester son scepticisme au sujet de l'agressivité du KGB et du GRU : « Êtes-vous sûr d'un tel nombre d'officiers et d'une telle activité ? », demande-t-il en souriant. Il donne l'impression de vouloir nous persuader qu'ils sont devenus inoffensifs. C'est évidemment curieux venant d'un spécialiste, mais, du côté de la CIA, personne ne relève la remarque. Jacky Debain est quelque peu étonné. Il ne s'attendait pas à semblable intervention. Peut-être lui-même n'a-t-il pas été suffisamment convaincant ? On en reste là, mais il en conservera une perplexité tenace.

À la CIA, réputation oblige, ce n'est pas à la cantine de Langley qu'il est convenable d'inviter des Français. Le choix se porte, comme toujours en pareil cas, sur un excellent restaurant de la périphérie de Washington. Personne n'est spécialement pressé. On peut toujours poursuivre les discussions pendant le déjeuner. Chauffeurs et véhicules sont à disposition de la délégation. Aldrich Ames a, quant à lui, sa voiture personnelle, une Jaguar rutilante, mais d'un rouge vif qui dénote singulièrement dans un parking administratif. Plusieurs de ses collègues le chahutent en feignant un émerveillement qui ne le gêne pas. Jacky Debain comprend que la Jaguar est devenue un sujet notoire de plaisanterie. Pour compléter le tableau d'un Aldrich Ames plutôt décalé dans un univers discret et même secret, Nicole Broda, commissaire divisionnaire, responsable du bureau des liaisons étrangères, qui accompagne Jacky Debain, est incitée à prendre place à bord du prestigieux véhicule. Question de courtoisie. Approbation enthousiaste et générale. Sous les vivats, elle s'exécute en souriant. Très belle, brune, distinguée, la quarantaine élégante, intelligente, Nicole Broda, à l'aise dans son travail et agréable en société, est devenue l'espace d'un instant une vedette hollywoodienne. En compagnie de son cavalier servant, elle sera carrément ovationnée à leur arrivée au restaurant. Elle nous a malheureusement quittés il y a quelques années.

En novembre 1994, lorsqu'il apprendra l'arrestation d'Aldrich Ames, Jacky Debain sera tout de même quelque peu stupéfait. Reviendront à sa mémoire les faits essentiels qui ont marqué cette visite à Washington au printemps 1992. Il a eu, bel et bien, en face de lui « une taupe ». Aldrich Ames, en effet, avait été recruté sept ans plus tôt par le KGB et travaillait toujours à l'époque pour les Russes, le KGB étant devenu le SVR. Il est toujours facile après coup de dire qu'Aldrich Ames était repérable. Il profitait de l'argent versé par les Soviétiques pour soutenir ouvertement un train de vie élevé dont la Jaguar n'était qu'un des éléments les plus visibles. Il avait connu sa seconde épouse lorsqu'il était lui-même en poste au Mexique. Elle était colombienne et occupait les fonctions d'attaché culturel à l'ambassade de Colombie à Mexico. Sa femme avait fait, disait-il, un bel héritage. Son scepticisme était également remarquable. Détecteur de mensonge ou pas, Aldrich Ames était soupçonné par la CIA depuis un certain temps en raison précisément de son train de vie et, chose étonnante, lorsque Jacky Debain et Nicole Broda l'ont rencontré, il était déjà surveillé par le FBI, et depuis 1991. Aldrich Ames n'a rien à voir avec le cas Farewell. Lorsqu'il a commencé à travailler avec les Soviétiques, Vladimir Vetrov était mort depuis plusieurs mois. Ce qui est étrange en ce qui le concerne, c'est qu'il fut l'interrogateur de Vitali Iourtchenko. Ames s'est arrangé pour l'accueillir dès sa descente de l'avion en provenance de Rome dans les premiers jours d'août 1985, pour savoir si, en s'identifiant par son nom, le nouvel arrivant avait connaissance de sa propre trahison. Ce n'était pas le cas. Aucune réaction de Iourtchenko. On se souvient qu'Ames s'était présenté à l'ambassade d'URSS à Washington mi-avril, à un moment où le Soviétique était en disgrâce. On ne saura jamais qui, dans le face-à-face Ames-Iourtchenko, était le plus mal à l'aise. Lors de ce long interrogatoire, de ce dialogue à front renversé, il y a fort à parier que le Soviétique a fini par comprendre l'incongruité de sa situation.

V

Une « taupe » du SIS exfiltrée

Oleg Gordievski – importante « taupe » du SIS britannique au sein du KGB qui se réfugia à Londres le 20 juillet 1985, quelques jours seulement avant la fuite de Iourtchenko (1er août 1985) – est l'un des héros de ce combat contre le KGB qu'ont mené sans répit les services occidentaux. Sa récupération acrobatique en URSS par une équipe du SIS et son exfiltration par la frontière finnoise dans le coffre d'une voiture diplomatique tiennent du meilleur roman de John Le Carré. Il n'est pas sans intérêt de souligner qu'Oleg Gordievski, « résident » adjoint à Londres, faisait l'objet de soupçons de la part du KGB qui l'avait attiré à Moscou, en usant de prétextes, pour lui faire subir des interrogatoires sous l'effet de drogues. Faute de preuves formelles, il n'était pas en état d'arrestation. Au bout de quelques jours du jeu du chat et de la souris, pressentant le pire, il s'enfuit et réussit à actionner l'antenne du SIS, pour mettre en œuvre son plan d'exfiltration. Après un long périple en train, jusqu'à Léningrad, en autobus, et même en stop, Oleg Gordievski parvint au point de rencontre près de Vyborg, et à gagner le monde libre. Il avait été traité pendant dix ans sous le contrôle des Britanniques, et il a fourni une série de renseignements sur l'affaire Vetrov.

Dès le premier trimestre 1982, Gordievski signale au SIS qu'un officier du directorat T a été arrêté à Moscou pour meurtre et tentative de meurtre. Selon des commérages au sein de la

1re DP, il serait impliqué dans des transactions financières illégales. Il ne connaît pas le nom.

Par la suite, lorsqu'il saura le nom, Oleg Gordievski se souviendra avoir croisé Vladimir Vetrov à Yassenovo, à la cafétéria ou au mess des officiers ; il était toujours en bonne compagnie, une femme d'une quarantaine d'années, elle était officier, ils travaillaient dans le même service, les mauvaises langues prétendaient qu'ils étaient amants…

« Le vendredi 1er février 1985 sur ordre du président du KGB, Viktor Tchebrikov, l'annonce officielle que le lieutenant-colonel V.I Vetrov, ex-officier T, a été fusillé pour avoir coopéré avec le SR d'un pays de l'OTAN, prit la forme de deux déclarations séparées dites PRIKAZY[1]. La première émanait du secrétariat général du KGB, et la seconde du secrétariat de la 1re DP. De nombreuses copies de chaque déclaration furent envoyées à chaque section avec des instructions pour qu'elles fussent lues et émargées par tous les officiers. »

Selon ces notes, « Vetrov avait identifié le personnel tout entier du directorat T en poste à l'étranger. Sa trahison avait également affecté le travail de 800 secteurs d'importance économique. Les renseignements fournis par Vetrov pouvaient mener indirectement sur la trace de nombre d'agents du KGB. Il était responsable de l'expulsion subséquente d'un certain nombre d'officiers du KGB »… « Cette affaire, purement interne au KGB relevait du département n° 5 du directorat K de la 1re DP alors dirigé par Vitali Iourtchenko[2]. »

Sur le plan de l'enquête ou plutôt des enquêtes, Oleg Gordievski apporte, en effet, les précisions suivantes : « Au cours

1. Pluriel du mot russe *prikaz* qui signifie « ordre » au sens de commandement. Voir « ordre du jour n° » ou « directive n° ».

2. Christopher Andrew et Oleg Gordievski, *Le KGB dans le monde. 1917-1990*, Fayard, 1990, p. 222.

de la perquisition est trouvé l'appareil (à microfilms). Des renseignements supplémentaires obtenus par un agent expérimenté introduit dans la cellule de Vetrov confirment sa coopération avec un SR adverse »… Il rapporte par ailleurs ce qu'on disait sur Mme Vetrov. Elle avait trouvé dans son appartement « quelque chose ». « Toujours jalouse, elle aurait remis au KGB une pièce à conviction permettant de confondre son mari[1]. » « Même avant le 1er février 1985 circulaient des rumeurs, on connaissait la divulgation de la liste (du personnel du directorat T à l'étranger). Par déduction, le pays concerné était la France. On peut désormais tenir pour certain que les autorités soviétiques étaient au courant du travail de Vetrov pour les Français au moment de l'expulsion des quarante-sept. L'enquête (sur le crime d'État) avait commencé dès la condamnation (de droit commun) de Vetrov à la suite de la perquisition, et eu égard à des antécédents décelés. Ceci expliquerait presque avec certitude la décision de ne pas se livrer à des représailles étant donné le poids de la preuve »…

En ce qui concerne la liste manuscrite des deux cent quinze officiers de la ligne X établie par Vladimir Vetrov, seule la CIA en détenait un exemplaire, avec la DST qui détenait l'original[2]. L'origine de la fuite dont parle Oleg Gordievski ramène à celle déjà évoquée par Vitali Iourtchenko à propos du document sur l'industrie aéronautique et spatiale américaine. Il y a donc eu fuite de plusieurs documents.

1. *Ibid.*
2. Yves Bonnet, *Contre-espionnage*, *op. cit.*, p. 218.

VI

Viktor Otchenko, un attardé de la guerre froide ?

On s'est un temps demandé à la DST quelles pouvaient être les raisons profondes qui avaient conduit Viktor Otchenko à s'installer au Royaume-Uni après son séjour à Paris. Ce n'était pas tant le regret de ne pas l'avoir récupéré. La constatation qu'après la chute du mur de Berlin, la fin de la guerre froide, l'effondrement du communisme, il y ait encore des officiers du KGB décidés à franchir le Rubicon, intriguait davantage. Officier de la ligne X du KGB, Viktor Otchenko a été en poste à Londres de 1972 à 1979 et à Paris de 1985 à 1992, date à laquelle il a donc fait défection à Londres. Nous disons bien 1992 ! Sur le principe, on peut s'interroger[1]. On comprendra en revanche facilement le choix géographique. Durant son séjour en France, en effet, il a été l'OT de Francis Temperville, physicien nucléaire qui travaillait à la Direction des applications militaires (DAM) du CEA. Affaire d'importance, ce scientifique kleptomane fut arrêté, et condamné à neuf ans de prison, en 1997. Quoi qu'il en soit, le cas Otchenko a vivement intéressé Raymond Nart et Jacky Debain ainsi que les autres protagonistes de l'affaire Farewell. Il a connu Vladimir Vetrov et, avec

1. De la fin des années 1990 au début des années 2000, on compte environ une dizaine de transfuges du SVR, successeur du KGB.

un recul de près de dix ans, il se révèle ainsi être un témoin tout aussi impartial et de qualité que Iourtchenko et Gordievski. Lorsqu'il était officier de la ligne X du KGB en poste à la Centrale, à Moscou, pendant les années 1970-1975, Viktor Otchenko a croisé le parcours de Vladimir Vetrov. Ce n'était pas un ami personnel, mais il le connaissait.

Beaucoup plus tard, lorsque Viktor Otchenko fut affecté de 1981 à 1983 à la section documentation du département n° 2 qui travaillait sur la France, Vladimir Vetrov était à la section « aviation et espace » au département n° 4 « information ». Il venait souvent au département n° 2 voir son ami Igor Panouschkine afin, soi-disant, de mieux connaître les agents qui fournissaient les renseignements qu'il traitait dans sa propre section. Avec l'accord de ses supérieurs hiérarchiques, et du chef du directorat T Léonid Zaitsev, Vladimir Vetrov préparait une étude recensant les principaux agents, leur position, leur production. Par la suite, Viktor Otchenko fut muté au département n° 4 fin 1984 ; il hérita ainsi de la section « aviation et espace » de Vetrov. Il y trouva des collègues qui avaient été pas mal secoués par son meurtre, son arrestation, sa trahison et son incarcération à la prison du KGB de Lefortovo[1]. Vladimir Soldatov et Viktor Charikov avaient travaillé avec lui. Ils furent longuement interrogés par les enquêteurs du département n° 5 directorat K (contre-espionnage et sécurité). En outre, une commission spéciale devait, pendant plusieurs mois, diligenter une enquête pour tenter d'inventorier les documents compromis et évaluer l'étendue des dommages.

Viktor Otchenko a su par Soldatov et Charikov que l'amie de Vetrov, « sa collègue du bureau des traductions, Ludmilla Otchkina, interrogée par le département n° 5 avait dit qu'il tra-

1. Lefortovo était un quartier résidentiel. Son nom vient de François Lefort, suisse, promoteur immobilier et ami de Pierre le Grand.

vaillait pour les Français. Elle a déclaré qu'elle était entrée sans frapper dans son bureau au département n° 4 et qu'elle l'avait vu photographier des documents. Il lui avait dit, sans complexe, ce qu'il faisait et expliqué les motifs pour lesquels il travaillait pour les Français. Il lui avait confié qu'il se sentait maltraité par le KGB et avait donc décidé de leur proposer ses services. Elle avait promis de garder le silence, mais s'était ensuite ravisée, et servie de ce qu'elle avait appris pour le pousser à divorcer. Cela avait été à l'origine de leur querelle dans la voiture. Elle essayait de le faire chanter ». Sur un parking où ils avaient l'habitude d'aller, après avoir bu du champagne, ils se querellèrent. Durant leur dispute, un ancien membre des équipes de surveillance du KGB s'approcha du véhicule. Ce dernier avait pris l'habitude de surprendre les amoureux pour tenter de leur soutirer de l'argent. Vladimir Vetrov tua l'homme d'un coup de couteau de chasse, ce que les Russes appellent « un couteau finlandais », et blessa gravement sa maîtresse.

Durant son affectation au département n° 4, Viktor Otchenko a reçu l'ordre de rédiger un résumé de la carrière de Vladimir Vetrov qui a été joint au dossier du tribunal. Il a ainsi obtenu l'autorisation exceptionnelle de consulter le dossier administratif au département « gestion du personnel ». Ce dossier contenait « des renseignements sensibles obtenus grâce à l'interception de courrier et à une surveillance » de l'intéressé. Ces renseignements sensibles inclus dans un dossier administratif résultent nécessairement d'une période antérieure au séjour de Vladimir Vetrov à Irkoutsk ou à Lefortovo. Il a donc fait à une époque indéterminée l'objet d'investigations particulières. Par ailleurs, les enquêteurs du département n° 5 du directorat K dont le chef était alors le général Sergueï Goloubev avaient le sentiment que Vladimir Vetrov n'avait pas travaillé seul. Ils avaient une liste de suspects. Ils s'étaient mis à soupçonner Otchenko lui-même.

Il remarqua que ses patrons le tenaient à l'écart et « le traitaient comme un criminel ». En fait, un collègue lui avait rendu visite à son domicile et avait téléphoné à quelqu'un d'autre figurant sur la liste des suspects. Cette suspicion dura presque un an, jusqu'à ce qu'il reçoive finalement son visa pour Paris.

Outre les renseignements fournis sur l'épilogue tragique de l'affaire Farewell, Viktor Otchenko confirme que, depuis les années 1970, il régnait effectivement un certain malaise au KGB. Souvenons-nous en 1973, Jacques Prévost l'avait rapporté. Vladimir Vetrov n'était pas seul. Pendant la décennie 1975-1985, on a recensé une dizaine d'officiers du KGB du rang de colonel ayant « choisi la liberté[1] ». À ce contingent déjà significatif, il faut ajouter une autre dizaine de « taupes », américaines pour la plupart, de première grandeur. On a même enregistré ce que l'on appelle des « transfuges en place », tel ce capitaine du KGB Viktor Orekhov, de la 5e DP, chargée de la répression des dissidents, qui les prévenait des écoutes, des perquisitions, et ignorait les documents compromettants trouvés en leur possession[2]. Ceci a complètement échappé aux analystes ; or, le KGB, c'est le cœur du système soviétique. La situation ne fera d'ailleurs qu'empirer. Les convulsions du Parti communiste pendant la période de transition Gorbatchev-Eltsine n'ont pas manqué d'avoir des répercussions au sein même des « ministères de force ». La nervosité de certaines institutions a commencé à filtrer en Occident. Il est connu qu'en 1988, lors d'une réunion à la 1re Direction principale, le général Philip Bobkov, gardien politique du temple, le pourfendeur des intellectuels et dissidents, devenu l'un des adjoints du nouveau président du KGB,

---

1. Stanislav Levtchenko, Ilya Djirkvelov, Vladimir Kouzitchkine, Oleg Gordievski, Vitali Iourtchenko, Sergueï Illarionov, Vassili Mitrokhine, Viktor Otchenko.
2. Nicolas Jallot, *Viktor Orekhov : un dissident du KGB*, Stock, 2011. Capitaine du KGB, il a été arrêté en 1978 et condamné à huit ans de camp.

Vladimir Krioutchkov, dut faire face à un fort mouvement de contestation contre les passe-droits, le népotisme et la corruption. On verra même dans les KGB régionaux des pétitions adressées à la Centrale.

VII

Les années Andropov

Ambassadeur à Budapest lors de l'insurrection de 1956, Iouri Andropov a tenté de contrôler avec son ami Vladimir Krioutchkov un mouvement plus ou moins spontané de « déstalinisation » qui finira par complètement échapper à ses promoteurs. Il a assisté dans l'ombre, comme complice et spectateur, à une tragédie, la répression massive et sanglante décidée par Nikita Krouchtchev et exécutée par les troupes du maréchal Gueorgui Joukov. Fils d'une mère juive, il se nomme en réalité Iouri Ehrinstein. On se demandera toujours comment, malgré ses activités au profit du Komintern en Finlande dans l'entourage d'Otto Kuusinen, il a survécu aux purges antisémites de la période stalinienne. Il sort du rang, en effet, lors de la « déstalinisation » lancée par Nikita Krouchtchev et accède au KGB quelques années après, par la grâce de Léonid Brejnev qui doit faire face à une réaction néostalinienne. Il va diriger pendant quinze ans le KGB, de 1967 à 1982, toujours flanqué de Krioutchkov en tant que chef de la 1re Direction principale. Dans la nomenklatura, Iouri Andropov est ainsi devenu au fil des ans une sorte de « vache sacrée ». Il est très intelligent, lucide, il a un bon outil d'analyse entre ses mains et il voit loin. Il a compris dès 1975 que le système soviétique avait atteint ses propres limites. La foi lénino-marxiste est devenue un mensonge éculé. L'appareil, incapable de résoudre les problèmes de politique générale, se délite. S'il lui reste encore quelque force, il n'est plus respecté. Phénomène nouveau, la résistance passive vis-à-vis des institutions se développe. Même au sein de la 1re Direction principale du KGB règne une atmosphère délétère, – démoralisation, laxisme, corruption, trafics divers, y compris avec l'étranger. Anecdote significative, à l'issue d'une importante réunion de responsables du KGB, quelqu'un a volé la chapka d'Andropov ! Dans le froid glacial de l'hiver, il a rejoint sa voiture tête nue. Il faut inventer une nouvelle dynamique, ce sera la « perestroïka » et la « glasnost ».

La première moitié de la décennie 1980 est cruciale à cet égard. Aurait-on oublié un peu vite qu'à l'image du système ce sont des malades qui se succèdent à la tête de l'URSS. Les ambitions personnelles doivent se projeter à court terme, sinon à très court terme. Ce n'est pas encore une guerre de succession, mais une série de successions qui s'ouvrent, et, avec elles, ce sont les prémices de l'agonie du régime. Dès avant 1980, Iouri Andropov aspire peut-être à succéder à Léonid Brejnev, malade, à la présidence du Présidium du soviet suprême. À la mort de ce dernier, sa désignation est effective le 12 novembre 1982 au secrétariat général du Parti et, en juin 1983, au Présidium. Le 12 février 1984, sur un ton de circonstance, les médias officiels annoncent le décès de Iouri Andropov, qui n'aura donc assuré que treize mois ces fonctions suprêmes. En ce court laps de temps, malade, il aura trouvé l'énergie pour laisser son empreinte en instaurant une politique de répression caractérisée par une hystérie sécuritaire pour redresser l'économie en pourchassant ceux qui ruinaient le camp socialiste ! Le mot d'ordre, c'est « la lutte contre le parasitisme social » qui se traduit par des descentes de police systématiques dans les cinémas, les bains publics, les cafés pour y surprendre les employés des administrations et autres travailleurs qui précisément ne sont pas au travail. Cette réaction andropovienne est quasiment passée inaperçue en Occident.

Sur le plan international, à la suite de l'invasion en Afghanistan, la tension est à son comble. Les Soviétiques les plus agités s'attendent à une guerre nucléaire avec les Américains depuis l'élection de Ronald Reagan. Le lancement de la première navette spatiale américaine a déjà jeté un certain effroi au Kremlin. Il faut se souvenir qu'en 1981 s'est tenue à Kaliningrad, en présence de Léonid Brejnev et de la fine fleur du complexe militaro-industriel, une conférence stratégique pour évaluer les capacités de riposte soviétiques à cette initiative qui mettait en danger la sécurité de l'URSS. Les experts soviétiques ont répondu qu'une riposte était techniquement envisageable, mais à condition, faute de crédits, d'arrêter tous les autres programmes. La navette soviétique *Bourane* était, en effet, loin d'être opérationnelle en raison de nombreuses difficultés, notamment au niveau du bouclier thermique. Les politiques ont conclu qu'il fallait opposer à l'avancée technologique et militaire américaine des initiatives de paix et de désarmement. Ce qui en disait long sur « l'état de la nation ». L'affaire Farewell s'inscrit dans ce stupéfiant contexte de dépérissement inimaginable du système soviétique.

VIII

La fin du KGB

Officiellement, le KGB cesse d'exister le 4 décembre 1991 après une série d'événements politiques marqués par une tentative de coup d'État et l'arrestation, le 22 août, de son chef en exercice, Vladimir Krioutchkov, qui en était l'un des promoteurs. C'est Vadim Bakatine puis Ievgueni Primakov, l'un désigné par Mikhaïl Gorbatchev, l'autre par Boris Eltsine, qui sont chargés de liquider le KGB. Ils le font en plusieurs étapes, en changeant d'abord de sigle, puis d'équipe, et en licenciant une grande partie du personnel. Sur un plan structurel, il y aura désormais séparation d'une part du renseignement intérieur (FSB) et d'autre part du renseignement extérieur (SVR). En ce qui concerne le Service fédéral d'information et des communications gouvernemental (FAPSI), essentiellement agence « Comint[1] » indépendante à l'origine, elle a été rattachée depuis 2003 au FSB. Ces réformes successives se terminent dans les premiers jours de juillet 1992. On aboutit ainsi, en fin de compte, au démantèlement total de la monstrueuse machine tchékiste. C'est ce Léviathan que Vladimir Vetrov a cherché à détruire avec la force du désespoir. Il a fallu du temps pour le terrasser : l'effondrement politique et économique de l'URSS, la chute du mur de Berlin, une dizaine d'années…

La période postcommuniste dans le camp des vainqueurs est marquée par un certain désarroi. Personne n'avait rien prévu ou

1. Interception des communications.

presque. Il n'y a plus d'idéologie. Il n'y a plus d'ennemi franc et massif en face de soi. Le KGB, bras armé du Parti, du système, n'a pas résisté, emporté par la tourmente. La victoire est peut-être totale, mais le triomphe reste modeste, très modeste. Dans les services occidentaux et à la DST en particulier, on s'interroge, et les politiques posent quantités de questions ontologiques. Il faut, comme on dit alors, « toucher les dividendes de la paix », ce qui en américain comme en français veut dire ne plus parler de contre-espionnage et consacrer à d'autres objectifs les ressources rendues disponibles. On assiste, en effet, à la montée d'un péril plus diffus, plus complexe celui-là : le terrorisme. « Adieu Farewell ! »

Il n'y a que les Britanniques pour ne pas se poser de telles questions et, en décembre 1991, venir nous rafraîchir la mémoire. Le 1er juillet 1982, ils organisent la fuite à partir de la Suisse d'un officier du KGB sous couverture de l'agence Tass, Ilya Djirkvelov. Raymond Nart doit alors pour rendre service aux Anglais garder dans son garage, pendant deux ou trois mois, une Oldsmobile immatriculée en Suisse, ce qui intrigue son entourage. Le défecteur y était trop attaché pour l'abandonner derrière lui !

Raymond Nart saura par la suite que c'était celle de Djirkvelov[1]. L'histoire de cet officier du KGB n'est pas banale : originaire de Géorgie, il a déjà atteint un grade élevé au sein de son service quand il lui est demandé de travailler sur ses compatriotes. Refusant de le faire, il invoque une clause de conscience pour démissionner et intégrer l'agence Tass où il a travaillé plusieurs années. Libéralisme de la part du KGB, simple prudence, haute protection ? Le fait est suffisamment remarquable pour être relevé. De nouveaux déboires vont néanmoins

1. Affaire Akimbo : Djirkvelov et son épouse, sous le nom de M. et Mme Grigory, accompagnés de leur fille, arrivent à Roissy par le vol BA312, le 29 juillet 1982. Débriefing par Jacky Debain.

le contraindre à partir de Russie. Son drame est moins d'avoir quitté une société étouffante que sa patrie. Évoquant Soljenitsyne au hasard de la conversation, fataliste, il compare son sort à celui de l'écrivain : « S'ils nous avaient laissés en paix, jamais nous n'aurions quitté la Russie. »

En décembre 1991, donc, dix ans après, John Scarlett annonce la venue à Paris de Djirkvelov qui va y rencontrer son fils en provenance de Moscou, et qu'il n'a pas vu depuis dix-sept ans. Il demande à la DST de les recevoir. Comme par hasard, au jour près, c'est la dernière réforme des services russes et donc la disparition définitive du KGB[1]. Cela s'arrose ! Père et fils sont installés à l'hôtel *Royal Malesherbes*. Raymond Nart et Jacky Debain les ont invités à dîner au restaurant *Baumann Marbeuf*, vers 20 heures comme d'habitude. Le restaurant est curieux ; il y a à l'étage, à midi, un boucher qui découpe l'entrecôte devant les clients. Le soir, au menu surtout des crustacés. En fait, les retrouvailles de nos hôtes sont sévères, tous deux sont arrivés vers 23 heures complètement ivres. Ils ont passé tout l'après-midi au bar de l'hôtel. Installés avec difficulté, négligeant le menu, ils se mettent à chanter en sollicitant la salle, médusée. Le chœur est réduit, mais les murs ou plutôt les vitres tremblent. Clients, serveurs, maître d'hôtel sont sidérés. Raymond Nart et Jacky Debain ne savent où se mettre ni comment les calmer. Ils commandent des écrevisses (dont ils vérifient la fraîcheur malgré leur état d'ébriété) et des huîtres, fatale erreur : le gewurztraminer les achève ! Avec les chauffeurs, il faut finalement les évacuer et les ramener non sans mal à l'hôtel. L'affaire laissera des souvenirs vivaces. À la DST, on ne parlait plus de KGB, le terrorisme était désormais dans les esprits.

1. Officiellement le KGB disparaît le 4 décembre 1991 mais la première loi fédérale russe spécifique relative au SVR date du 2 juillet 1992.

IX

Encore une histoire de « taupe »

Les contrôleurs de l'opération « Farewell » à la DST n'ont jamais très bien compris comment le FBI avait pu arrêter le spécialiste des radars d'Hughes Aircraft William Holden Bell, le 24 juin 1981, à Segundo, Californie, alors que Vladimir Vetrov leur avait signalé ce cas quelques semaines seulement avant cette date. En effet, aucune communication n'a été faite aux Américains avant les 3 et 4 août, et encore au niveau des directeurs et chefs de service. Il y avait donc lieu de considérer que cette interpellation suivie de celle du ressortissant polonais Marian Zacharski n'avait rien à voir avec les renseignements provenant de Vetrov. Le FBI n'avait peut-être pas attendu la DST pour réprimer à l'occasion les ingérences des services de renseignement de l'Est. C'était évidemment un cas intéressant. William Bell se trouvait en difficulté financière. Son ami Marian Zacharski, représentant de la société Pamko, filiale commerciale de l'agence polonaise Metal Export et accessoirement agent coopté du MSW polonais, avait réussi habilement à siphonner des secrets stratégiques et technologiques relatifs à la défense des États-Unis en contrepartie de la somme de 150 000 dollars. Les Soviétiques avaient ainsi indirectement pu entrer en possession des plans et spécificités techniques du radar équipant le chasseur F15, du missile TOW, du missile Phoenix, etc.

William Holden Bell fut condamné à huit ans de prison et son traitant polonais Marian Zacharski à la perpétuité. En réalité, Marian Zacharski, après exactement quatre années de détention, devait être échangé, le 11 juin 1985, au pont de Glienike à Berlin après des tractations conduites par l'avocat allemand Wolfgang Vogel, le fameux spécialiste des échanges d'espions entre l'Est et l'Ouest. L'histoire ne s'arrête pas là. Marian Zacharski sera nommé en 1995 chef de l'UOP, les nouveaux services polonais. Devant le tollé soulevé par les autorités américaines, Lech Walesa fera machine arrière et annulera aussitôt cette nomination. Après cette désillusion, Marian Zacharski quitta momentanément la Pologne, s'installa en Suisse, se lança dans les affaires tout en restant conseiller de l'UOP.

Il y avait tout de même une interrogation troublante. Il ne faut jamais rester dans l'incertitude. Raymond Nart, sur les conseils de Jacky Debain, rencontra Marian Zacharski à Genève et à Paris. Le point de contact était un établissement bien connu, *La Terrasse*, en bordure du lac Léman. La conversation venait à peine de commencer qu'une dizaine de personnes, lunette noires, blousons de cuir, manifestement préoccupées par la sécurité des environs, claquèrent les portières de trois véhicules et investirent les tables voisines. Marian Zacharski, sidéré, crut que Raymond Nart l'avait attiré dans un guet-apens. Son visage coloré était tout à coup devenu blême. S'attendant à être emmené de force, il ne pouvait plus parler. Au bout de quelques instants d'un silence pesant, Raymond Nart identifia Mme Yitzhak Rabin manifestement en visite touristique, entourée d'un puissant et peu discret groupe de sécurité… du Mossad ! L'émotion passée, restait à Marian Zacharski à expliquer son aventure américaine. D'emblée, ses interrogateurs du FBI lui ont présenté une liste exhaustive de toutes les fournitures qui, prétendirent-ils, avaient profité aux Soviétiques ! Affirmations péremptoires, à tel point qu'il a immédiatement compris qu'il y avait eu une trahison de haut niveau ailleurs que dans son service. Dans le dossier transmis à la justice, un document précisait en outre qu'il avait été nommément désigné comme agent soviétique et, précision supplémentaire qui viendrait, un peu plus tard, au moment du procès, le renseignement contenu dans ce document était recoupé. Une seule question le hantait, l'empêchant littéralement de dormir : « Pourquoi ne m'ont-ils pas poursuivi comme agent polonais ? »

Furieux, lors des audiences, il a protesté vainement. Dans les premiers temps de sa détention, par l'intermédiaire d'un avocat, on lui a fait comprendre qu'il ne resterait pas longtemps en prison. « Le grand frère œuvrait ! » Il n'y croyait toujours pas. En fait, il ne savait pas qu'il travaillait pour le KGB, institution qu'il détestait au plus haut point. Il faisait de l'espionnage pour la Pologne, pour l'industrie polonaise, pour Metal Export. Il a expliqué que les officiers du MSW dans leur grande majorité mettaient un point d'honneur à ne pas se laisser embrigader par les Soviétiques et à ne pas travailler pour le KGB. « Entre nous, dit-il, il y avait un contrat signé avec le sang, la Pologne, pas l'URSS, pas le KGB ! » En 1995, Marian Zacharski se mit à faire la chasse aux Polonais qui avaient travaillé pour le KGB. C'est lui qui identifia Jozef Oleksy, Premier ministre, chef du Parti social-démocrate, à la source du KGB « Olin ». Il le poursuivra avec hargne.

Reste que si le FBI a démasqué Bell et Zacharski avant que Vladimir Vetrov ne signale ce cas à la DST, c'est que le FBI et la CIA disposaient alors également d'une « taupe » au sein de la ligne X (scientifique et technique) de la résidence du KGB à l'ambassade d'URSS à Washington. C'était la source désignée sous le pseudo « Pimenta » au FBI et « Gentile » à la CIA. Il s'agissait, en fait, de Valeri Fédérovitch Martinov, lieutenant-colonel en poste aux États-Unis d'octobre 1980 à novembre 1985. Il avait été recruté par le FBI mais était traité en commun avec la CIA, compte tenu des perspectives de carrière de ce jeune officier très prometteur. Il a été trahi conjointement par deux taupes bien connues, Robert Hanssen (FBI) et Aldrich Ames (CIA). Léonid Chebarchine qui était le résident du KGB à Washington organisa son rappel disciplinaire à Moscou en le désignant, de manière quelque peu oblique mais habile, dans l'équipe de la garde rapprochée qui raccompagnait Vitali Iourtchenko à Moscou, le 6 novembre 1985. Martinov a été exécuté le 28 mai 1987. Il laissait une veuve, Natalia, et deux enfants.

7e Partie

PETITES HISTOIRES À PARIS, « FIN DE L'HISTOIRE » À MOSCOU

I

Les experts

Après l'expulsion des quarante-sept Soviétiques, Yves Bonnet est tenu éloigné du président. Son seul interlocuteur à l'Élysée est Gilles Ménage, directeur de cabinet en même temps que coordinateur de la fameuse « Cellule » dirigée par le commandant Prouteau. Le professionnalisme de celui-ci n'est pas en cause quand il dirige le GIGN. C'est même le contraire. On est en revanche surpris de le voir s'égarer dans un domaine qui demande une autre formation avant de se consacrer au service du « Prince ». La tentation était sans doute trop forte. L'écrivain Jean Lartéguy, dans *Les Prétoriens* (Presse de la Cité, 1961), évoque un personnage d'homme politique portant chapeau à large bord et écharpe comme Léon Blum et fasciné par la force tranquille d'un officier de Légion à la fesse maigre. C'est assez ressemblant.

En attendant, « la Cellule » existe et se présente comme l'outil d'expertise de l'Élysée en matière de sécurité sur le territoire français. Pour être honnête, elle n'a pas beaucoup gêné la DST. Dans le domaine opérationnel, les dérapages sont pourtant apparus très tôt avec la célèbre affaire des Irlandais de Vincennes. La référence n'est plus ici au roman mais au cinéma. On est dans *Max et les ferrailleurs* de Claude Sautet où l'on voit un juge d'instruction dévoyé organiser de toutes pièces un flagrant délit exemplaire. Tout ceci se terminera mal avec l'affaire des écoutes dont seront victimes artistes, journalistes et tous ceux qui déplaisent. On est là carrément dans la dérive d'un pouvoir et de ses séides qui s'affranchissent allègrement de quelques principes démocratiques en mettant sur écoutes téléphoniques des journalistes. Au mépris du bon sens le plus élémentaire, on croit que cela ne se saura pas ! Le cas le plus flagrant est celui d'« un scélérat » selon l'expression prêtée à son sujet au président. Il s'agit du rédacteur en chef du *Monde*, Edwy Plenel, dont on entendra parler plus qu'abondamment et qui sera la cause première des difficultés qui opposeront, comme on le verra, Yves Bonnet aux autorités.

Côté contre-espionnage, la DST a eu quelques inquiétudes en observant les manœuvres de plusieurs représentants des services occidentaux à Paris. Ceux-ci, en vrais professionnels, réalisent vite l'intérêt qu'il y a pour eux d'entretenir des relations avec le directeur du cabinet du président de la République et « la Cellule » dont le zèle de néophytes de certains de ses membres pour le renseignement est assez attractif. Ils se disent sans illusion sur le bénéfice qu'ils peuvent en retirer, mais pour leur standing, ils ne veulent pas manquer une telle occasion. L'un d'entre eux se vante d'ailleurs auprès de sa hiérarchie d'être chez lui au cabinet de l'Élysée, mais, dit-il, « il doit marcher sur des œufs », ce qui est la moindre des choses. Les documents, en principe sensibles, que ces différents services communiquent à « la Cellule » se retrouveront en définitive dans un garage de banlieue, isolé, dont l'ouverture est à la merci d'un coup de pied bien appliqué dans une banale porte en tôle. Le survol des archives du commandant Prouteau montre d'autre part que les activités de « la Cellule » se sont volontiers orientées vers des sujets domestiques. Toujours bien informé, Jean-Marie Pontaut rappelle dans un article de *L'Express* le rôle joué par Decazes auprès de Louis XVIII, amateur de rumeurs bien parisiennes. À une époque, la DST a été invitée à se joindre au système, mais Yves Bonnet et Raymond Nart ont bien sûr jugé utile de ne pas répondre pour l'un, de ne pas comprendre pour l'autre. On leur en gardera rancune.

C'est sur cette toile de fond, à bien des égards surréaliste, que vont s'inscrire les relations Gilles Ménage/Yves Bonnet, à un moment crucial des développements médiatiques de l'affaire Farewell. On ne critiquera pas le principe de l'expulsion, l'ordre ayant été donné par le président, mais les modalités d'exécution qu'on impute désormais au directeur de la DST. Tout d'abord une affaire de fuite. Le mardi 29 mars, c'est-à-dire le lendemain de la convocation d'Afanassievski par François Scheer, lors d'une réception à Moscou, Jean-Pierre Massey, le chargé d'affaires français, sera chaleureusement complimenté en public par l'attaché militaire américain pour « le coup de balai » qui a été donné à Paris. L'Élysée et le Quai d'Orsay accusent Yves Bonnet de « duplicité ». Cette indiscrétion américaine ne sera pas sans conséquence dans la suite des événements et, au fil des mois, dans les sphères du pouvoir, on ne tardera pas à voir la main des Américains partout dans l'affaire Farewell. Même Edwy Plenel sera qualifié d'agent américain.

II

Vrai-faux dérapage médiatique

Le travail de contre-espionnage accompli dans ses grandes lignes, Yves Bonnet s'est appliqué, comme on l'a vu, avec persévérance, à sensibiliser sur les dommages subis par l'Occident du fait de l'espionnage soviétique, ministres, états-majors, industriels et chercheurs, parmi ces derniers ceux qui travaillaient en particulier sur des domaines sensibles. Cette campagne de sensibilisation a du succès. Les patrons des grandes entreprises sont non seulement intéressés mais peuvent se montrer aussi très réactifs. L'esprit dégagé de toute sclérose administrative, ils imaginent des ripostes originales et néanmoins réalistes.

À l'issue d'une réunion organisée par Jacky Debain et Jean-Louis Gergorin à l'intention de l'état-major du groupe Matra, naît l'idée d'une « fondation pour la sécurité ». Celle-ci aurait pour objectif de permettre à la DST de démultiplier son offre de protection de l'entreprise contre l'espionnage, d'où qu'il vienne. Encore faut-il un financement, un budget. À l'adresse de Jean-Luc Lagardère, comme à son habitude, moitié sérieux, moitié provocateur, Yves Bonnet lance un chiffre qui paraît fort élevé, tout au moins à Jacky Debain. Le PDG de Matra, loin de s'en émouvoir, promet d'autres concours. Une fois de plus se vérifient les propos de Denise, l'épouse de Jacky Debain : « À la DST, vous avez une mentalité de pauvres ! » La « fondation pour la sécurité » fera long feu. Nouveauté de la méthode, dispersion de ses promoteurs ?

Ne restait plus le moment venu qu'à ouvrir la communication à l'opinion publique. Le premier pas a été franchi par la publication dans la *Revue de la Défense nationale* en décembre 1983 d'un article purement descriptif intitulé : « L'URSS et le renseignement scientifique technique et technologique ». Cet article sous la signature d'Henri Régnard (pseudo de Raymond Nart) a reçu un certain écho, et n'a pas laissé insensibles les milieux spécialisés. C'est Maurice Grimaud, le directeur de cabinet de Gaston Defferre, qui a piloté lui-même l'opération, se préoccupant notamment du sort de Vladimir Vetrov dont on savait qu'à plus ou moins brève échéance le sort était objectivement scellé. Il est décidé ensuite d'avancer prudemment sur ce terrain en s'adressant à quelques « leaders d'opinion ». Le jeudi 9 février 1984 à l'hôtel *Mercure Paris-Vanves*, sont réunis entre autres Alain Besançon, Olivier Chevrillon, Jean-François Revel, Michel Heller, Christian de Bongain, Branko Lazitch, Wladimir Berelowitch auxquels se joint le général Laurent. Lorsque Jean-François Revel quitte la salle, solide et mystérieux, peut-être considère-t-il que la DST n'a fait là qu'enfoncer des portes ouvertes. Faut-il s'en plaindre ? Ce n'est jamais mauvais de prêcher à des convaincus. C'est un premier pas timide, une communication *a minima* dépourvue de tout détail opérationnel dont bénéficient également plus ou moins Roland Jacquard, Jean-Marie Pontaut et Jean Guisnel, journalistes qu'Yves Bonnet traite en direct ou par l'intermédiaire de son premier directeur de cabinet Michel Lacarrière.

Avec l'arrivée de Pierre Joxe Place Beauvau en juillet 1984 apparaissent au ministère, en charge des relations avec la presse, Jean-Loup Reverrier et Guy Perrimond. C'est au printemps 1985 qu'éclate l'affaire du journal *Le Monde*, Guy Perrimond ayant dirigé Edwy Plenel sur Yves Bonnet pour une interview. En fait, le directeur de la DST utilise de son propre chef « cet exceptionnel vecteur qu'est *Le Monde* » et oriente son interlocuteur « sur les dessous de l'expulsion réalisée deux années plus tôt », en proposant « afin d'appâter le lecteur... la publication d'un document soviétique[1] ». Raymond Nart est chargé de son côté d'expliquer le système VPK à son condisciple de l'IHEDN[2] Christian Batifoulier, également de la rédaction du *Monde* ; en fait, rédiger avec lui une synthèse non technique de l'article publié sur ce sujet dans la *Revue de la Défense nationale*. De la vulgarisation en somme. Le célèbre quotidien du soir est à l'époque poursuivi de la vindicte élyséenne. Edwy Plenel focalise la colère du président, bien qu'il soit *persona grata* à l'Intérieur. D'autre part, depuis le mois de janvier, – ce que Raymond Nart ignore complètement –, Yves Bonnet a donné son accord au directeur de l'information d'Antenne 2, Alain Denvers, pour réaliser une émission sur les transferts de technologies. C'est Jean-Pierre Berthet qui prépare l'émission avec la division de la DST en charge de la protection du patrimoine.

Tout cela demande du temps. Yves Bonnet en profite pour faire part de son projet de communication à différentes autorités, notamment au cabinet du ministre de l'Intérieur et à celui de l'Élysée. Pour appuyer son discours, il a rédigé une note explicative qu'il fait lire, mais qu'il conserve. Sur la sous-chemise qui la contient, il inscrit le nom de son interlocuteur et la date du contact. Il y en a cinq ou six. Chaque fois, il revient de ces rencontres avec le sourire. Gilles Ménage est en particulier informé du projet. Raymond Nart a assisté, en début d'année 1985, à une réunion informelle à trois à l'Élysée au cours de laquelle le schéma de communication a été évoqué. Gilles Ménage a récusé avec le sourire certains aspects plutôt folkloriques dont Yves Bonnet avait alors, sans doute pour le tester, agrémenté

1. Yves Bonnet, *Contre-espionnage*, *op. cit.*, p. 257.
2. Institut des hautes études de défense nationale.

la conversation sur le ton mi-provocation, mi-plaisanterie qui lui était coutumier avec un interlocuteur considéré comme amical. Ménage lui a alors répliqué : « Si tu fais cela, je te rase ! » L'essentiel a bel et bien été présenté. On pourra méditer par la suite sur le thème : information ne vaut pas autorisation… surtout quand les choses tournent mal.

La date choisie pour la publication de l'article est le vendredi le plus proche du 5 avril. Pourquoi le vendredi ? Parce que c'est le jour où *Le Monde* se vend le mieux. Pourquoi le 5 avril ? Parce que c'est l'anniversaire de l'expulsion et que ce n'est pas nécessairement inutile de se rappeler au bon souvenir des Soviétiques. Jacky Debain vérifie auprès du Quai d'Orsay qu'aucun événement diplomatique n'est susceptible d'interférer avec la publication de l'article. Il y a bien la réunion de la Grande Commission franco-soviétique, mais elle a été reportée *sine die*. Le ciel est serein, le terrain dégagé. Apparemment.

Tout commence par une émission imprévue de France Inter sur l'espionnage. La DST n'y est pour rien, et n'y accorde en conséquence que peu d'attention car elle ne fait pas partie de son programme. C'est une erreur. S'estimant devancés et pour tout dire trahis, Edwy Plenel et Christian Batifoulier décident d'avancer la date de publication de leur article. Plenel en informe loyalement Debain. Il est en possession de la photocopie d'un document qu'il a promis à Yves Bonnet de ne pas publier. Il le fait néanmoins, avouant devant les remarques qui lui sont adressées qu'il n'a pas su « résister ». En fait, il s'agit de la page de garde du document caviardé, comme on l'a souligné, déjà utilisé par François Scheer lors de son entretien avec Nicolaï Afanassievski. Elle ne sert qu'à illustrer le contenu de l'article, et ne fait évidemment l'objet d'aucune classification, sauf à Moscou. Il n'y a donc rien à reprocher aux journalistes du *Monde*, leur article est techniquement très bon. Le climat s'est un peu alourdi mais rien n'est encore désespéré. Yves Bonnet peut encore rencontrer son ministre Pierre Joxe sans drame. Il lui demande de bien vouloir traiter tous les journalistes sur un pied d'égalité en leur communiquant renseignements et photocopies de documents. Le représentant de l'AFP, accrédité auprès du ministère de l'Intérieur depuis vingt ans, vieux contact de la DST, André Euloge, se précipite vers Jacky Debain et s'étonne auprès de lui de l'effervescence suscitée par l'article du *Monde*, c'est du jamais vu ! et pourtant ce n'est qu'un début !

III

Décibels

Un peu à l'écart des problèmes médiatiques, ce même jour, le vendredi 29 mars 1985 à 20 h 30, Raymond Nart pour une réunion de routine se trouve dans le bureau d'Yves Bonnet. Ils expédient les affaires courantes. Un appel téléphonique interrompt leur entretien. Après quelques instants, la conversation avec l'appelant ne tarde pas manifestement à virer à l'aigre, et c'est peu de le dire. Raymond Nart est là, comme un cheveu sur la soupe, il perçoit les éclats de voix de celui qu'il identifie rapidement à Jean-Louis Bianco à l'autre bout du fil. La conversation ou plutôt la grosse colère du secrétaire général de l'Élysée durera trois minutes. Yves Bonnet ne peut placer une parole d'explication. On ne veut pas l'entendre. Stupéfait, Nart comprend vite que c'est le clash en raison de l'article du *Monde* paru dans l'après-midi. Il découvre en outre que le journal télévisé de 20 heures vient de faire état par-dessus le marché, si l'on peut dire, d'informations complémentaires qui rendent plus que problématique la tenue prochaine de la Grande Commission franco-soviétique. Il n'y a pas de haut-parleur, mais c'était tout comme, Raymond Nart a tout entendu ! Vu la tournure des événements, il se lève et s'apprête à quitter les lieux, juste au moment où Yves Bonnet raccroche, en l'interpellant aussitôt en ces termes : « Vous voyez à quoi ça ressemble un préfet qui vient de se faire engueuler ! » En réalité, il est resté impassible, le visage nullement marqué par la fureur et les atteintes verbales de son interlocuteur. Dans la conversation qui suit ce qu'il faut bien appeler « un méga savon », ce sont ses propres termes, Yves Bonnet mesure tout à fait l'ampleur de ce télescopage médiatique. On l'accuse ni plus ni moins que de compromettre les relations franco-soviétiques. Sûr de son fait, loin d'être accablé, il assume. Vers 20 h 40, Raymond Nart prend congé, se retire sur la pointe des pieds et rentre chez lui avec le sentiment qu'il est bien difficile dans ce pays de gérer la communication de la DST, il y a toujours au final un « pataquès ».

Convoqué vers 21 heures par Jean-Louis Bianco, Yves Bonnet doit de nouveau, en direct cette fois, affronter la fureur du secrétaire général de l'Élysée. Les propos sont si violents et inattendus venant d'un haut fonctionnaire que le directeur de la DST en ressort, pour le coup, passablement sonné. Il a pourtant joué au rugby dans le passé, mais personne, en sortie de mêlée, n'a jamais de la sorte essuyé ses crampons sur son maillot. Après une entrevue moins chahutée mais néanmoins difficile avec Pierre Joxe, il s'enferme avec Jacky Debain. Une longue soirée commence. Yves Bonnet tourne en rond et Jacky Debain prend la veille dans un fauteuil. Les mots sont inutiles. Tous deux fument un cigare comme dans les grands moments. Paradoxalement, c'est un bon souvenir, car la communion est totale. On est quasiment dans l'irrationnel contre lequel aucun argument ne vaut. Yves Bonnet le sait très bien et assume tout.

Comme toujours, ce qui fait la crise, c'est sa dimension politique. Un fâcheux concours de circonstances, la déprogrammation puis la reprogrammation de la Grande Commission[1], la course au scoop entre Antenne 2 et *Le Monde*, des querelles média-

1. La Grande Commission franco-soviétique pour le commerce présidée par Édith Cresson, ministre du Commerce extérieur, et côté soviétique par le vice-Premier ministre Yakov Riabov se réunissait à Paris dans la première semaine d'avril.

tico-politiques entre l'Élysée et *Le Monde*, un cocktail dont la France a le secret qui va enflammer quelques heures l'actualité.

On a reproché à Yves Bonnet d'avoir agi sans l'aval politique. Sur un plan purement formel, certains ont prétendu que dans cet épisode les torts étaient partagés ; sans doute, disaient-ils, un manque de contrôle de l'Élysée sur le directeur de la DST, et de son côté un certain activisme. C'était, à leurs yeux, tellement vrai que Pierre Joxe, ministre de l'Intérieur, apparemment éloigné de tous les détails de l'affaire Farewell et furieux contre son subordonné, demanda sa révocation que François Mitterrand refusa net. La mutation se ferait attendre[1].

Les griefs s'accumulaient sur le directeur de la DST, « activisme antisoviétique », collusion avec les Américains, rapports avec des journalistes, et, ce qui fut ravageur, avec *Le Monde* et Edwy Plenel. Il n'y avait évidemment derrière l'intervention dans les médias d'Yves Bonnet aucune manipulation américaine. Il n'était pas aux ordres des Américains qu'il n'a pas hésité à remettre à leur place en certaines circonstances. Tout comme la DST qui périodiquement expulsait des diplomates américains quand ils dépassaient les limites. Quant à eux, Raymond Nart et Jacky Debain ne se sont pas privés de le faire. Il s'agissait de stigmatiser le KGB auprès de l'opinion publique, ce qui en soi n'était pas de mauvais aloi.

---

1. Conseil des ministres du 31 juillet 1985.

IV

1985 : une année noire

Silence de mort à Moscou. Le 23 janvier 1985, Vladimir Vetrov est exécuté. Son sort était scellé depuis son retour d'Irkoutsk, victime, à titre principal, d'une « taupe » du KGB au sein de la CIA.

À Washington, en effet, la période est apocalyptique, ce ne sont pas les prophètes de malheur qui prolifèrent, mais les traîtres, les « taupes », Edward Howard, Robert Hanssen, Aldrich Ames et peut-être d'autres…

À Paris, une bruyante agitation politico-médiatique occupe le devant de la scène pendant tout le premier semestre au sujet du plan de communication Farewell. L'espace médiatique du second semestre ne sera pas moins rempli par une affaire d'État, le fiasco retentissant du *Rainbow Warrior*. Il n'y a évidemment aucun lien entre l'une et l'autre des deux affaires, sauf que le pouvoir est le même et qu'en son sein quelques pompiers pyromanes, pour d'obscures raisons dans les deux cas, se défaussent allègrement sur les services comme si eux-mêmes étaient tout à fait innocents. Le succès remporté sur le KGB a gêné autant sinon plus que l'échec face à Greenpeace. Tout est mis sur le même plan. Farewell, ce n'est pas un échec, c'est pire encore, c'est plus « tordu », c'est, disent-ils, une manipulation américaine. Raisonnement exagéré ? Demandons à Yves Bonnet.

Contrairement à ce que le déroulement des événements médiatiques pourrait laisser penser, ce n'est pas à compter des journées tumultueuses des 29 et 30 mars 1985 que le pouvoir politique s'est mis tout à coup à fulminer et à discréditer l'action de la DST qui consistait à dénoncer, tout simplement, preuves à l'appui, l'espionnage soviétique. Dès le 13 juin 1984, sont remontées auprès des contrôleurs des informations faisant état, au Quai d'Orsay, du rôle équivoque d'un conseiller, Harris Puisais, auprès de Claude Cheysson. Ce dernier n'avait pas besoin de lui pour critiquer la DST. À l'Élysée, François Mitterrand et son conseiller Jean-Louis Bianco insinuaient que « l'affaire Farewell était en réalité montée de toutes pièces par les Américains instrumentalisant ainsi la DST pour torpiller le premier voyage du président en URSS du 23 au 25 juin 1984[1] ». Cette information ou plutôt cette désinformation faisait suite évidemment à la campagne de sensibilisation entreprise auprès des ministres, des états-majors, des industriels et chercheurs dès la fin 1983. Quelques esprits chagrins n'avaient sans doute pas manqué d'en être contrariés. Quand on connaît en particulier l'inimitié à l'égard de la DST du « chef de la diplomatie française, si peu diplomate[2] » et l'intimité notoire d'Harris Puisais avec les Soviétiques – au Quai d'Orsay on l'appelait « le Colonel », ce qui vaut bien le pseudo dont l'avaient affublé les Roumains : « Mephisto » –, il ne faut pas se poser beaucoup de questions[3]. Certains, *a posteriori*, ont prétendu que le président quant à lui n'était pas dupe. Est-ce si sûr ? Quoi qu'il en soit, il reprendra habilement les termes de cette désinformation pour déblayer le terrain et préparer ses entretiens avec Tchernenko, le tout nou-

1. Harris Puisais était l'un des organisateurs du voyage et on le verra à Moscou dans le cercle présidentiel.

2. Selon François Mitterrand lui-même.

3. La proximité d'Harris Puisais avec les Soviétiques n'était pas un secret pour le président et son cabinet qui avait cependant demandé à la DST une enquête à son sujet (?). Façon de savoir ce qu'il y avait dans le dossier de l'intéressé.

veau secrétaire général du PCUS, le successeur d'Andropov. Peut-être ainsi doit-on avoir une autre lecture de ce que la version politique officielle a qualifié de dérapage de la DST ? Effectivement ce n'est pas tout à fait un dérapage. On notera aussi que les Soviétiques tout comme après l'expulsion des quarante-sept, deux ans plutôt, ont cette fois encore très mollement réagi aux articles du *Monde* et à l'émission d'Antenne 2.

Le dérapage, l'échec opérationnel, le fiasco politique total, il est ailleurs. Ce sera en réalité une affaire d'État qui ne fera qu'ajouter à la confusion tout en jetant le discrédit sur l'ensemble des services. Le 10 juillet 1985, une dépêche d'agence annonce le sabotage dans le port néo-zélandais d'Auckland du navire de Greenpeace le *Rainbow Warrior*. Il y a un mort. Moment d'incrédulité. Qui peut s'en prendre ainsi à des écologistes à l'autre bout du monde ? On imagine que cette action a dû être soigneusement pesée et organisée dans la clandestinité la plus totale, de sorte que commanditaires et exécutants soient assurés de l'incognito. Question classique et néanmoins innocente : « À qui profite ce crime ? » Il n'y a pas la moindre ambiguïté. Tout désigne la France, confrontée à une vigoureuse et récurrente contestation de ses essais nucléaires dans le Pacifique. Le raisonnement est à coup sûr simpliste. À la DST, on a l'esprit en général compliqué et on ne voit pas très bien les autorités prendre un tel risque aussi inutile que potentiellement désastreux en termes d'image. Mais comme on ne prête qu'aux riches, Jacky Debain, alors directeur de cabinet, tend la dépêche à Yves Bonnet avec ce commentaire provocateur : « C'est un coup des cousins[1] ! », c'est-à-dire de la DGSE. La suite se déroule dans le bureau du directeur général de la police nationale, Pierre Verbrugghe, qui se livre

1. Les Britanniques du MI6 désignent le MI5 « service frère » et par extension dans la grande famille du Renseignement, la DGSE, ce sont « les cousins » !

furieux à l'exégèse du télégramme du chef de poste de la surveillance du territoire de Nouméa, Jean-Louis Milhou, mettant carrément en cause la DGSE. « Qui lui a demandé ça ? » Réponse de Jacky Debain, le porteur du télégramme : « Moi, monsieur le directeur général. » La netteté de la réplique modifie quelque peu l'atmosphère. Pour finir, Pierre Verbrugghe laissera tomber : « Il est fort votre type ! » Sans grand effort, Jean-Louis Milhou s'est contenté de relever les traces laissées en Nouvelle-Calédonie par l'opération. Yves Bonnet a déjà décidé de faire le black-out sur l'affaire et même proposé son aide pour tenter d'en contenir les évolutions les plus graves. C'est un devoir qui ne se discute pas. Malheureusement tout est joué d'avance.

Le ministre de l'Intérieur, Pierre Joxe, informé dans les meilleurs délais, ne laisse à personne d'autre que lui le soin de monter en première ligne. Cependant l'enquête néo-zélandaise progresse inexorablement, il se trouve ainsi confronté à un dilemme qu'il lui sera difficile d'éluder, soit laisser la police judiciaire répondre à la demande de collaboration de ses homologues néo-zélandais, soit purement et simplement ne pas répondre et s'affranchir des accords internationaux de la France en matière d'entraide policière, tout en renforçant par ailleurs les soupçons. Le point crucial qui signe le sabotage du *Rainbow Warrior* sera l'identification du numéro de téléphone du ministère de la Défense appelé depuis leur cellule par les trop fameux époux Turenge. Pierre Joxe se déplacera à la DST pour prendre l'état-major à témoin du choix difficile auquel il se trouve confronté. Il temporisera au maximum jusqu'à ce qu'il soit finalement submergé par toute une série de preuves.

Comme il fallait s'y attendre, dès que la responsabilité de la DGSE dans l'aventure a commencé à apparaître, on crie au complot, et de la question : « Qui a coulé le *Rainbow Warrior* ? » on est déjà passé à une autre plus insidieuse : « Qui a dénoncé la DGSE ? » On cherche des coupables parmi les politiques, en particulier ceux qui n'apprécient pas la personnalité du ministre de la Défense, Charles Hernu. Il y a aussi la DST qui ne peut être innocente. La nuance n'étant pas toujours la qualité première de certains journalistes de télévision, ne voilà-t-il pas qu'ils ressortent le marronnier de la « guerre des services ». On se souvient opportunément qu'Edwy Plenel qui conduit avec tant d'efficacité les investigations de la presse sur le *Rainbow Warrior* a publié, il y a peu, sous sa signature dans *Le Monde* un article ouvertement inspiré par la DST. Tout est lumineux !

Dans un ouvrage critique sur *Le Monde*[1], Pierre Péan et Philippe Cohen évoquent sur tout un chapitre « une pige pour les Américains » à propos de l'article de Plenel et Batifoulier. Connaissant leur professionnalisme, on est surpris de constater que ces journalistes s'appuient uniquement sur les dires de Gilles Ménage pour porter cette accusation. La DST pigiste des Américains ! On nage en pleine désinformation. Il s'agit de couvrir de manière dérisoire et pas du tout crédible les agissements de la fameuse « Cellule » tout simplement. Qu'Edwy Plenel se rassure, il n'a pas été l'idiot utile de la CIA.

Farewell, *Rainbow Warrior*, deux affaires qui se succèdent. La phase d'exploitation active de la première s'achève quand la seconde commence à défrayer la chronique. L'une est un succès, l'autre est un échec. L'une sera livrée à l'opinion publique en temps différé, l'autre, on peut dire, en temps réel. Leader médiatique dans ces deux affaires, le journal *Le Monde* et son rédacteur en chef Edwy Plenel qui, on s'en souvient, déplaît au pouvoir. Résultat pratique de ce télescopage – bien involontaire – des services, pendant l'année 1985 : un beau gâchis ! Les rapports entre

1. Pierre Péan et Philippe Cohen, *La face cachée du Monde. Du contre-pouvoir aux abus de pouvoir*, Mille et Une Nuits, 2003, p. 90-104. Les auteurs reprennent les déclarations de Gilles Ménage.

les autorités politiques et les services durablement dégradés. Le ministère de l'Intérieur accusé de trahison par la DGSE. Quant au départ, le 31 juillet 1985, d'Yves Bonnet de la DST pourtant déjà programmé depuis trois mois, il sera, à l'époque, – qu'on le veuille ou non –, amalgamé au fiasco d'Auckland du 10 juillet. La démission de Charles Hernu et le départ de la DGSE de l'amiral Lacoste, le 17 septembre 1985, sanctionneront l'affaire du *Rainbow Warrior*. Aux yeux des politiques, Yves Bonnet quant à lui en avait trop fait, et à la DGSE il est considéré comme le mauvais camarade piétinant sans cesse ses plates-bandes. Il était seulement coupable d'avoir pris trop à cœur la défense des « intérêts fondamentaux de la nation », pour reprendre l'expression juridique consacrée par le code pénal[1].

Il y aura bien quelques autres séquelles côté autorités politiques. Yves Bonnet n'a pas encore quitté la DST pour le Finistère, que, le 16 juillet 1985, Raymond Nart est convoqué par Pierre Joxe et convié aimablement à s'expliquer sur « la véracité de l'affaire Farewell ». Coutumier des promenades dans le parc de l'hôtel Beauvau, il entraîne son interlocuteur dans un long périple pendant que les enfants de la crèche du ministère jouent sur les pelouses. « N'est-ce pas une manipulation américaine ? » Réponse : « Non, c'est impossible. » Malgré les nombreux arguments présentés, Raymond Nart regagne son nouveau bureau de la rue Nélaton avec le sentiment de ne pas avoir du tout convaincu. Un mois après, le 14 août, Rémy Pautrat, le nouveau préfet directeur de la DST, à peine installé, reçoit une commande urgente de l'Élysée, un rapport complet sur l'affaire !

« – La chronologie des événements ;

– le degré d'autonomie par rapport aux Américains ;

– conclure en rappelant la production. »

1. Article 411 et suiv.

Raymond Nart s'y attelle. Son rapport en réponse est circonstancié. Il comporte à peu près dix pages, ce qui est déjà beaucoup pour une autorité, mais il faut convaincre. Ce n'est manifestement pas encore le cas puisque le 24 octobre, le rapport est retourné à Raymond Nart avec les commentaires suivants reçus par Rémy Pautrat de la part de Gilles Ménage

« – Reprendre le rapport sous un angle non technique ;

– qui contrôlait le développement des microfilms ? ;

– faire un document d'ensemble avec les déclarations du transfuge. » [*sic*]

Ledit rapport ne sera jamais repris. Ce retour de copie à refaire n'est d'ailleurs qu'un prétexte dans le climat d'extrême tension qui s'est instauré entre les autorités et le service depuis le printemps 1985. Le contexte terroriste de l'époque et l'habileté de Rémy Pautrat auront finalement raison de l'obstination diabolique de quelques courtisans, qui cherchent en réalité à disloquer l'état-major de la DST.

Le dernier épisode de ce qu'il faut bien appeler une crise a lieu le 7 mars 1986 quand Rémy Pautrat, après quelques explications bien senties, s'entend dire par le directeur général de la police nationale, Pierre Verbrugghe : « Avec tous vos types, vous êtes tellement innocents que vous en êtes tous suspects ! Les autres directeurs, il faut trois mois à vos gars pour les phagocyter, avec vous quinze jours ont suffi ! » L'apostrophe est restée célèbre !

V

Fin d'exercice avec les Américains

Avant l'affaire Farewell, les Américains suspectaient l'importance de l'espionnage scientifique, technique et technologique que les Soviétiques développaient dans leur pays et chez leurs alliés au détriment des industries et des économies occidentales, mais ils n'en avaient pas les preuves, et ils en appréciaient mal la véritable dimension. À l'arrivée de l'administration Reagan, le National Security Council[1] (NSC) était déjà mobilisé sur le sujet. Les documents du directorat T du KGB procurés par la DST, après avoir créé leur effet de surprise, ne vont pas tarder à être rapidement appropriés par les experts des différentes agences et dès lors il est clair qu'à leur tour les plus hautes autorités américaines prendront à leur compte ce qui leur revient, la dimension politique et stratégique.

Les relations François Mitterrand/Ronald Reagan depuis Ottawa en 1981, et Williamsburg en 1983, ont beaucoup évolué au fur et à mesure des initiatives américaines sur le plan international. Le président français n'apprécie pas la façon « cavalier seul » de Ronald Reagan et son activisme antisoviétique. Sceptique par nature, dès le début, François Mitterrand ne croit pas à l'IDS[2] (« guerre des étoiles ») et c'est entre eux un sujet de divergence fort. Il juge le projet de bouclier spatial aventureux, ne veut pas

1. Organe de l'administration présidentielle.

2. Initiative stratégique de défense; on trouve aussi en américain courant « Star Wars ».

s'y associer et, aux armes futuristes, il oppose le développement de la science et de la technique européennes, ce sera EUREKA. Il pressent dès le début ce que dira plus tard sans détour Robert MacFarlane : « C'est la plus grande arnaque de l'Histoire. »

François Mitterrand est plongé dans ces grands sujets stratégiques au milieu de la décennie et cherche, pour des raisons économiques, un rapprochement avec l'URSS. Ronald Reagan à l'inverse poursuit sa politique d'escalade en matière d'armement. La crise provoquée par la diffusion au printemps dans les médias des « dessous de l'affaire Farewell » toujours à l'esprit, en juin 1985, à l'occasion de l'inauguration du Salon de l'aéronautique et de l'espace au Bourget, François Mitterrand tiendra, en public cette fois, à la délégation soviétique conduite par Gouri Martchouk et Evgueni Vélikov, respectivement président et vice-président de l'Académie des sciences, des propos qui ne surprendront pas seulement quelques fonctionnaires de la DST. Sur une ligne politique de rapprochement avec l'URSS, contre toute logique au sens du contre-espionnage, sans que personne parmi ses interlocuteurs ne lui demande rien, poursuivant son jeu de pocker menteur, il dira, ne craignant pas en fait de se déjuger, que l'affaire Farewell et l'expulsion des quarante-sept est « le résultat d'une manipulation de la DST par les Américains ». La désinformation est partie, nous l'avons vu, du Quai d'Orsay et de l'Élysée dès avant juin 1984 et a donc servi durablement le jeu du président de la République. L'Académie des sciences étant un des rouages majeurs du système de la VPK, on peut imaginer les rires sous cape de Martchouk et Vélikov qui, eux, savaient exactement à quoi s'en tenir et à l'époque n'ignoraient rien du véritable fond de l'affaire[1] !

---

1. Martchouk avait été président du GKNT (Comité d'État pour la science et la technique), organisme planificateur et coordinateur de la recherche scientifique dans le système VPK (Commission pour l'industrie militaire).

À la DST, ces propos tenus à des Soviétiques devant micros et caméras ne suscitent qu'un faible écho, tant le ridicule le dispute à l'inconvenance. Qu'est-ce qu'ils vont encore inventer? Inutile d'insister sur la réaction côté CIA des interlocuteurs habituels de Raymond Nart et Jacky Debain. Ils ne comprennent pas. Pourquoi ces propos antiaméricains? En fait, ils ne sont ni politiques, ni même politiciens, ils résultent d'une pure et simple désinformation soviétique qu'il est dérisoire de reprendre après avoir couvert toute l'opération Farewell. En dehors de l'Élysée, de quelques courtisans, de quelques diplomates du Quai d'Orsay, ce qui n'est déjà pas mal, ils n'ont pas trompé grand monde et n'ont été que peu repris dans la presse.

Le regard de François Mitterrand sur le communisme et l'URSS n'a en fait jamais varié sur le fond. Pour preuve, le fameux discours au Bundestag le 20 janvier 1983 sur le déploiement en RFA par les Américains des fusées Pershing pour faire pièce aux SS 20 soviétiques, qu'il appuie sans réserve. Et surtout, la 5e loi de programmation militaire de 1984-1988 qui présente clairement l'URSS comme le pays exerçant la menace militaire principale sur la France, l'ennemi potentiel [*sic*]. François Mitterrand, évoquant l'affaire Farewell au Salon du Bourget, s'adressait ainsi à des représentants d'une puissance ennemie en accusant les alliés américains, accréditant une désinformation dont les Soviétiques étaient à l'origine. Personne ne peut dire s'il y croyait, mais il lui trouvait sans doute un intérêt tactique. Autre ironie de l'histoire, le ministre de la Défense qui a présenté cette loi de programmation militaire à l'Assemblée nationale était Charles Hernu. Personnalité considérée comme complexe par ceux qui l'ont connu, au passé controversé pour d'autres, il fut soigneusement tenu à l'écart de l'affaire Farewell sur ordre de Gaston Defferre, jusqu'au printemps 1983.

Par-delà des tempéraments opposés, hormis ces déclarations que chacun a mis entre parenthèses, ce sont certainement des divergences stratégiques (l'IDS) mais aussi probablement des impératifs économiques sous-jacents qui ont consacré, si tant est qu'elle ait jamais existé, la fin de « la lune de miel antisoviétique » entre François Mitterrand et Ronald Reagan que l'on peut situer à la fin 1983. D'un côté l'indépendance stratégique, énergétique de la France et des Européens, de l'autre la course aux armements pour en arriver à une guerre économique qui mettrait à bas l'URSS et le communisme. Derrière ces petites et grandes manœuvres nationales et internationales, derrière ces initiatives, à l'arrière-plan, il y a Vladimir Vetrov et ses dossiers. C'est la fin d'une époque.

À partir de 1985 et avec les trahisons d'Howard, Hanssen et Ames s'ouvre une période de black-out quasi complet entre les différents services américains et la DST. La seule exception est la dernière affaire de contre-espionnage dans un pays occidental pendant ce qui est encore « la guerre froide », l'affaire Félix Bloch. Cet économiste, conseiller de la Maison-Blanche, avait des contacts avec un agent de liaison du KGB à Paris. Il était surveillé et, sous les yeux des inspecteurs de la division de surveillance, au restaurant de l'hôtel *Meurice*, rue de Rivoli, il lui livra un sac rempli de plusieurs kilos de documents. C'était pendant les festivités du bicentenaire de la Révolution. Ronald Reagan était l'un des chefs d'État invités. Il n'était pas question d'arrêter Félix Bloch qui aurait été pris en flagrant délit. Dès son retour à Washington, le FBI l'interpella, mais entre-temps il avait été prévenu de son arrestation par les Soviétiques, grâce à la trahison de Hanssen. Bien entendu, la DST fut d'abord accusée. Raymond Nart et Jacky Debain apprendront finalement par leurs amis de la CIA dans le courant de l'été 1989 le fin mot de l'affaire Bloch et l'ampleur du désastre causé par

Howard, Hanssen et Ames, sans compter la « taupe » jamais découverte. On n'était plus loin de la nuit berlinoise du 9 au 10 novembre. Raymond Nart a toujours eu à l'esprit ces propos d'un chef des services indiens de passage à Paris, il parlait des Américains : « Vous savez, lui dit-il, les États-Unis sont un grand pays, les Américains un grand peuple, ce sont des amis, mais ils sont encombrants. On les aime trop. Il faut savoir que quand ils commettent des fautes ou font des erreurs, elles sont si énormes, si grosses, qu'elles nous éclaboussent tous ! »

VI

Harris Puisais, un homme d'influence

La DST n'avait quasi jamais entendu parler d'Harris Puisais jusqu'au jour où, membre du cabinet de Claude Cheysson, ministre des Relations extérieures, il se signala dans les milieux d'affaires parallèlement à ses activités politiques. Il était à la fois membre d'un cabinet ministériel, et il siégeait à la direction générale du groupe Saint-Gobain ; par ailleurs on le voyait apparaître dans un certain nombre de contrats avec différents pays de l'Est. Il faisait aussi partie des dirigeants de la GMF[1] et était membre du comité national de France-URSS. C'était enfin un haut gradé du Grand Orient. On doit à la vérité de dire qu'Harris Puisais a commencé par intriguer quelques diplomates. Ses fonctions au cabinet étaient mal définies, et il se mêlait des affaires soviétiques dans un sens probablement peu orthodoxe, ce qui lui vaudra d'être appelé « le Colonel », surnom lourd de signification. En fait, sur les relations bilatérales avec l'URSS, il jouait les utilités, ce qui déplaisait aux diplomates de carrière. Il fera partie de la suite présidentielle à l'occasion de deux voyages.

Reste que c'est de lui qu'a démarré cette étonnante désinformation : « L'affaire Farewell est une manipulation des Américains. » C'était suffisant pour que la DST s'intéresse au personnage nanti toutefois d'un maigre dossier dans les archives. C'était un ami du « milliardaire rouge » Jean-Baptiste Doumeng, de Charles Hernu

1. Garantie mutuelle des fonctionnaires.

et de Pierre Bérégovoy, connus pour ces deux derniers pour avoir milité dans les années 1950 au PSA et au PSU[1]. À l'origine professeur de mathématiques à La Rochelle, Harris Puisais avait fait partie du temps de la IVe République de différents cabinets ministériels, notamment du cabinet de Pierre Mendès France et il en avait conservé quantité de relations dans les milieux de gauche. Néanmoins, de 1958 à 1981, il était revenu dans l'enseignement et n'était pas apparu pendant cette période sur la scène politique. Une enquête sur un tel personnage en 1984-1985 s'avérait délicate. Homme de réseaux, il aurait été sans aucun doute informé rapidement de la moindre des initiatives de la DST. Résultat, comme souvent en pareil cas, on ne fit rien.

Raymond Nart avait été chargé dans le courant du dernier trimestre 1983 de faire une conférence au Quai d'Orsay sur les transferts de technologies et le renseignement scientifique technique et technologique à partir de la documentation Farewell. Avaient été réunis une cinquantaine de diplomates de différents grades. La salle exiguë n'était pas adaptée à une conférence avec projection. L'atmosphère était surchauffée. L'auditoire attentif ne fut cependant troublé que par l'arrivée tardive dans la pénombre d'Harris Puisais qui s'excusa, et regretta à la fin, auprès de l'intervenant, d'avoir découvert cette réunion presque par hasard. Raymond Nart revoit encore dans l'entrebâillement de la porte ce curieux visage de Méphisto, goguenard, découvrant une réunion à laquelle il n'avait manifestement pas été convié. Son entrée fut particulièrement remarquée, d'autant que pour trouver un siège, il dut déranger quelques diplomates de haut rang. Barbichette et moustache poivre et sel, c'était un personnage sortant tout droit de l'opéra de Gounod, plus vrai que nature. On ne pouvait pas oublier ce visage singulier, pour ne pas dire inquiétant.

1. Parti socialiste autonome et Parti socialiste unifié.

Un soir de l'hiver 1985, vers 19 heures, alors qu'il se prépare à prendre le métro à la station Miromesnil pour rentrer chez lui, Raymond Nart aperçoit Harris Puisais à l'angle des rues La Boétie et Miromesnil. Il était reconnaissable entre mille. La DST ne fait pas d'enquête, et bien entendu n'en fera pas. Nart saute sur l'occasion pour l'aborder le plus courtoisement du monde en se référant à cette fameuse conférence du Quai d'Orsay qui remonte à plus de deux ans. Peut-être acceptera-t-il de parler ? Harris Puisais, aux bras d'une personne qui compte tenu de son âge ne paraît pas être son épouse, réagit de son côté fort courtoisement. Il accepte un rendez-vous, sort son agenda et note. Mercredi prochain 18 heures, rue de Rivoli. Il est, alors, en effet, au cabinet de Pierre Bérégovoy, ministre de l'Économie, des Finances et de l'Industrie du gouvernement Fabius. S'ensuivra une série d'une dizaine de rencontres passionnantes auxquelles Harris Puisais trouve sans doute aussi quelque intérêt puisque la conversation est chaque fois interminable. On parle de tout. Il est agréable, cultivé, très expérimenté en politique.

Il occupe à l'étage ministériel un somptueux bureau, mobilier et fauteuils Henri II ; en revanche, il y a peu de lumière, ce qui ajoute à l'étrangeté du personnage. Il n'a pas beaucoup de dossiers apparents, mais quantité de revues et de journaux. Il ne prend pas de communications téléphoniques, sa secrétaire filtre et lui remet en fin de journée la liste des personnes qui ont tenté de le joindre. Il ne donne pas l'impression d'être très occupé. Évidemment, il a vu venir de loin le chef de la division A4, il se doute bien qu'il a un dossier. « Vous savez, les policiers, je les connais, dans le temps j'avais de bons copains aux RGx… Je vous connais… et je sais ce que vous cherchez ! » C'était un ancien trois-quarts aile de l'équipe de rugby de La Rochelle, il n'en a plus la sveltesse, mais pratique toujours autant l'offensive ; il pose les questions, fait lui-même les réponses. Pas du tout gêné d'expliquer comment, par le commerce avec les pays de l'Est – qu'il s'est, dit-il, toujours efforcé de faciliter de manière plus ou moins directe –, il a connu des Soviétiques, « tous des services bien entendu, il était difficile de les éviter »... « On le savait, et moi, je n'avais aucun secret! »... « Vous devez savoir, cher monsieur, que si j'avais voulu, j'aurais pu être très riche, mais j'ai une éthique »... « Ce qui m'intéresse dans la vie, ce sont les hommes, la politique ». Il ne nie pas avoir joué un certain rôle dans le financement du PS, tout en respectant les lois, précisait-il.

Fin tacticien, Harris Puisais restera toujours dans les généralités. Il se sait en position de force dans son bureau rue de Rivoli à quelques mètres de son ministre. Il n'a pas gardé, prétend-il, le souvenir des noms de ses interlocuteurs du KGB. C'étaient tous des subalternes qui n'étaient pas au niveau. Son niveau, c'était le Politburo, son homme qu'il prétendait connaître, Mikhaïl Gorbatchev, son affaire « la perestroïka, la glasnost », en un mot le devenir de l'URSS.

L'explication sur la fameuse désinformation Farewell qui n'a pas manqué d'être provoquée par Raymond Nart au détour d'une conversation, lors de la deuxième ou troisième rencontre, vaut d'être relatée au plus près :

RN : « On m'a rapporté qu'au Quai d'Orsay avait circulé le bruit que l'affaire Farewell avait été manipulée par les Américains pour nuire aux relations de la France avec l'URSS ! »

HP : « Qui vous a dit cela ? »

RN : « Quelqu'un d'autorisé, au cabinet. »

HP : « Personne n'est autorisé au cabinet... Je ne vois pas très bien de qui vous voulez parler. »

RN : « Vous ne pouvez pas nier que cette affaire suivie de l'expulsion ait eu un certain impact international et qu'on en ait parlé. »

HP : « Certes... mais c'est là tout le jeu de Ronald Reagan avec sa course effrénée aux armements. Il est évident qu'il a tenté d'entraîner les Européens dans l'IDS... C'est lui qui a tout manipulé en utilisant l'affaire Farewell contre la volonté de François Mitterrand... Je me souviens de votre conférence au Quai d'Orsay, c'était la voix de l'Amérique, c'était pas très bon... ou vous en avez trop dit ou pas assez! »... Inutile d'insister. On en restera là, et on se quittera tout de même, ce soir-là, bons amis.

Changement de ton en janvier 1986, de retour d'un voyage, Harris Puisais décrit la situation à Moscou comme catastrophique. Étonnamment, il déchante : « Atmosphère pesante, lugubre, crise économique, pénuries de denrées de première nécessité... ils n'ont plus d'argent, rien ne marche »... « Je n'ai pu rencontrer aucun de mes amis au Politburo même pas Nikolaï Tikhonov », qu'il dit pourtant connaître depuis longtemps, et puis répète deux ou trois fois : « Il va se passer quelque chose de grave ! » Il en sait plus, sans aucun doute, il réserve cela à d'autres. La crise n'a pas encore atteint son paroxysme, et pourtant Harris Puisais, avec l'échec de « la perestroïka et de la glasnost », avec l'échec de Mikhaïl Gorbatchev qu'il constate et déplore, enregistre déjà trois ans à l'avance l'échec du monde communiste. Son dernier mot sera : « Le communisme ne se réforme pas ! » Puisais décédera le 9 avril 1989.

VII

« Mesures actives[1] » du KGB à Paris

Il est clair qu'après l'expulsion des quarante-sept, mesure d'une ampleur inédite dans le contexte de l'époque, suivie peu après de la communication faite auprès de l'opinion publique, il est difficile, sinon impossible pour la DST de mettre en œuvre avec quelques chances de succès des opérations de déception. L'activité de la résidence du KGB en France s'est trouvée sinon ruinée du moins durablement perturbée. Il a bien été envoyé un certain nombre de correspondances équivoques ou de nature à créer des difficultés à des officiers du KGB dont l'adresse était connue, mais l'impact de cette opération fut plutôt limité. Sans le savoir, la DST a envoyé des lettres compromettantes à des agents du KGB qui en avaient déjà reçu de la part de la CIA! Que faire d'autre? La DST a pratiqué la terre brûlée.

En réalité, ce qui a été constaté, c'est plutôt l'inverse. C'est-à-dire des « mesures actives » conduites en France par le KGB. D'abord, comme on l'a vu, l'importante opération de désinformation qui a superbement fonctionné, et qui a consisté à instiller dans les rouages de l'État l'idée que l'affaire Farewell était une « provocation américaine ». Ensuite, l'envoi à Paris, peu après, d'un faux transfuge, un certain Iouri Blankov de natio-

1. « Mesures actives »: terminologie du KGB pour désigner la focalisation des moyens et des actions sur une cible. Les « mesures actives » comportent la provocation, la désinformation, la surveillance, les écoutes, etc.

nalité soviétique dont les révélations si elles avaient été prises au sérieux auraient été de nature à discréditer complètement la DST, s'agissant d'accusations fausses à l'encontre de hauts fonctionnaires ou de membres de cabinets ministériels. Ce fut « l'affaire Cormeilles ». L'objectif final était bien entendu de créer un scandale dont le service ne se serait pas relevé. Iouri Blankov était un joueur d'échecs d'un certain niveau, il participait à des tournois internationaux. Ses bases logistiques paraissaient être alternativement Helsinki et Moscou. Il ne parlait presque pas le français. En première analyse, il a été pris par Raymond Nart et Jacky Debain comme un escroc aux renseignements. Au fur et à mesure que l'affaire dite Cormeilles se déroulait, il est apparu que non seulement il ne cherchait pas à monnayer ses renseignements, mais qu'il disposait de moyens et de relations à Moscou. Jusqu'au jour où par la CIA (Dan Vogel) la connexion avec le KGB a pu être établie. C'était un homme de taille moyenne, plutôt mince, chauve, les yeux perçants, observateur mais qui dans la rue passait inaperçu. Ce profil pouvait dans une certaine mesure accréditer ses dires. Il avait en effet expliqué avoir appartenu à la 7e Direction du KGB chargée des surveillances. Iouri Blankov disparut de la circulation à partir du moment où ses traitants lui firent comprendre qu'il valait mieux pour lui qu'il regagne Moscou. Les services britanniques également consultés considérèrent de manière quelque peu lapidaire que Blankov était un « fabricateur ». De l'avis général de ceux qui ont traité ce cas insolite, il s'agissait pour résumer d'un agent provocateur qui ne pouvait qu'être envoyé par le KGB.

VIII

Vengeance silencieuse à Washington

Il faut bien reconnaître que la DST avait dénoncé l'espionnage auquel se livrait l'URSS en France et dans les pays occidentaux de manière quelque peu tonitruante. Surpris et goguenards, les services européens ont donné l'impression d'assister au spectacle sans se départir d'une relative réserve. Seule exception, les services britanniques. La plupart ne veulent pas gêner la diplomatie. Ce n'est pas du meilleur goût que de soulever un scandale dans des relations bilatérales, surtout avec l'URSS. D'autant que le 30 décembre 1981 et le 22 juin 1982, Ronald Reagan décrète l'embargo et renforce même les premières mesures visant la fourniture des équipements prévus contractuellement pour la mise en œuvre du gazoduc euro-sibérien. Sur ce sujet, il se heurtera vivement aux Européens qu'il traite de « poules mouillées ». Ce sera la crise. Les initiatives antisoviétiques de Ronald Reagan sont finalement devenues aussi des sanctions contre ses alliés. Sous la pression des Européens et des milieux patronaux américains, elles finiront par être abrogées le 13 novembre 1982. Il y a donc un contexte, qu'il n'est pas nécessaire il est vrai de compliquer. Le sujet du moment dans les chancelleries est l'approvisionnement énergétique de l'Europe et le commerce qu'on ne veut pas compromettre, mais pour la totalité d'entre elles, soyons clair, par principe, on n'a pas du tout envie de fâcher l'URSS, la superpuissance. C'est aussi le cas des autorités françaises, réticentes, on vient de le voir. Quand on examine cependant, avec le recul des années, les réactions soviétiques aux différentes mesures engagées à son encontre suite à l'affaire Farewell notamment, on n'enregistre que quelques communiqués de protestation de principe. Rien d'autre.

Le dossier Farewell parvenu entre leurs mains en août 1981, Ronald Reagan et les experts de la CIA réalisent vite les conséquences catastrophiques de l'énorme flux constitué par les transferts de technologies occidentales, en particulier à partir des États-Unis qui, depuis des années, bénéficient au complexe militaro-indutriel soviétique, essentiellement à la recherche-développement en matière d'armement. Le tout sous le couvert d'une politique internationale dont les maîtres mots sont « coexistence pacifique » et « détente ». Les Américains se doutaient bien qu'ils étaient dupés, trompés, mais ils disposent désormais de preuves concrètes, et, surtout, apparaissent béantes les faiblesses des Soviétiques incapables de mener à bien un programme de développement d'armes stratégiques nouvelles sans gravement obérer une économie déjà rendue exsangue par le seul poids de l'armement conventionnel et de la guerre en Afghanistan. Il y a là une incroyable opportunité d'organiser une riposte susceptible de conduire à un résultat décisif. Apparaît en premier lieu devant l'opinion publique mondiale l'initiative stratégique de Ronald Reagan lançant un important programme d'armement, ce que l'on appellera l'IDS. Ce n'est pourtant que l'un des moyens mis en œuvre par le président américain dans sa lutte contre l'URSS au moment où son économie est en crise.

Ce n'est que bien plus tard et après avoir quitté la DST que Raymond Nart et Jacky Debain apprendront, par des voix autorisées, qu'au sein du National Security Council et autour du conseiller Richard Allen, toute une équipe s'est en outre mobilisée pour livrer aux Soviétiques une audacieuse « guerre secrète ».

Aux États-Unis, l'exploitation offensive du « fonds Farewell » est liée au nom de Gus Weiss. Économiste de formation, scientifique devenu stratège et en dernier lieu spécialiste du nucléaire, Weiss a acquis de multiples compétences techniques en matière d'armement. Ce conseiller de quatre présidents, qui a donc plusieurs cordes à son arc, a consacré sa vie aux questions de sécurité nationale. C'était une éminence grise de tout premier plan. Curieusement, il n'est sorti d'un relatif anonymat qu'en raison des circonstances de sa mort, le 20 novembre 2003, à l'âge de 72 ans, quelques mois après le déclenchement de la guerre d'Irak, à laquelle il était fermement opposé. Il a été trouvé mort au pied de l'aile ouest de l'immeuble du Watergate (!) où il habitait, apparemment suite à une chute, à partir de son domicile, un appartement en étage élevé. Le médecin légiste a conclu à un suicide, sans autre explication. L'annonce de son décès, laconique et tardive, a encore accru le malaise entourant l'événement. Il n'avait pas de famille proche et donc personne n'a rien pu dire sur les circonstances qui ont entouré ce prétendu suicide, auquel aucun de ses amis ou de ceux qui le connaissaient n'a cru. Interrogé à ce sujet, Richard Allen, vieil ami de Gus Weiss, n'a pas semblé convaincu, lui non plus, par la thèse du suicide, résumant son sentiment en une phrase lapidaire : « C'est un héros américain[1] ! »

En France, Gus Weiss est connu pour avoir facilité la constitution d'un joint-venture entre General Electric et la SNECMA pour le développement d'un moteur d'avion à double flux qui devait équiper les appareils d'Airbus et de Boeing. Il a été décoré de la Légion d'honneur. C'était un homme de taille moyenne, un peu voûté, chauve. Il avait perdu ses cheveux assez jeune, suite à une maladie ou aux traitements qui s'en étaient suivis. Il avait porté une perruque. À l'époque de l'affaire Farewell, Gus Weiss

1. Colloque École militaire, 9 novembre 2012.

appartient au NSC et Richard Allen occupe le poste de conseiller à la sécurité[1] du président. Selon Richard Allen, Ronald Reagan a « conclu » le dossier Farewell par une demande d'opération de « déception stratégique » contre les Soviétiques, « c'était son idée ». Cette demande s'adressait au directeur de la CIA, Bill Casey. « Juste après Noël 1981, j'ai rencontré Casey pour mettre au point un plan répondant aux injonctions de Ronald Reagan très irrité par ce qu'il avait découvert dans ce dossier. Richard Allen a proposé Gus Weiss qui a donc conçu et élaboré ce fameux plan, mais "c'était l'idée de Reagan". »

« Gus Weiss avait un tropisme pour le renseignement et l'espionnage et pour assembler les pièces d'un puzzle, c'était sa technique, opérer comme un loup solitaire en silence[2]. » Avant de se voir confier cette mission, il travaillait essentiellement sur les transferts de technologies sensibles au bénéfice de l'Union soviétique. Il s'intéressait au problème depuis déjà longtemps sans pouvoir avec précision quantifier leur volume et en évaluer les conséquences pour la sécurité nationale. Il avait tissé des liens avec de nombreux dirigeants d'entreprise préoccupés par les questions d'espionnage industriel. Il avait baptisé ce groupe « The Américan Tradecraft Society ». Il avait aussi des contacts personnels avec quelques dirigeants d'entreprises françaises. Notamment René Ravaud, PDG de la SNECMA. C'est, disait-il, le dossier Farewell qui lui avait apporté les preuves qui manquaient pour évaluer l'ampleur du pillage technologique auquel se livrait la communauté du renseignement soviétique à des fins militaires. À un minutieux travail d'analyse, il allait ajouter un large volet offensif exposé dans un document officiel intitulé « Duper les Soviétiques » ! Tout un programme.

1. « Security adviser ».
2. Propos de Richard Allen interviewé.

La présentation qu'en fait Gus Weiss est sans fioriture. Face à ce qui est pour eux une véritable révélation, le premier réflexe des Américains aura naturellement un caractère défensif, renforcement de la protection des technologies sensibles. Gus Weiss ira beaucoup plus loin, et revendiquera à son compte un plan d'action stupéfiant et des plus audacieux. S'inspirant de ce qui est pour lui une révélation, en particulier « les plans de recherche » qu'il qualifie de « listes d'épicerie », car les Soviétiques cherchent et ramassent tout ce qu'ils peuvent, il va proposer au directeur de la CIA rien de moins que de leur faciliter la tâche et donc d'accroître, notamment aux États-Unis, la collecte de documents et matériels pour mieux les fourvoyer, les intoxiquer en produits obsolètes et logiciels trafiqués, il dira « pourris » [*sic*]. L'objectif est évident : désorganiser l'économie et la défense ou encore engager la recherche dans des voies sans issue. La méthode n'est pas nouvelle pour la CIA, mais ce qui est remarquable, c'est l'ampleur et la sophistication du programme mis en place. Ces technologies conçues pour dysfonctionner longtemps après avoir passé le premier test de contrôle sont répandues à grande échelle. Elles se retrouvent dans des équipements militaires, des usines chimiques et même une usine de tracteurs. Dans le compte-rendu qu'il fera de son opération, Gus Weiss ne cite que des exemples très généraux d'opérations réussies. D'autres relèvent globalement du domaine de la « cyberguerre » et visent à provoquer dysfonctionnements et destructions dans les équipements civils et militaires ciblés. Gus Weiss parle de « succès éclatant », ce qui laisse songeur quand on imagine concrètement le mécanisme d'une telle opération qui requiert en particulier une large coopération de la part du monde industriel.

Le cas le plus significatif par son importance, d'après ce que laissent entendre certains milieux américains autorisés, fut en décembre 1983[1] celui de la « gigantesque explosion » survenue à Nadym sur le gazoduc transsibérien qui devait acheminer le gaz du gisement d'Ourengoï, oblast de Tioumen, – partie occidentale de la plaine de Sibérie, au sud de la baie de l'Ob –, vers l'Europe de l'Est et les marchés occidentaux. Cette explosion fit une dizaine de morts et devait soi-disant retarder les travaux du gazoduc euro-sibérien. Il fallait absolument différer, aux yeux des Américains, la livraison du gaz à l'Europe, ce qui était susceptible de générer d'importantes ressources en devises, aussitôt investies, disaient-ils, dans la recherche informatique, le développement de l'industrie militaire et spatiale. Certains observateurs soulignent que l'épisode relatif à cette explosion, suite à un sabotage, a été médiatisé pour la première fois par l'ancien chroniqueur du *New York Times*, William Safire, dans le cadre d'une opération de relations publiques de la CIA. D'autre part, l'événement est relaté par Thomas Reed, un collègue de Gus Weiss, dans son ouvrage paru en 2004, sous le titre *At the Abyss*[2]. Selon l'auteur, l'explosion du gazoduc sibérien serait due au piégeage par une société canadienne de son système de contrôle à l'aide d'un « cheval de Troie » dans un logiciel.

Une enquête et donc des sources récentes[3] laissent entendre qu'il s'agirait de la compagnie canadienne d'ingénierie basée à Calgary, COV-Can, disparue depuis. C'est elle qui serait, d'après ce qui est rapporté, derrière le piégeage informatique ayant généré l'explosion. Le contrat « GOFO » prévoyait que

1. Dépêches AFP et Tass relatant une explosion et un grave incendie « dans une station de compression du gaz à Ourengoï retardant d'environ six mois les travaux du gazoduc euro-sibérien ». Selon un ancien conseiller de Reagan, l'explosion se serait produite au moment de la discussion sur les euromissiles, donc fin 1983 début 1984.

2. Thomas Reed, *At the Abyss*, *op. cit.* Cependant, l'auteur se trompe de date et situe l'explosion en mars 1982.

3. Émission de la chaîne publique canadienne *Bons baisers du Canada*, diffusée le 10/01/2013.

le terminal de contrôle du gazoduc serait mis en œuvre par Thomson-CSF, avec un logiciel spécifique souhaité par les Soviétiques, d'où un partenariat de ses filiales (Sems[1] et Cimsa[2]) avec COV-Can qui disposait de la licence de ce logiciel, et ces sociétés ont ainsi travaillé de concert sur ce sujet. En fait, pour diverses raisons et en particulier d'embargo sur la licence, ce partenariat fut un échec et Thomson-CSF substitua à la solution initialement prévue l'ordinateur Mitra construit par la Sems, le logiciel Cimsa étant d'ailleurs commissionné après l'explosion. Il est exact que Cimsa avait à Calgary des bureaux d'étude communs avec COV-Can dont l'un des copropriétaires était Covington Morris, un spécialiste de la circulation des fluides et des gaz sous pression dans les pipe-lines. Il dirigeait également CRC Bethany International à Houston, société émettrice de la licence déclarée aux États-Unis « non exportable vers l'Est » et qu'il avait cru à tort exportable à partir du Canada. De manière peu convaincante et alambiquée, Covington a déclaré publiquement qu'il connaissait l'existence en 1982 d'une opération secrète dirigée par les gestionnaires de COV-Can. Il dégage sa responsabilité, décrit sommairement le piratage qui consistait à mettre un « cheval de Troie » dans un logiciel. Finalement, prétend-il, au bout de six mois, tout a été livré[3]. Le gazoduc était ainsi selon Morris Covington équipé d'un système de contrôle qui modifia la pression dans les circuits. Ce piégeage aurait fini par provoquer une « explosion et un incendie colossaux » à telle enseigne que le Noth American Aerospace Defense Command (NORAD) supputa

1. Société européenne de mini-informatique et de systèmes – 36-38, rue Princesse, Louvecienne (Yvelines).

2. Compagnie d'informatique, militaire, spatiale et aéronautique – 10-12, avenue de l'Europe, Vélizy (Yvelines).

3. Sources canadiennes.

un moment l'explosion d'un engin nucléaire ou un lancement de missile. Tout ceci étant peu vraisemblable.

Les Soviétiques sont bien sûr peu loquaces sur l'origine de l'explosion et l'on ne doit pas s'en étonner[1]. Ils la reconnaissent, la situent à Nadym près d'Ourengoï en décembre 1983, avec comme bilan une quinzaine de victimes, et peu de conséquences sur l'avancement des travaux. De son côté, la CIA n'est pas du tout explicite, elle entretient même un certain mystère sur l'ensemble de cette affaire, attitude tout autant compréhensible, mais pas pour les mêmes raisons. Avec le recul, on a nettement l'impression qu'il s'agit en réalité de ce que l'on doit considérer comme une bavure. L'objectif du sabotage n'était en aucun cas de tuer quelques ouvriers du gisement d'Ourengoï, mais bien de neutraliser ou au pire de retarder significativement les livraisons de gaz à l'Europe. L'événement est dans ce cas un échec qui s'apparente à l'œuvre d'un apprenti sorcier, que l'on va néanmoins magnifier par une habile campagne de désinformation. Si la thèse Covington était exacte, ce qui ne paraît pas être le cas, le cynisme de Gus Weiss aurait, en effet, atteint en l'espèce des degrés de sophistication achevés. Outre l'inélégante manœuvre d'utiliser le « faux drapeau » de Thomson-CSF (Cimsa et Sems), il aurait en l'occurrence cherché à compromettre les intérêts des Soviétiques, au mépris bel et bien de ceux de quelques pays occidentaux, au hasard l'Allemagne !

Le scénario invraisemblable mettant en cause COV-Can et Cimsa malgré les affirmations de Covington et quelques autres n'est pas accepté par les spécialistes « pipe-liner » qui font observer que ladite explosion a eu lieu précisément au niveau de « la

1. Dans une déclaration reproduite par l'agence Tass, début janvier 1984, Vassili Dinkov, ministre soviétique de l'industrie du gaz, a qualifié de mensongères les informations sur « les graves dégâts » consécutifs à cet incendie tout en confirmant qu'un tel incident avait bien eu lieu.

station de compression n° 7 de Nadym[1] » située sur le réseau de collecte et qui n'a donc rien à voir avec le réseau de transport seul concerné par Thomson-CSF, Cimsa et Sems. Un logiciel local piraté pourrait effectivement avoir provoqué l'explosion. Ce serait donc la station de compression qui serait en cause et non le terminal de contrôle[2]. Ceci correspond d'ailleurs à ce qu'écrit Gus Weiss dans un de ses rapports où il se vante du « sabotage de turbines pour gazoduc », mais nulle part de logiciel du terminal de contrôle. C'est lui qui l'écrit ! On sait que l'industrie américaine est loin d'être absente de cette affaire de gazoduc. Alstom-Atlantique a fourni les turbines en partie fabriquées par General Electric ; Creusot-Loire et Dresser France ont fourni les compresseurs ; Dresser France est une filiale à 100 % de Dresser Industry, et Creusot-Loire est sous licence de Cooper Industry. Sans parler des sous-traitants.

Gus Weiss disposait de nombreuses possibilités et il est confirmé que cette prétendue « gigantesque explosion », si complaisamment suggérée, n'a pas empêché le gazoduc de fonctionner dès 1984, ni les Européens d'acheter le gaz aux Soviétiques. À part les quinze morts, ce sabotage a même un côté tout à fait dérisoire. On peut cependant y voir une sorte de coup de pied de l'âne qui rate son but de la part de Ronald Reagan que les pressions de ses alliés européens victimes de son embargo ont contraint d'abroger. Il est sûr et certain d'autre part, qu'en réalité se cachent derrière cet événement controversé bien d'autres actions ciblant, de manière efficace (du moins on l'espère), le complexe militaro-industriel soviétique. Quoi qu'il en soit, le mirifique contrat « GOFO » de Thomson-CSF s'est

1. Localisation et date confirmées par le ministre adjoint du gaz à l'époque, Guennadi Schmal. Voir l'émission *Bons baisers du Canada*.

2. « Farewell dossier analysis », CIA. Dossier « Deception Operation ».

retrouvé devant la cour arbitrale de La Haye. Les Soviétiques n'ont pas voulu payer !

Les documents Farewell ont à coup sûr représenté, au moment le plus opportun, une divine surprise en apportant à la CIA les moyens d'identifier les besoins prioritaires des Soviétiques, leurs lacunes, et en renforçant la conviction de Gus Weiss dans la mise au point son programme « Duping the Soviets ».

La campagne de contre-mesures fut de courte durée, elle n'excéda pas deux ans et resta longtemps secrète. Jacky Debain a assisté en 1986 à une réunion au SGDN sur la déclassification des documents Farewell. Il n'avait pas compris à l'époque la forte opposition des représentants de la CIA. En fait, ceux-ci estimaient qu'en déclassifiant les documents Farewell, la manœuvre de duperie finirait par être avérée et ils craignaient de gêner, dans ce cas, les négociations de Genève sur le contrôle des armements stratégiques. Peut-être aussi leur plan n'avait-il pas encore eu tous les effets escomptés ?

À la réflexion, quand on considère ces manœuvres de déception sophistiquées entreprises avec détermination par Gus Weiss et la CIA, et qu'on les replace dans le contexte Farewell, on doit avoir à l'esprit le rôle précis de chacun des intervenants. Au départ, la DST a été l'architecte puis le pilote d'une opération de renseignement et, sur ce plan, l'interface de la CIA. On est sur un tout autre terrain avec les opérations de déception dont la DST n'a évidemment pas eu connaissance. De là à croire et à parler de manipulation, sous-entendu des services français par les Américains, ce n'est pas une exagération, c'est une contre-vérité. La DST et le dossier Farewell n'ont rien à voir avec la « cyberguerre » du « génial » Gus Weiss. On peut dès lors non pas comprendre, mais interpréter les propos énigmatiques de François Mitterrand, lorsqu'il a dit et répété courant 1985 : « Farewell, c'est une manipulation américaine, d'ailleurs c'est Reagan qui me l'a dit ! » Il n'est sans doute pas exagéré de déduire de ces curieux propos que Ronald Reagan, sans entrer dans le détail des opérations de déception, s'est félicité des résultats obtenus suite à l'exploitation, disons, offensive du dossier Farewell. Les deux hommes n'étaient pas faits pour se comprendre.

Revenons sur terre, au milieu de gens simples. Les randonnées poitevines de Jacky Debain ont eu le mérite entre autres de lui rappeler que l'opération de déception stratégique mise en œuvre par Gus Weiss, héros américain et/ou apprenti sorcier, n'avait au fond rien de spécialement nouveau. Il y avait dans son village un voleur qui s'en prenait avec obstination à un tas de bois de chauffage bien calibré, prêt à l'emploi. Le propriétaire du bois, quelque peu excédé, a fait un jour un trou dans un rondin avec une tarière, et y a placé une cartouche à sanglier dépourvue de sa balle. Quelques jours après, les voisins ont entendu dans la maison du voleur une forte explosion. Le coup bien ciblé allait droit au but. La cuisinière volait en éclats, la marmite et la soupe avec. Les Américains n'ont rien inventé certes, mais parfois leurs frappes sont fratricides ! Tout le monde en prend, ennemis et amis.

Épilogue

L'année 1975 marque probablement l'apogée de l'URSS, de son empire. À partir de l'invasion de l'Afghanistan en décembre 1979, on va assister tout au long de la décennie à une période d'accélération de l'Histoire. Vladimir Vetrov s'inscrit au début de la séquence qui verra la fin du communisme. Sans pousser trop loin l'analyse, s'il a voulu faire exploser le système avec détermination, ce n'est pas à la manière des anarchistes ou des révolutionnaires russes. Vladimir Vetrov considérait que la société soviétique n'avait pas atteint ses objectifs. Il s'élevait contre l'arbitraire du pouvoir, rêvait d'une société plus juste, plus humaine et il n'y avait autour de lui que mensonge et corruption. Contrairement au fatalisme ambiant d'une classe dirigeante dont il était à la marge, qui invite à profiter des privilèges, il prit seul, isolé ou presque, le risque du combat de l'ombre. Il avait une vision plus large que celle au premier degré de faire exploser le KGB. Il avait le pressentiment de la nécessaire mutation de son pays vers une ère nouvelle. Son geste participait ainsi des événements de la fin du XXe siècle qui vit la Russie tourner la page de la révolution soviétique.

Il se trouvera toujours quelques esprits forts pour considérer comme improbable le rôle de Vladimir Vetrov dans la crise qu'il déclencha le premier en 1980 au sein du KGB avec les conséquences cataclysmiques qui s'ensuivront pour le KGB, puis par la suite pour le système communiste. Cela a été dit d'emblée, il n'a pas été le seul à être fusillé, mais ce fut le premier. Comme lui, suite à d'étonnantes trahisons successives, une dizaine d'autres de ses collègues dont on ne connaît guère que le nom, et encore, ont payé de leur vie leur contribution à « la fin de l'Histoire »! Qui peut encore nier l'importance du Renseignement dans la gouvernance de l'État, des États? Encore faut-il que l'État soit capable de protéger ses secrets et à l'inverse tirer avantage des secrets des autres, s'ils sont à sa portée.

L'amiral Pierre Lacoste, ancien directeur général de la DGSE, dans un récent article publié par la *Revue de la Défense nationale*[1] sous le titre « Renseignement et secrets d'État », évoque donc le thème du secret d'État. Son propos de manière inattendue, mais d'une haute tenue intellectuelle, sera illustré par l'affaire Farewell à laquelle, comme on l'a vu, il n'a pas été associé.

« L'affaire Farewell est l'exemple emblématique d'un avantage exceptionnel obtenu par un service de renseignement protégé au plus haut niveau par le chef de l'État en personne. Dans certaines circonstances, de temps de guerre ou de crises majeures, certains hommes d'État confrontés à des enjeux vitaux ont eu pleinement conscience de posséder des atouts ignorés de l'adversaire et ils ont compris que la protection de leur secret était un impératif absolu »... « Cet extraordinaire succès du contre-espionnage à Moscou », c'est encore l'amiral Lacoste qui l'écrit, a permis à François Mitterrand et à la France de tenir son rang face à Ronald Reagan et aux États-Unis. Il a montré que le KGB n'était pas invulnérable. Il est intervenu à un moment de crise politique puis économique en URSS qui, par voie de conséquence, a fini par dégénérer en crise de régime.

1. *Revue de la Défense nationale*, n° 755, décembre 2012.

La fin du communisme, en un certain sens, c'est bien « la fin de l'Histoire » mais pour autant est-ce bien la fin de la guerre froide ? L'ancien responsable du contre-espionnage de la CIA Pete Bagley considérait qu'elle ne serait terminée que lorsque toutes les « taupes » auraient été démasquées[1]. C'est un point de vue !

L'affaire Farewell, la première d'une série tragique par son dénouement, a aussi un caractère romanesque, digne des récits fantastiques russes. Il y a tous les éléments de ce genre littéraire. On peut considérer avec Vladimir Vetrov que l'incarnation du mal absolu, c'est le KGB qui le maltraite. Sur cette toile de fond, on peut voir l'irruption dans le réel de l'irrationnel, une confusion des sentiments, à la frontière même de la folie. Comparaison n'est pas raison. Restons simples : c'est l'histoire d'une « tête brûlée » qui croit maîtriser les événements et se laisse happer par une sordide affaire de femme qui finira par le broyer parce qu'il s'y précipite sans réfléchir, instinctivement. Double jeu, double vie. La philosophie du héros demeure néanmoins fondamentalement tout aussi simple : détruire le KGB qui est le cœur du système soviétique.

Cette idée, il la porte en lui depuis la fin des années 1960. Depuis qu'il a quitté Paris. Elle est réfléchie, elle est mûrie. Ceci est irréfutable et il n'y a rien de mystérieux dans cette détermination farouche. Certains ont cru bon de dire qu'« en l'état, l'affaire Farewell, trop compliquée, était inracontable au grand public ». Elle est tellement inracontable que des producteurs l'amputent de séquences essentielles tandis que d'autres

1. Colloque École militaire, « Le renseignement et la guerre froide », 16 mai 2008. Pete Bagley confirme ici de manière indirecte et publiquement qu'il y a bien eu à la CIA au moins une « taupe » non découverte.

essayistes, tout au contraire, sous prétexte d'être complets, disent-ils, habillent la réalité, les faits avérés, d'une foule de détails plus ou moins inspirés, orientés ou faux. La psychiatrie est même appelée en renfort de la désinformation du KGB. En l'espèce, on a battu des records olympiques. « L'affaire Farewell, c'est une provocation de la CIA ! » On a tout entendu, de tous les côtés. Ces présentations des uns et des autres, ces antiportraits, ces négatifs, malgré parfois, il faut le dire, leur qualité intrinsèque de bons films ou de brillants essais, n'ont en tout cas pas grand-chose à voir avec ce qui a été vécu au jour le jour de l'intérieur de la DST avec les protagonistes de cette aventureuse et, pour le coup, fantastique opération.

Vladimir Vetrov avait, c'est sûr, un comportement atypique, fantasque, c'était même à certains égards un caractériel. Son crime de droit commun n'a rien à voir avec une quelconque psychopathologie chronique. Il s'apparente davantage à celui d'un personnage puissant, physiquement et moralement, démesuré, excessif, comme l'histoire de la Russie en est peuplée, ne reculant devant aucun obstacle, fût-ce au prix de sa propre mort, pour atteindre un objectif qui en fait le dépasse.

Vladimir Krioutchkov, – ancien chef de la 1re Direction principale, pur et dur défenseur du système communiste –, qui a vécu l'affaire Farewell, c'est-à-dire, pour préciser, l'enquête sur la trahison de Vladimir Vetrov suivie de sa condamnation à mort, a reconnu que la fin du communisme était imputable aux trahisons internes. « Si nous avons été vaincus, c'est que nous avons été trahis[1] ! » Comme lui, les anciens du KGB en rendent responsable Mikhaïl Gorbatchev. À une époque porte-

1. *L'Affaire Farewell*, Jean-François Delassus, Roche Productions, 2008.

parole et proche de Krioutchkov, pendant quinze ans, Igor Preline reconnaissait lui aussi sans réserve en 2008 que « Vladimir Vetrov avait livré des renseignements très importants et très dommageables pour l'URSS[1] ».

« Accélérateur de l'Histoire » pour reprendre l'expression de Richard Allen[2], Vladimir Vetrov, dans la mesure où son activité – au profit de la DST puis du monde occidental en général – a eu en définitive une portée universelle par la déconstruction du KGB, cœur de l'État soviétique, entraînant avec d'autres la disparition du communisme en tant que système de gouvernement, n'a rien trahi, il a combattu. On ne peut plus parler d'une trahison. Vladimir Vetrov et ses malheureux collègues par leur combat dans l'ombre marquent bien la fin d'une époque. Il n'y a plus d'idéologie, même les espions du KGB perdent la foi et tout au moins moralement changent de camp. C'est le début de la fin. Comme le disait Marcel Chalet : « Il y a un avant et un après Farewell ».

1. Colloque École militaire, « Le renseignement et la guerre froide », 16 mai 2008.
2. *Ibid.*, notes 110 et 111.

ANNEXES

Archives de l'affaire Farewell, stockées dans un coffre sous deux rubriques : « Farewell » et « Far West Story ». Ce dernier pseudonyme regroupe tout l'aspect opérationnel.

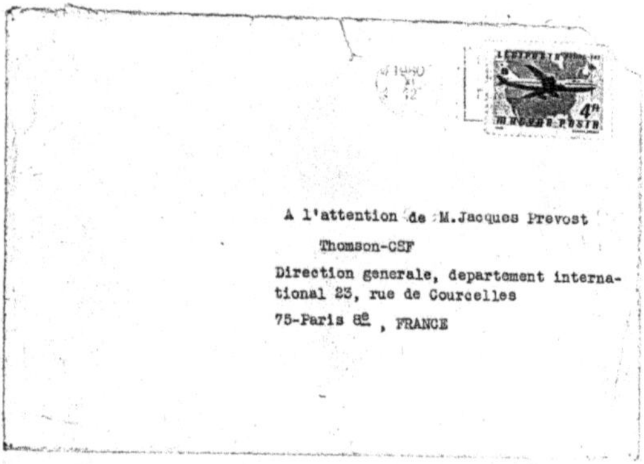

Première lettre adressée de Hongrie à Jacques Prévost.
Ici, recto et verso de l'enveloppe.

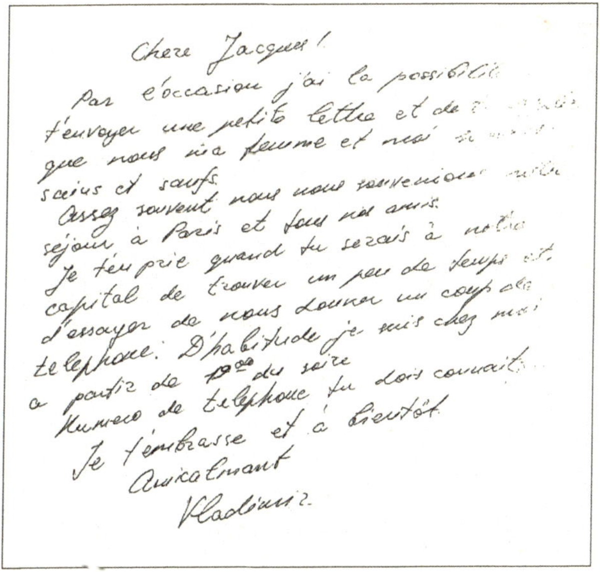

Chere Jacques!
Par l'occasion j'ai la possibilit[illegible]
t'envoyer une petite lettre et de [illegible]
que nous ma femme et moi [illegible]
sains et saufs.
Assez souvent nous nous souvenions notre
séjour à Paris et tous nos amis.
Je t'en prie quand tu serais à notre
capital de trouver un peu de temps et
d'essayer de nous donner un coup de
telephone. D'habitude je suis chez moi
a partir de 19^{00} du soire
Numero de telephone tu dois connait[illegible]
Je t'embrasse et à bientôt
Amicalment
Vladimir.

La lettre elle-même.
Entre crochets, les mots effacés et les mots « corrigés ».

« Cher Jacques!
Par l'occasion j'ai la possibilité de
t'envoyer une petite lettre et de [te rappeler]
que nous ma femme et moi [sommes]
sains et saufs.
Assez souvent nous nous [souvenons notre]
séjour à Paris et tous nos amis.
Je t'en prie quand tu sera[i]s à notre
capital[e] de trouver un peu de temps [et]
d'essayer de nous donner un coup [de]
téléphone. D'habitude je suis chez [moi]
à partir de 19 h du soir.
Numéro de téléphone tu dois [connaître].
Je t'embrasse et à bientôt.
Cordialement,
Vladimir »

Analyse graphologique, faite « à l'aveugle », de l'écriture de Vladimir Vetrov, par le cabinet Hubner.

CABINET DE GRAPHOLOGIE HUBNER

Boissy-St-Léger, le 13 février 2013

L'écriture ainsi que la psyché n'a pas de sexe. Ce graphisme dense et impétueux valorise nettement, la part masculine, le goût pour l'action et l'esprit de conquête. Puis, par petites touches, les valeurs féminines s'y articulent. Ce qui complexifie cette personnalité passionnée mais l'enrichit aussi et lui permet de jouer, plus finement, sur différents registres relationnels.

Cordialité, générosité et sincérité sur l'instant, séduction et habileté plus rusée pour manipuler et étendre le champ de son influence, pugnacité pour dominer tant les événements que les gens qui lui résistent. Ce sont les traits les plus marquants de cette personnalité en mouvement, en quête de nouveaux défis, repoussant toujours plus loin ses limites car avide des plaisirs de la vie et de sensations fortes même si cela lui fait encourir des dangers. Ce qui ajoute à son excitation car c'est comme cela que cette personne se sent, réellement, vivre.

Cela stimule son intelligence qui est vive, ouverte, pragmatique, mobilisée autant par les émotions que par les concepts abstraits. Cette personne a du flair pour saisir les idées et les techniques du temps présent, la volonté d'aller constamment à la recherche de l'information là où elle se trouve. Par ailleurs, l'exploration de nouveaux horizons est une jubilation pour cette personne qui, de cette façon peut s'échapper des routines et des carcans sociaux qui entravent sa créativité et sa liberté d'être et de devenir ce qu'elle veut.

Sachant faire un tri critique des données et outils, cette personne se les approprie et les utilise au moment opportun. D'abord pour servir ses intérêts personnels -car il y a un fond d'égocentrisme- puis pour construire des projets plus collectifs autour desquels seront fédérés équipes et partenaires. Vu son habileté, cette personne sait les « vendre » et les développer avec force arguments, en acceptant en retour la confrontation des avis car il lui importe de progresser et d'exploiter différents types de solutions.

Cela étant, les adhésions de cette personne sont aussi surprenantes que ses refus. Sa répartie est rapide et étayée quand on réfute ses idées, plus incisive quand ses sentiments sont en jeu. Finalement, elle tranche et ne renonce pas à ses idées si elle les pense plus performantes ou ambitieuses car l'idéalisme est aussi un ressort qui l'actionne.

.../...

.../...

Cette personne met sa force de travail au profit de ses missions, surtout quand elle y croit et les impulse. Son organisation est solide, elle est créative, tient son cap quelles que soient les difficultés car celles-ci loin de la démobiliser renforcent sa volonté de les dominer.

Quand ses motivations profondes sont satisfaites cette personne se « débrouille » avec les réalités pour les supporter et elle adapte son attitude aux ambiances et aux contextes. Il y a une capacité à ne pas se dévoiler sur le fond, à garder secrètes des intentions susceptibles de lui nuire mais tout en paraissant se rallier aux consensus rien de ce qui lui tient à cœur ou touche ses intérêts n'est oublié. Elle peut faire ses coups en douce pour obtenir satisfaction.

L'obéissance n'est donc pas le point fort de cette personne indépendante et critique, résolue à donner son avis, à contester pied à pied ce qui ne lui convient pas. Si elle peut différer certaines de ses attentes, en revanche, les frustrations permanentes la stressent et exacerbent ses désirs sous toutes leurs formes.

Ce qui se traduit par des réactions infantiles « On veut m'empêcher de faire et de prendre ce qui me plait, j'empêcherai d'une façon ou d'une autre que l'on empiète sur mon espace et sur ma liberté »

Dans ce cas, cette personne est incapable de reconnaitre ses torts, elle ne fait plus aucune concession, coupe les ponts avec ceux qui la gênent, fonce tête baissée, quitte à prendre des risques considérables.

CONCLUSION

Intelligence et créativité, goût de la vie et de ses agréments, besoin de jouer un rôle valorisant, d'être apprécié pour son influence sont les moteurs de cette personnalité qui occupe son espace avec combativité et la volonté d'affirmer sa spécificité et ses différences.

Par ailleurs cette personne passionnée sait se rendre sympathique et se faire accepter par les autres, les diriger avec charisme sur un projet quand elle se sent concernée par leurs problèmes. Cela étant, elle s'en sert aussi suivant ses intérêts et ses besoins personnels, sans se soucier des conséquences, en faisant souvent « cavalier seul »

Avidité d'avoir tant des biens matériels que de l'importance sociale, impatience, épisodes de colère, côtés destructeurs sont possibles quand cette personne ne peut atteindre ce qui lui importe.

Cette analyse est effectuée sous réserve des documents qui sont des photocopies et surtout des codes graphiques d'une langue étrangère. J'ai beaucoup travaillé sur les passages écrit en français et en anglais.

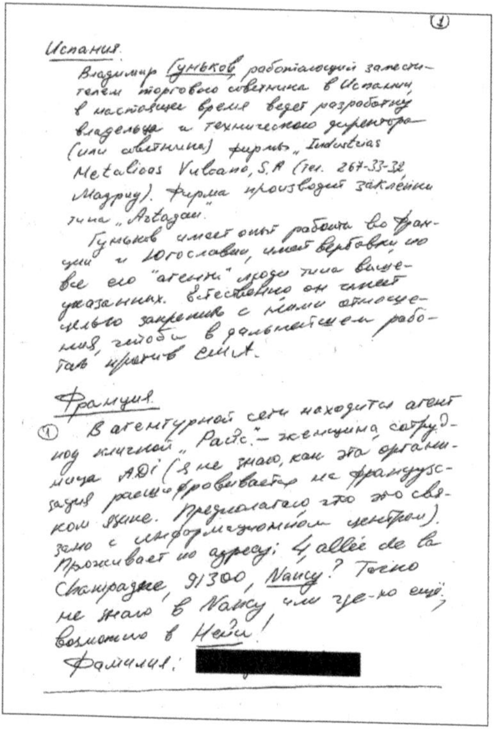
(1)

Испания.

Владимир Гуньков работающий замести-
телем торгового советника в Испании,
в настоящее время ведет разработку
владельца и технического директора
(или советника) фирмы „Industrias
Metalicas Vulcano, S.A (тел. 267-33-32
Мадрид). Фирма производит заклёпки
типа „Artazan".
Гуньков имеет опыт работы во Фран-
ции и Югославии, имеет вербовки, но
все его "агенты" люди типа выше-
указанных. Естественно он имеет
цель закрепить с ними отноше-
ния, чтобы в дальнейшем рабо-
тать против США.

Франция.

(1) В агентурной сети находится агент
под кличкой „Paris" – женщина, сотруд-
ница ADI (я не знаю, как эта органи-
зация расшифровывается на француз-
ском языке. Предполагаю что это свя-
зано с информационным центром).
Проживает по адресу: 4 allée de la
Champagne, 91300, Nancy? Точно
не знаю в Nancy или где-то ещё,
возможно в Нейи!
Фамилия: [redacted]

Rapport de Vladimir Vetrov comportant des renseignements opérationnels sur l'Espagne, la France et la Suisse.

(1)

Испания.
Владимир Гуньков работающий заместителем торгового советника в Испании, в настоящее время ведет разработку владельца и технического директора (или советника) фирмы „Industrias Metalicas Vulcano, S.A (тел. 267-33-32, Мадрид). Фирма производит заклепки типа „Artazan".

Гуньков имеет опыт работы во Франции и Югославии, имел вербовки, но все его "агенты" люди типа вышеуказанных. Естественно он имеет целью закрепить с ними отношения, чтобы в дальнейшем работать против США.

Франция.
(1) В аген... сети находится агент
под клич... ...женщина, сотруд-
ница AD... ...органи-
зации рас...
ком Ванк...
зано с с...
Прожив...
Скапира...
не зна...
возмож...
Фам...

près
- rencontre avec monsieur [redacted] de T.R.T. (3)
pour échange de documents
- rencontre avec monsieur [redacted] de S.A.T.
- C.I.T. Alcatel.

Я прошу быть с этим источником более внимательным, т.к. переданные им документы попали только в мои руки.

Возможно из фотопленок я снял его материал.

(4) Швейцария. От Игоря Петрова, который работает в Швейцарии, возможно в Женеве, поступил документ:

FRC presents: „Advanced composite materials in european aircraft present and future, a global perspective." Client confidential. Prepared by: Gary F. Turner, partner and project director
Turner Research and Consulting.
Ainmillerstr, 5, apt. 011
8 Munich 40, West Germany.

Я не знаю какие там отношения и с кем из этой фирмы, но могу сказать, что Петров, как работник, человек очень настойчивый, упрямый, но любит быстрый успех. Его можно поймать на "подставу". Это — Вам решать.

С уважением

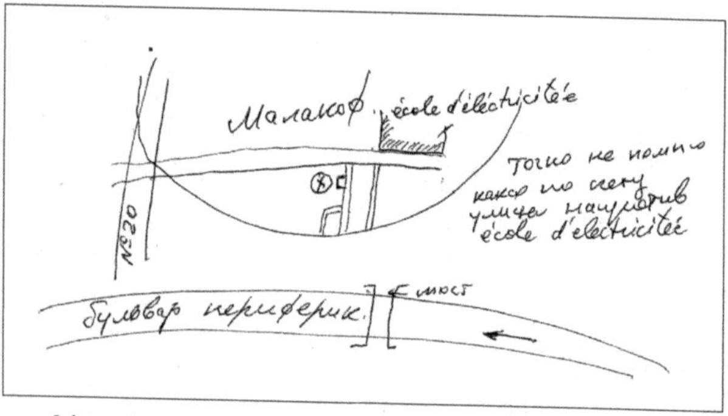

Schéma de situation du commerce d'un agent du directorat T à Malakoff, près du boulevard périphérique.

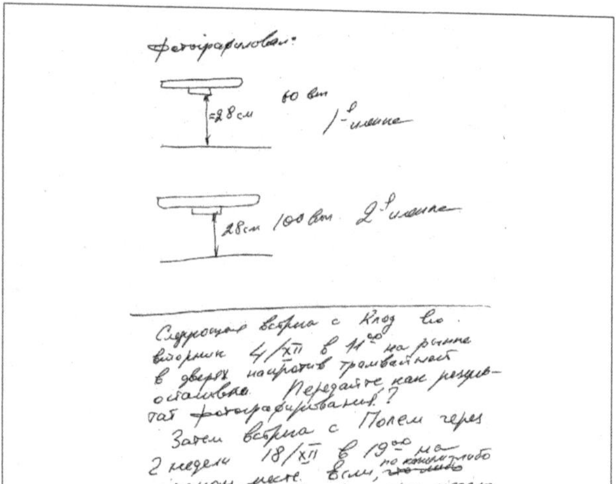

Explication schématisée de la distance nécessaire à la prise de vue de document, signifiée par une aiguille fixée à l'appareil (voir page 132).

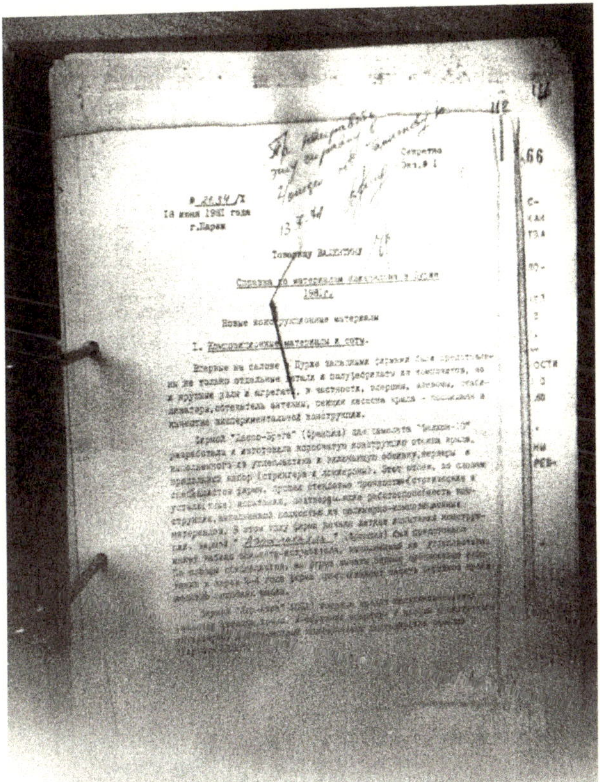

Développement du microfilm faisant nettement apparaître l'aiguille et le fil matérialisant la distance focale de l'appareil qui est préréglé.

Cassettes de microfilms donnant une idée
de la miniaturisation de l'appareil
(un boîtier de film mesure un centimètre de long).

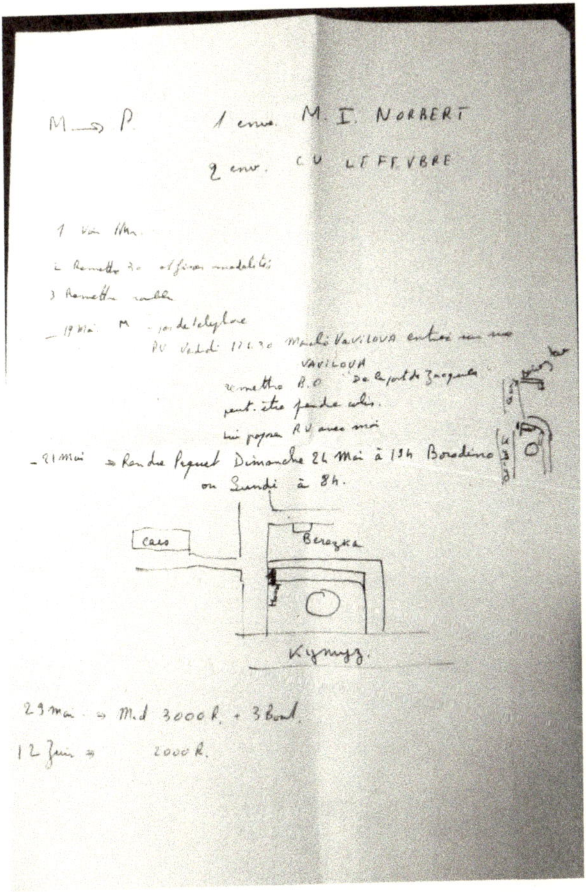

Notes établies par Patrick Ferrant.
Plan d'un lieu de rencontre.

Экз.№ I

РЕШЕНИЕ

КОМИССИИ ПРЕЗИДИУМА СОВЕТА МИНИСТРОВ СССР ПО ВОЕННО-ПРОМЫШЛЕННЫМ ВОПРОСАМ

№ 2II

Москва, Кремль. 9 июля 1980 г.

Об итогах изучения и использования материалов специнформации в 1979 году

I.

Минавиапром, Минмаш, Миноборонпром, Минобщемаш, Минпромсвязи, Минрадиопром, Минсредмаш, Минсудпром, Минэлектронпром, Минхимпром, Минэлектротехпром и Миннефтехимпром СССР и другие министерства и ведомства провели работу по изучению поступивших от приобретающих ведомств материалов специнформации (технической документации и образцов) по вооружению и военной технике капиталистических стран и использованию их при проведении исследований и разработок по оборонной тематике, что способствовало их выполнению на более высоком научно-техническом уровне, а также внедрению в производство некоторых прогрессивных технологических процессов. Указанными министерствами получен определенный экономический эффект в основном за счет использования ряда выявленных технических решений на этапах НИР и ОКР.

Наиболее важные результаты получены при использовании:

Минавиапромом – технической документации по обслуживанию современного истребителя и по исследованию уменьшения удельного расхода топлива турбореактивных двигателей при создании истребителей МиГ-29 и Су-27, а также при разработке ТРД НК-25, НК-32;

Минмашем совместно с Миноборонпромом – сведений о конструктивных особенностях артиллерийского снаряда с системой самонаведения для разрабатываемых отечественных корректируемых артиллерийских снарядов;

Вх. 5698
18.7.80

15-0020730

ВП-I0440сс

Première page du rapport de la VPK (Commission pour l'industrie militaire), 1980. Il est signé Leonid Smirnov, vice-Premier ministre et président de la VPK. Le document synthétise les résultats de l'espionnage scientifique et technologique en désignant les ministères et organismes militaires bénéficiaires.

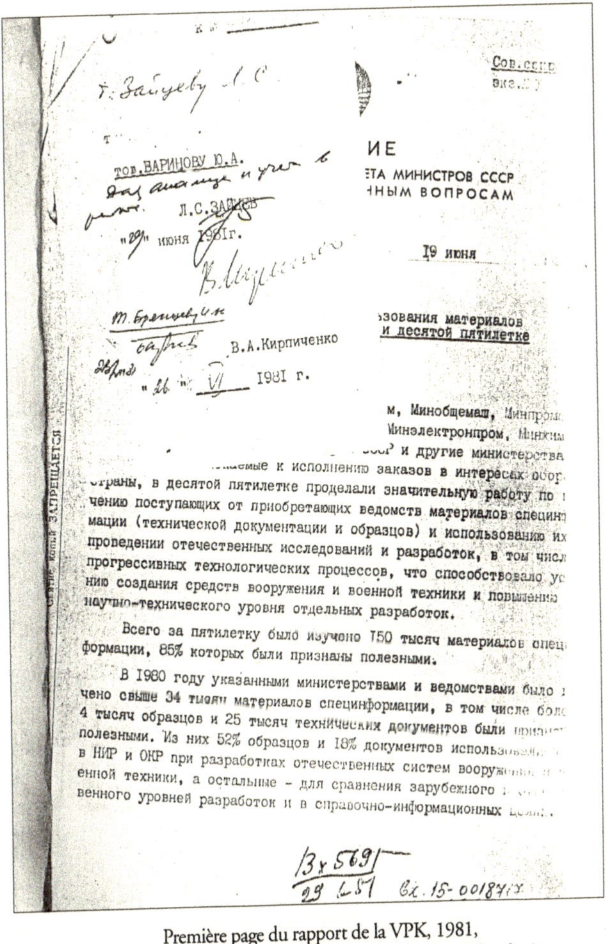

Сов. секр. экз.

ИЕ
ЕТА МИНИСТРОВ СССР
НЫМ ВОПРОСАМ

тов. ВАРИНОВУ Ю.А.

Л.С.ЗАЙЦЕВ

"29" июня 1981г.

I9 июня

В.А.Кирпиченко

"26" VI 1981 г.

зования материалов
и десятой пятилетке

м, Минобщемаш, Минпром
Минэлектронпром, Минхим
СССР и другие министерства
...емые к исполнению заказов в интересах обор
страны, в десятой пятилетке проделали значительную работу по
чению поступающих от приобретающих ведомств материалов специнфор-
мации (технической документации и образцов) и использованию их
проведении отечественных исследований и разработок, в том числ
прогрессивных технологических процессов, что способствовало ус
нию создания средств вооружения и военной техники и повышению
научно-технического уровня отдельных разработок.

Всего за пятилетку было изучено I50 тысяч материалов спец
формации, 85% которых были признаны полезными.

В I980 году указанными министерствами и ведомствами было
чено свыше 34 тысяч материалов специнформации, в том числе бол
4 тысяч образцов и 25 тысяч технических документов были призна
полезными. Из них 52% образцов и I8% документов использов
в НИР и ОКР при разработках отечественных систем вооруж
енной техники, а остальные – для сравнения зарубежного
венного уровней разработок и в справочно-информационных це

Première page du rapport de la VPK, 1981,
décrivant les opérations d'espionnage scientifique et technologique
organisées par l'URSS dans le monde occidental.
Ce document a été présenté par François Scheer,
secrétaire général du Quai d'Orsay, le lundi 28 mars 1983, au chargé d'affaires
de l'ambassade d'URSS à Paris, Nicolaï Afanassievski.

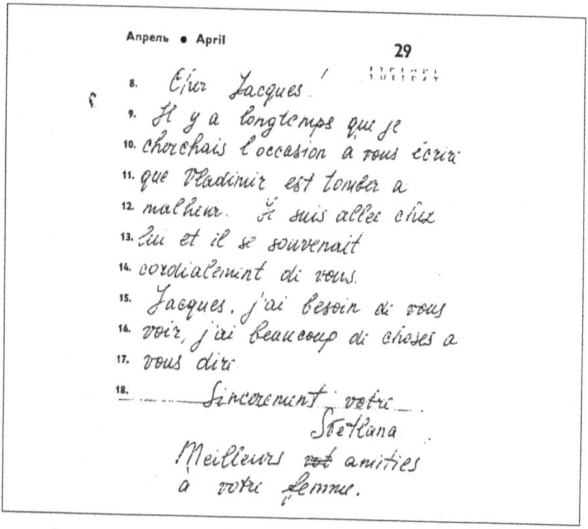

Апрель • April

29

Chèr Jacques!

Il y a longtemps que je cherchais l'occasion à vous écrir que Vladimir est tomber a malheur. Je suis allée chez lui et il se souvenait cordialemint di vous.

Jacques, j'ai besoin di vous voir, j'ai beaucoup di choses a vous diri

Sincèrement votre

Svetlana

Meilleurs ~~vot~~ amities a votre femme.

Correspondance visant à faire tomber Jacques Prévost dans un piège. Cette lettre a été écrite à l'instigation du KGB à la fin de l'automne 1982.

Vladimir Vetrov à l'issue d'une rencontre avec Jacques Prévost, en 1970.

Bibliographie

Christopher Andrew et Oleg Gordievski, *Le KGB dans le monde. 1917-1990*, Fayard, 1990.

Gérald Arboit, *James Angleton. Le contre-espion de la CIA*, Nouveau Monde éditions, 2007.

Milton Bearden et James Riesen, *CIA-KGB. Le dernier combat*, Albin Michel, 2004.

Yves Bonnet, *Contre-espionnage. Mémoires d'un patron de la DST*, Calmann-Lévy, 1999.

Michel Garder, *L'Agonie du régime en Russie soviétique*, La Table Ronde, 1965.

Jean Guyaux (général), *L'espion des sciences. Les arcanes et les arnaques scientifiques du contre-espionnage*, Flammarion, 2002.

Nicolas Jallot, *Viktor Orekhov : un dissident du KGB*, Stock, 2011.

Oleg Kalouguine, *Spymaster: My Thirty-Two Years in Intelligence and Espionage Against the West*, Basics Books, 2009.

Sergueï Kostine et Éric Raynaud, *Adieu Farewell*, Robert Laffont, 2009.

Pierre Lacoste (amiral), *Revue de la Défense nationale*, décembre 2012.

Pierre Lacoste (amiral), *Un amiral au secret*, Flammarion, 1998.

Fabien Lafouasse, *L'espionnage dans le droit international*, Nouveau Monde éditions, « Le Grand Jeu », 2012.

Pierre Marion, *La mission impossible. À la tête des services secrets*, Calmann-Lévy, 1991.

Constantin Melnik, *La 3e Rome. Expansion ou déclin de l'empire communiste*, Grasset, 1986.

Gilles Ménage, *L'œil du pouvoir. Tome 1 : Les affaires de l'État*, Fayard, 1999.

Pierre Péan et Philippe Cohen, *La face cachée du Monde. Du contre-pouvoir aux abus de pouvoir*, Mille et Une Nuits, 2003.

Emmanuel Todd, *La chute finale. Essai sur la décomposition de la sphère soviétique*, Robert Laffont, 1976.

Thomas Reed, *At the Abyss : An Insider's History of the Cold War*, Ballantine Books, 2004.

Henri Régnard, *Revue de la Défense nationale*, décembre 1983.

Jacques Sapir, *Le système militaire soviétique*, La Découverte, 1988.

Soviet Acquisition of Military Significant Western Technology, septembre 1985.

Table des matières